The Press Witness of China's Trust Industry 2015

见证中国信托2015

——新常态下的转型探索

中国信托业协会　编

中国金融出版社

责任编辑：贾　真
责任校对：张志文
责任印制：程　颖

图书在版编目（CIP）数据

见证中国信托2015：新常态下的转型探索/中国信托业协会
编. —北京：中国金融出版社，2016.9
ISBN 978-7-5049-8691-7

Ⅰ. ①见…　Ⅱ. ①中…　Ⅲ. ①信托业—研究—中国—2015

Ⅳ. ①F832.49

中国版本图书馆CIP数据核字（2016）第216236号

出版
发行　**中国金融出版社**
社址　　北京市丰台区益泽路2号
市场开发部　　（010）63266347，63805472，63439533（传真）
网 上 书 店　http://www.chinafph.com
　　　　　　　（010）63286832，63365686（传真）
读者服务部　　（010）66070833，62568380
邮编　　100071
经销　　新华书店
印刷　　北京市松源印刷有限公司
尺寸　　210毫米×285毫米
印张　　15.75
字数　　253千
版次　　2016年9月第1版
印次　　2016年9月第1次印刷
定价　　58.00元
ISBN 978-7-5049-8691-7/F.8251
如出现印装错误本社负责调换　　联系电话（010）63263947

编 辑 委 员 会

序言

2007 年以来，凭借着信托制度优势和良好经济发展环境，中国信托业得到了持续快速发展。作为我国金融创新的排头兵，信托业较好地顺应了市场热点的切换，敏锐地捕捉到了市场机会，充分挖掘了潜在的市场需求，为优化金融服务、支持实体经济、防范重点风险、促进经济平稳增长作出了突出贡献。但是，面对经济新常态的影响，信托业不可避免地要进行业务调整和战略创新，特别是要努力回归信托本质，坚持"受人之托，代人理财"的市场定位，充分发挥自身优势，积极探索转型创新。

2015 年，中国信托业经历了第三季度信托资产规模环比下降的不利局面，但中国信托业不断发现新的市场机会，积极培育新的增长动力，更加注重提高发展质量和效益，信托资产规模稳步迈过了 16 万亿元大关，行业转型初见成效，业务结构日趋合理，事务管理和投资功能显著增强，资产主动管理能力明显提升，资金供给端与需求端的匹配度不断提高，为供给侧结构性改革条件下信托行业的新发展和深层次调整奠定了良好基础。

从监管层面来说，继续高度重视信托业的改革、发展和稳定，坚决遵循"八项机制"和"八项责任"的理念，坚持"一手抓风险防范与化解，一手抓科学发展"，进一步强化风险防控，健全制度体系，加强基础设施建设，推进改革与转型发展。

由于信托制度"舶来品"的特殊性以及信托业务的"高端私募"定位，社会公众对信托行业的了解大多处于一种"雾里看花"的蒙眬状态，这种局面远远不符合信托业作为第二大金融子行业的地位要求。鉴于信托业的蓬勃发展，以及信托业在构建我国多层次资本市场体系、拓展理财通道和优化金融服务方面的重要作用，信托业需要更多的新闻媒体声音；同时，经历了五次清理整顿的信托业目前正处于历史发展的重要转型期，信托业的不断开拓创新、信托服务的逐渐普及，需要新闻媒体真实、完整且准确地发声、总结乃至展望。

为了更好地总结和反映新闻媒体眼中的信托业，中国信托业协会系统整理了

2015年新闻媒体有关信托业的深入报道内容，并编辑成册，最终形成《见证中国信托2015》。《见证中国信托2015》是新闻媒体对中国信托业的全景呈现，凝聚了媒体人对信托业的专注，其中包括对经济金融政策与行业监管的跟踪解读，以及对经济发展新常态下行业发展整体态势的研判，而行业转型与创新更是新闻媒体关注的焦点。另外，本书特意整理了2015年新闻媒体关于信托人和信托机构风采的报道内容。相信《见证中国信托2015》的出版，将有助于社会各界更为深入地观察和了解中国信托业，推动信托制度的普及与投资者教育，并为行业发展积蓄力量。

中国信托业协会媒体与研究部
2016年9月

目录

信 政策与监管

——防范化解风险与科学发展并重

　　我国金融市场和金融业务的发展尚处于不断探索发展的阶段，亟须配套完善的金融法律法规和监管政策。综观2008年国际金融危机，全球系统性金融危机的根源在于金融自由化的发展速度与政策监管不完善之间的矛盾。为了有效防范信托业务风险，突出监管与政策在行业发展中的重要作用，本书特选择 "政策与监管"作为全书的开篇。

　　本章分为两个部分。第一部分为中国银监会信托监督管理部主任邓智毅的讲话：《稳步推进中国信托业发展》。文章系统回顾了改革开放后信托业的发展历程，指出了信托业面临的挑战与机遇，并明确了信托业监管重点。第二部分是对信托相关监管政策的解读，主要涉及信托监督管理部的设立以及《信托法》修订等。这两部分内容从政策监管角度对信托业发展提出了明确的发展要求和政策调整设想。

一、2015年监管政策与理念

邓智毅：稳步推进中国信托业发展

2015-10-8

我国信托业自1979年正式恢复经营以来，跌宕起伏，风雨兼程，已走过30余年的改革与发展历程，既有深刻的历史教训，也有宝贵的发展经验。当前，全国68家信托公司受托管理信托资产总规模突破15万亿元，行业发展基础日渐夯实，风险基本可控，面貌焕然一新。信托业作为我国金融创新试验田的一支重要生力军，在丰富我国金融市场和支持国家经济社会发展方面发挥着日益重要的作用。

信托业发展历程

我国信托业在改革开放的历史大背景下诞生，作为改革开放的重要标志和窗口，曾发挥过重要作用。信托公司在恢复发展初期，主要开展的是类银行业务，通过吸收信托存款、拆借以及海外发债等各种渠道融资，向企业发放贷款。同时，信托公司也从事进出口贸易、房地产开发、租赁等投资经营活动，扮演着投融资窗口角色。恢复之初的很长一段时期，信托业始终处于"大发展—大整顿"的怪圈，由于制度准备不足，信托公司只能摸索前行，先后经历了五次行业清理整顿的"阵痛"。

第一次清理整顿是在1982年，当时信托公司发展过快（达到620家），业务也出现了问题，国务院发布文件，规定信托业务收归人民银行或由人民银行指定的专业银行办理。随后，人民银行对信托公司业务进行了第一次清理，信托公司过多、过乱的局面得以控制。

第二次清理整顿是在1985年，人民银行针对过快增长的信贷，以下发《关于立即停止发放信托贷款和停止办理信托投资公司的通知》为标志严格控制信托贷款。同年，国务院也发文要求银行停止办理信托贷款等信托业务，已办业务应加以清理。

第三次清理整顿是在1988年，针对信托公司为各专业银行绕规模放款、为固定资产投资失控推波助澜的问题，国务院责成人民银行会同有关部门对各级各类信托公司进行清理整顿，人民银行暂停审批设立各类非银行金融机构。1990年8月，信托公司数量降至339家。

第四次清理整顿是在1993年，针对信托业存在的资产负债结构不匹配、出现经营困境等问题，人民银行上收信托公司审批权，随后对各级分支行越权批设的信托公司进行清理。此次清理历时两年，1996年信托公司数量降至248家。

第五次清理整顿是在1999年，重点解决信托公司定位不明、内控薄弱等制度缺陷问题，对全国信托公司进行重新登记。经过此次整顿，有210多家信托公司退出了市场，59家获准重新登记，13家拟保留未重新登记。其间，《信托法》、《信托投资公司管理办法》、《信托投资公司资金信托管理暂行办法》陆续颁布实施，初步明确了行业定位，信托公司开始步入规范经营阶段。

2007年，银监会颁布实施新的《信托公司管理办法》和《信托公司集合资金信托计划管理办法》，进一步明确了信托公司的功能定位，即面向合格投资者、主要提供资产管理和投资银行业务等服务的专业理财机构，并从制度上解决了长期困扰行业发展的关联交易等一系列根本问题。这使信托公司较改革前有了根本性区别，对信托市场健康发展影响深远，信托业逐渐步入良性、快速、健康发展轨道。

信托业得到前所未有的发展

2007年以来，信托业资产规模、盈利能力、抗风险能力均有了长足进步，各类业务发展迅速，制度优势不断显现，不仅行业竞争力不断增强，而且市场影响力和社会认同度也大为提升，主要表现在以下四个方面：一是行业规模显著扩大。2006年信托公司管理信托资产总规模3617亿元，2015年第二季度末已达15.87万亿元，增长40多倍。二是经营业绩持续改善。2006年信托公司利润总额49.76亿元，2014年末已达642.30亿元，增长近12倍。三是资本实力有效增强。2006年信托公司所有者权益总规模519.50亿元，2015年第二季度末已达3547.52亿元，增长近6倍。四是市场影响力不断提升。2007—2014年，我国银行业资产总规模增长 2.57 倍。同期，信托资产总规模增长近 38 倍，信托业已成为金融业第二大子行业。

信托业在自身发展壮大的同时，也已成为支持实体经济发展的重要力量。截至 2014 年末，信托资金投入基础设施建设、矿产能源、科教文卫、农业等实体领域总额高达 9.86 万亿元，占全部信托资产的 70.53%。近年来，信托公司充分利用其综合性、灵活性、敏锐性的特点，多方式运用、跨市场配置，以市场化的方式聚集社会资金，投入关键产业和新兴领域，支持产业结构调整，助力中小企业成长，促进区域经济协调发展，有效弥补了传统银行信贷的不足。信托公司在服务实体经济中，通过资产证券化、企业并购重组、股权投资、特定资产权益投资、消费信托等多元化投融资方式，积极贯彻落实国家产业结构调整和宏观经济政策，响应市场需求，发挥着"跨市场、跨行业、跨产品"的独特优势，成为我国金融试验田中的创新排头兵。

从 2007 年至今信托业的持续、快速发展，主要有信托制度优势和良好经济发展环境三方面原因。具体来看，一是跨界优势，在我国分业经营、分业监管的背景下，信托公司是唯一能跨越货币市场、资本市场和实体领域的金融机构；二是灵活优势，信托公司可以在资金运用、风险控制等诸多方面采取多样化的设计，能够为融资企业提供综合金融解决方案；三是经济环境，中国宏观经济过去几年保持持续、较快增长，带动了企业大量的投融资需求，为信托业创造了良好的发展空间。信托公司较好地顺应了市场热点的切换，敏锐地捕捉到了市场机会，充分挖掘了潜在的市场需求。

信托业面临的挑战与机遇

当前，我国经济发展已经进入新常态，经济由高速增长向中高速增长转换，产业结构调整继续深化，经济动力从要素驱动、投资驱动转向创新驱动，信托公司作为贴近实体经济的金融机构，不可避免地受到经济新常态的影响，面临着巨大的挑战。一方面，发展环境"五期叠加"。当前，我国经济正处于增长速度换挡期、结构调整阵痛期和前期刺激政策消化期，对信托公司来说还要再加上"两期"：一个是利率市场化的推进期，另一个是资产管理业务的扩张期。另一方面，受"五期叠加"影响，信托业现有发展模式面临"三个难以为继"的压力：

一是信托产品"高收益、低风险"特性难以为继，二是信托行业"重规模、轻管理"的发展路径难以为继，三是以信贷类、通道类为主的业务模式难以为继。

近年来，银监会党委高度重视信托业改革、发展、稳定，在全行业推动实施"八项机制"和"八项责任"建设，为信托业改革发展指明了方向，规划了蓝图，设计了路线。改革的红利一旦释放，将转化为行业发展的不竭动力。

从总体看，中国经济社会发展仍处于历史发展机遇期。金融在国民经济中的地位和作用仍将持续增强，金融板块之间的融合也是大势所趋，信托业几十年摸爬滚打积累的内功大有用武之地。与此同时，新常态下的信托业也面临重要的战略机遇，主要表现在：经济增长更趋平稳，经济实际增量依然可观；经济结构优化升级，各类市场主体的活力将进一步释放；企业和个人财富不断增长，高净值客户不断增多，资产管理、财富管理传承的需求越来越强烈；公益事业规范化发展，对公益行为的合法性、规范性、公开性要求不断提升；新产业、新能源快速兴起，清洁能源、医疗保健、互联网金融等蓬勃发展。历史地看，我国信托业目前仍处在发展的初级阶段，未来市场潜力依然巨大，信托公司转型发展将迎来更多市场机遇。

信托业监管重点

下一阶段，信托业监管工作将以"八项机制"、"八项责任"为基础，坚持"一手抓风险防范与化解，一手抓科学发展"，进一步强化风险防控、健全制度体系、加强基础设施建设、推进改革与转型发展。

强化风险防控。按照"责任明确、分析准确、区别对待、稳妥处置、防止蔓延"的工作思路强化风险防控，确保不发生系统性、区域性风险。一是落实风险防控责任，强化信托公司在风险防控中的主体责任，督促各级监管部门各司其职，密切协同配合。二是加强风险监测，紧盯信托项目台账、公司经营变化、股东和高管情况以及案件风险，对重点行业、区域、公司、项目进行风险动态分析。三是按照市场化原则及时、稳妥地处置风险，充分发挥保障基金"安全网"、"压舱石"的功能作用，同时争取多方支持，防止风险蔓延。四是进一步加强合规监管，强调合规文化建设，促进行业规范有序运行。

完善制度建设。鉴于《信托法》属于基本关系法，现有信托制度规范主要是部门规章，法规层级较低，要加快推动《信托公司条例》的制定工作，将多年积累的行之有效的监管经验制度化，也有利于增强《信托法》有关条款的现实操作性。此外，完善信托公司以净资本为核心的全面风险管理体系，发布监管评级与分类监管制度，完善监管细则。

夯实行业基础。信托业保障基金已于2014年末成立，要确保其稳健、科学运行，把握缓释和化解风险的主动性，减少单体机构、项目风险对金融市场和社会稳定的冲击。出台信托产品登记制度，建立产品登记机构，开发产品登记平台。探索信托受益权流转，建立信托产品常态化的价格发现与风险揭示机制。研究梳理信托业务统一分类方法与标准，优化信托业务报表体系，提升监管的前瞻性和有效性。

推动创新转型。银监会支持信托公司在风险可控的前提下，广泛探索、推进创新实践，实现差异化经营、特色化发展。一是探索混合所有制改革，支持符合条件的信托公司上市与并购重组，优化股权结构和激励约束机制，完善现代企业制度。二是允许符合条件的信托公司研究试点信托直投、家族信托、并购信托、海外信托、专业销售等子公司，并制定相关业务规则。三是督促信托公司逐步改造信贷类、通道类业务模式，引导信托公司探索符合自身比较优势的业务模式，打造属于信托业自己的"专属捕鱼区"，切实提升市场竞争力。

2015年2月，银监会成立了信托监管部，标志着对信托业的监管更加趋向全面化、精细化、专业化。改革是根本大计，发展是根本出路，稳定是根本职责，信托业的改革、发展、稳定事关全局，不可偏废，务必紧盯不放。

当前，全球仍处在后金融危机的深度调整期，国内金融业也处在大整合、大发展、大竞争的关键期。信托业从风雨中走来，在新一轮风暴中何去何从，备受关注，备受洗礼，备受考验。我们相信，在广大信托从业者的不懈努力下，在监管部门及社会有关各方的共同关心、支持下，我国信托业一定能够迎来更加美好的明天。

作者：邓智毅（中国银监会）　文章来源：《中国金融》

二、信托相关监管政策的解读

非银部分拆的两大考量

2015-1-21

随着银监会组织架构改革方案的祭出，信托行业的监管职能从非银行金融机构监管部（以下简称非银部）剥离出来，另外单设"信托监管部"专司负责的预期总算尘埃落定。

近年来，非银机构业务量迅猛发展，非银部一直被认为是金融监管体系中工作难度和强度最大的部门之一。其管理的资产体量巨大，牵涉行业领域范围广、情况复杂，且几乎每一板块都尚未步入成熟业态，并面对协调难度极大的遗留性难题，因此亟待构建完整的顶层制度体系和健全的行业发展环境。

彼时，属于非银部管辖范畴的金融业态包括六大领域，分别是信托公司、财务公司、金融租赁公司、汽车金融公司、货币经纪公司及消费金融公司。

对应机构共 313 家，其中信托公司 68 家、财务公司 192 家、金融租赁公司 26 家、汽车金融公司 18 家、货币经纪公司 5 家、消费金融公司 4 家。

2014 年末，银监会非银部主任李伏安在接受《21 世纪经济报道》专访时，提到了这样一组数据——截至 2014 年 9 月末，六类非银行金融机构管理资产总额达 19.77 万亿元，超越保险及证券行业，当年实现的净利润达到 904.28 亿元。

在多位信托公司高层人士看来，此次银监会架构调整中单独设立部门，专司对信托业金融机构的监管，可能主要出于以下两方面考量。

第一，近年来，信托行业经历了高速发展，管理资产规模仅次于银行业。据《21 世纪经济报道》的最新数据，截至 2014 年 10 月末，信托业管理资产总规模达 13.21 万亿元。尽管其增速较前两年有所放缓，但依然已至"巨量"，且正值行业转型路口，系列顶层制度进入密集落地周期，风险控制是首要目标和难题。

然而，面对如此庞大的管理体量和复杂情况，信托业的日常监管工作却只有银监会非银部非现场及现场等有限的职能处室来负责，人力和资源配置十分有限，不论是工作强度，还是难度层面都面临很大压力，拆分单独监管成为必要之举和大势所趋。

接近监管的权威人士说，下一阶段信托行业的监管工作重点，还是集中于包括净资本、监管评级等在内的几项政策定稿的完成。2016年第一季度，信托公司尽职指引预计也将落定。更重要的是，业内呼声已久的信托公司管理条例制定工作此番正式进入实质性操作阶段，预计1月拿出一稿，推动信托行业建立更高层次的法律制度约定。

第二，除了信托行业以外，其他非银行金融机构的行进提速，活跃度和巨大的发展空间，也需要非银部腾挪出更多专注力和精力来对之给予政策推动和风险监管。另据了解，金融资产管理公司的监管工作未来也将被划归到非银部。

截至2014年9月末，在非银部监管的近20万亿元，非银金融机构资产中，财务公司表内外资产4.95万亿元，当年实现净利润397亿元；金融租赁公司、汽车金融公司、货币经纪公司、消费金融公司资产分别为1.22万亿元、3142.87亿元、6.19亿元、166.31亿元，分别实现净利润120.25亿元、43.98亿元、1.08亿元和3.3亿元。

李伏安对《21世纪经济报道》记者坦言，非银机构的快速发展，是中国银行业、金融业发展到一定阶段后金融市场进一步深化、专业化、差异化分工的必然进程。

接下来一段时间，针对不同的非银金融机构，以风险管控为底线，但以激发市场活力为最终目标的系列顶层制度建设也在逐步推进中，例如推动建立首个消费金融小额征信系统、酝酿出台汽车金融公司监管评级等。

作者：冀欣　文章来源：《21世纪经济报道》

尽快修订《信托法》 化解公益信托制度缺位

2015-3-13

公益信托成"两会"热词
2014年以来多只公益信托引入公益事业管理机构

公益信托作为监管层鼓励信托公司探索的方向之一，同时也是公益慈善事业迫切需要的金融品种，已日渐受到越来越多信托公司甚至社会各界的关注。2014年以来多家信托公司尝试设立投资于教育、医疗、环境保护等方面的公益信托；针对影响公益信托发展的最主要问题——管理机构不明，财产登记缺失，税收优惠政策不明等，多位政协委员已在相关提案中提出推动解决的方案。

公益信托在探索中推动

据《中国信托业发展报告（2013—2014）》统计，截至2013年末，信托公司开展公益信托以及类公益信托项目39个，资金总额129.17亿元，仅相当于全国信托资产的约1%。

不过，随着监管层的引导，可以发现，2014年以来，越来越多的信托公司开始试水公益类信托项目。并且，与此前信托投资公益主要通过从信托计划中拿出部分投资本金或收益做捐赠这种"准公益信托"模式相比，真正的公益信托计划逐步增多。

国元信托2014年8月发行了安徽省第一只公益信托"国元爱心慈善公益信托"。该信托产品2014年第四季度信托事务报告显示，信托计划募集的全部资金34.5万元已用于金寨县希望工程位于斑竹园镇沙堰希望小学的援建项目。

万向信托2014年年中开始推介的"万向信托—中国自然保护公益信托"也已于2014年12月25日成立，募集34.72万元。

目前，在紫金信托官网中，"紫金信托—厚德4号公益信托计划"显示为"热销中"，该信托计划为指定用途的公益信托，受托人将信托资金运用于捐助、救助困难家庭中罹患大病的儿童，通过本金捐赠或收益捐赠的方式认购，无最低认购金额限制。

值得注意的是，影响公益信托成立的重要因素——"承担监管职责的公益事业管理机构"定位不明导致的公益信托设立审批难，在相关信托计划中也有所突破。如国元信托在信托计划中争取到安徽省民政厅作为公益事业管理机构。万向信托的"中国自然保护公益信托"在信托合同中虽未明示公益事业管理机构身份，但却明确了该信托计划有公益事业管理机构参与。国民信托2014年12月1日成立的"爱心久久—贵州黔西南州贞丰'四在小学'公益信托计划"的公益事业管理机构为贵州省贞丰县民政局、贵州省贞丰县教育局。

公益信托的发展不仅仅是信托公司转型的需求，更顺应公益事业转型的方向。2014年11月，国务院下发了《关于促进慈善事业健康发展的指导意见》（国发〔2014〕61号），明确"倡导金融机构根据慈善事业的特点和需求创新金融产品和服务方式，积极探索金融资本支持慈善事业发展的政策渠道"。有分析人士对记者表示，政府和社会对公益信托这种新慈善模式认知和需求的逐步增加，是公益信托计划能够获得地方政府部门支持并成立的重要因素。

委员热议公益信托发展方向

不仅信托公司在公益信托上寻求突破，2015年"两会"上，公益信托也成为代表委员们热议的焦点。

全国政协委员、招商银行前行长马蔚华在2015年专门提出关于在深圳开展慈善信托试点的提案。在回答《证券日报》记者提问时，马蔚华表示，这份提案是顺应深圳金融创新试点而生的。在提案中，马蔚华指出，公益信托制度目前缺乏操作性，主要体现在以下两个方面：一是公益事业管理机构不明确，监管成本与风险过高；二是信托财产登记制度缺失，非资金公益信托受限。

马蔚华在提案中提议：第一，加快推进多层级法规政策相结合的制度体系建设；第二，重点解决慈善信托实践中面临的迫切问题，如建议明确深圳市慈善信托的管理机构为市民政局；第三，论证在前海登记设立专业慈善信托公司的可行性；第四，建立统一的信托财产登记制度。

全国政协委员、香江集团总裁翟美卿也在提案中为公益信托的发展建言。她提出，首先，应尽快研究并制定公益信托的税收政策及优惠措施；其次，应该构建秩序良好的公益信托市场，鼓励并吸引社会企业及个人设立公益信托；再次，建议在法律层面上确定非公募基金可以设立公益信托，可以有效开发和利用巨额的公益资金，实现资本的保值增值和可持续发展；最后，应该出台专项实施细则，目前公益信托的法律依据仅来自《信托法》，没有专门的可操作制度，应尽快出台一份公益信托的专项法规、实施细则。

值得欣喜的是，《信托法》的修订及《信托登记管理办法》的制定将为解决上述难题带来希望。据媒体报道，全国人大财经委员会同意了中国银监会启动修订《信托法》的建议。中国银监会在建议中认为，《信托法》配套的信托登记、信托税收和公益信托等制度缺位，营业信托规则和《信托法》司法解释也相对滞后，制约了信托财产独立性和安全性的功能发挥，因此希望尽快启动《信托法》修订工作。

北京一位信托人士对记者表示，无论是《信托法》修订，还是信托财产登记制度的落实，需要协调的利益众多，仍有很长的路要走。公益信托的发展得到了业内和监管层的广泛关注，这体现在相关的配套法规正在落实，更因公益信托在未来的慈善公益事业中巨大的发展潜力，同时也是信托公司提升行业形象、获取社会公信力的巨大机遇，公益信托会在未来信托公司业务体系中占据举足轻重的地位。

作者：徐天晓　文章来源：《证券日报》

立法 14 年　信托法制体系渐完善

2015-9-21

到 2015 年 10 月 1 日，《中华人民共和国信托法》（以下简称《信托法》），正式实施 14 年。其颁布实施在规范信托实践、保证信托业务有序开展、维护各方参与者合法利益等方面发挥了重要作用。近年来，信托相关政策法规密集出台，使信托法律制度进一步完善。业界普遍认为，完善与《信托法》相关的配套法规，应是下一步信托法制建设的重点。

2015年10月1日，《信托法》正式实施14年。从有名无实的信托活动，到营业信托主导的信托实践，《信托法》的颁布实施在规范信托实践、保证信托业务有序开展、维护各方参与者合法利益等方面发挥了重要作用。从2000年开始，信托公司管理的信托资产规模与日俱增，如今已经突破15万亿元。2015年，《信托公司条例（征求意见稿）》（以下简称《条例》）正式提上日程，草案也已进入征求各方意见阶段。至此，从法律到行政法规，到地方法规，再到部门规章，信托法律规范以四个不同层级构成了一个严密的体系。

2001—2007年："一法两规"的时代

《信托法》的实施标志着我国开始建立真正意义上的信托制度。在《信托法》的基础上，中国银监会于2007年相继颁布了《信托公司管理办法》和《信托公司集合资金信托计划管理办法》两个部门规章。这就是业界常说的"一法两规"。"一法两规"的颁布实施，对信托基本关系、信托机构、信托业务三个层次做了规范，至此，中国信托市场的法律体系基本框架已经形成。

事实上，在全国人大及其常委会制定的法律层面，除了《信托法》，还有一部与信托活动相关的法律，即《证券投资基金法》，也被称为"信托特别法"。除此之外，中国银监会于2007年陆续下发多个部门规章，如《信托公司治理指引》等。这些行业管理法规或制度对信托实践进行了较详细的规范，保障了信托市场的有效运行，也促使行业大跨越式发展。

2007年以来，信托公司的资产规模不断增加，几乎一年一个台阶。2007年为9621亿元，2008年为12365亿元，2009年为20405亿元，2010年达到30404.55亿元，2011年超过4.8万亿元。至此，信托公司的资产规模接近于基金公司资产规模的两倍，平均每家公司管理信托资产700多亿元。信托市场已经成为我国金融市场的重要组成部分。

2008—2014年：监管政策密集出台

信托业经历了2008—2010年的重组热潮之后，2011年基本完成了整体升级和扩张。在这一阶段，又有一些重要监管规定出台，加速了行业市场体系的进一步完善。2010年，《信托公司净资本管理办法》出台，要求信托公司净资本不得低于2亿元，并要求净资本不得低于各项风险资本之和的100%，净资本不得低于净资产的40%。该办法的出台使得信托公司的重组和增资扩股再掀波澜，一大批中央企业、境外知名金融机构纷纷投资入股信托公司，一批存在历史遗留问题的信托公司陆续完成重组，重新进入信托市场。

同时，伴随信托涉及领域的不断延伸，一系列涉及业务管理方面的规定文件陆续出台，如《银行和信托公司业务合作指引》、《信托公司受托境外理财业务管理暂行办法》、《银行业金融机构衍生产品交易业务管理办法》、《关于加强信托公司房地产业务监管有关问题的通知》等，涵盖金融证券、企业融资、房地产、基础设施等多个领域。

2014年是信托公司的转型元年。中国银监会主席助理杨家才于2013年末和2014年末在信托公司行业年会上先后提出"八项机制"和"八项责任"，围绕"防范风险、规范发展"这一中心，行业监管的制度设计进一步完善。2014年4月，银监会下发《关于信托公司风险监管的指导意见》（银监办发〔2014〕99号），这构成了信托行业顶层制度构建的逻辑主线，随后又发布《关于99号文的执行细则》。此后，《信托公司监管评级与分类监管指引》、《中国信托业保障基金管理办法》陆续出台，对未来信托业的持续健康发展以及信托公司的业务模式转型和风控机制构建都产生了重要影响。另外，《关于规范金融机构同业业务的通知》、《关于加强地方政府性债务管理的意见》等文件与传统的银信、政信合作信托密切相关。信托公司开始重新定位自己，主动抛弃旧的经营模式，为自身的延续、发展注入新的动力。

2015年：法律制度进一步完善

2015年仍是信托相关政策密集出台的阶段，包括已经征求意见的《条例》以及2015年4月10日银监会下发的《信托公司行政许可事项实施办法(征求意见稿)》等。

一直以来，《信托法》修订一事在业界呼声较高，但是由于种种原因，《信托法》修订迟迟未列入日程，因此，业界普遍将信托法制建设的完善寄希望于《条例》的修订。

"配套法规尚未完全建立，这应是信托法制建设的重点，在《条例》中有相应体现。"这是业内普遍观点。《信托法》作为信托基本法，对于信托活动中涉及的需要公权力配合的相关制度，只做了原则性规定或者没有加以规定。因此，在许多方面还需要以特别法的形式制定相关配套法规。

其中，信托登记制度和信托税收制度是最主要的配套法规。我国《信托法》第十条规定了信托登记制度，并且规定：以依法应当进行信托登记的财产设立信托，如果未办理信托登记手续，信托无效。但是，《信托法》本身并没有规定办理信托登记的机关以及程序，由此严重削弱了《信托法》的实施效果，需要国务院以行政法规的方式制定信托登记的具体操作办法。

关于信托税收制度，业内认为，信托制度是一项创新的财产制度，主要表现为信托财产上"一物二权"的法律构造，信托财产的所有权属于受托人，信托财产的受益权属于受益人。我国原有的税收制度仅与"一物一权"的传统财产制度相适应，难以简单套用信托这种"一物二权"的创新财产制度，必须予以重构。目前，我国还没有建立与信托活动相配套的税收制度。由此，一方面，信托当事人将缴纳其本不该缴纳的税收，不合理地提高信托的交易成本，从而制约了信托功能的系统发挥；另一方面，信托当事人本该缴纳的税收也无法缴纳，导致了信托不合理避税的空间，造成了国家税赋流失。因此，需要以特别法的形式，构建独立的信托税制。

作者：胡萍　文章来源：《金融时报》

信 ② 2015年行业整体态势

——复杂环境下的稳健发展

经济发展新常态下，信托业受到"五期叠加"的影响，传统业务模式和发展路径难以为继，刚性兑付的压力短时间内难以消除。2015年信托业开局主动，虽然信托资产规模增速呈下滑态势，但行业转型调整成效初显，资产管理规模于年中、年末相继跨过15万亿元和16万亿元大关。本章选文主要是新闻媒体对中国信托业协会权威发布数据和行业发展报告的解读。

本章分为四个部分：一是对2015年行业数据的相关媒体报道，二是对2015年行业发展报告的相关媒体解读，三是对2015年社会责任报告的相关媒体解读，四是业内专家对热点问题的解读。

中国信托业协会作为行业自律组织，坚持履行自律、维权、协调、服务职能，权威发布行业数据、行业发展报告以及行业社会责任报告，引起了社会媒体的广泛关注。

一、2015年行业数据发布的相关媒体报道

信托业开局更"主动"

2015-5-6

资产规模增速降至低位，投资类和集合类信托产品占比上升。

2015年第一季度，信托业管理的信托资产规模增速环比降至低位，但无论是利润总额还是人均利润均表现出良好的开端。更值得关注的是，信托业无论是年化综合收益率的稳中有升、投资类和集合类信托占比的提升还是信托资金投向的总体稳定等，都表明信托业正在更加从容地进行业务调整和管理优化。

经历了"难过"的2014年，2015年信托业依然行进在转型的路上。中国信托业最新发布的2015年第一季度末信托公司主要业务数据显示，2015年第一季度末，信托全行业管理的信托资产规模为14.41万亿元，同比增长22.85%，季度环比增长3.08%。季度环比增速没能延续2014年第四季度的短暂回升态势，环比增速跌至低位。

"客观来看，信托资产增速放缓对信托业的转型调整是个缓冲，有利于信托业更加从容地进行业务调整和管理优化。"西南财经大学信托与理财研究所所长翟立宏表示。

转型调整成效初显

数据显示，2015年第一季度，信托业实现经营收入229.96亿元，同比增长28.72%，较2014年第一季度同比增幅提升11.5个百分点；实现利润总额169.31亿元，同比增速较2014年第一季度提升19.34个百分点；人均利润也较2014年第一季度有所增加。翟立宏说，在信托资产规模增速放缓的背景下，2015年第一季度信托业的经营业绩表现出良好的开端，从侧面说明了信托业转型调整的成效。

与此同时，信托收益率也有所上升。就已清算的信托项目而言，已实现的年

化综合实际收益率近年来一直相对平稳。历史数据显示，自2014年开始，信托业实现的年化综合收益率呈现稳中有升势头：第一季度为6.44%，第二季度为6.87%，第三季度为7.92%，第四季度为7.52%。而在2015年第一季度，收益率首次超过8%，达到历史性的8.11%。值得注意的是，信托业实现的平均综合信托报酬率则呈现出持续下降的势头。

2015年第一季度末，信托业风险项目数为425个，规模为974.47亿元，较2014年第四季度末增加193.47亿元，环比增长24.77%，不良率为0.68%。对此，相关业内人士认为，在信托业自有资本充足、行业风险缓释机制逐步健全、各信托公司风险管理系统逐步完善等背景下，行业风险基本可控。

"三分"格局被打破

近年来，融资类信托占比持续下降，投资类和事务管理类信托占比则不断上升，并在2014年第四季度末形成"三分天下"的格局，即融资类、投资类和事务管理类信托各占约1/3。但在2015年第一季度末，这种"三分天下"的格局被打破。投资类信托开始体现出优势，占比上升至35.52%，较2014年末占比提升1.82个百分点；事务管理类信托占比微升至33.16%，较2014年末占比提升0.51个百分点；融资类信托占比持续下降至31.32%，较2014年末占比下降2.33个百分点。

翟立宏分析认为，信托投资功能定位突出的内在驱动力由中国高净值客户的投资需求增长、实体经济长期资本需求旺盛等多种因素叠加形成，这也意味着中国金融体系发展日益成熟。

此外，自2013年第四季度开始，信托业的集合资金信托占比一改过去几年不断下降的趋势，实现了稳步提升，2015年第一季度末更是上升到33.26%。与集合资金信托占比不断提升相对应的是自2013年第三季度开始的单一资金信托占比持续下降。业内人士认为，这体现了信托业在经营策略上自身主动管理能力不断提升。

财产信托占比近年来一直稳定在3%~7%。随着中国富人阶层传承时点的到来，家族信托开始兴起，未来财产信托的需求将不断扩大。不过，"财产信托的发展需要国家政策在信托财产登记制度、税收制度等方面予以突破，降低市场交易成本"。翟立宏表示。

证券投资类占比上升

数据还显示，2015年第一季度，工商企业、基础产业、证券投资、金融机构和房地产仍然是资金信托投向的五大领域。值得注意的是，证券投资领域以16.56%的占比超过金融机构成为信托资金的第三大运用领域，其中，债券仍然是信托在证券投资市场上的主要投资工具，其次是股票与基金。"信托资金的投向总体保持稳定，但得益于灵活的经营体制，信托业在2015年第一季度针对股市的牛市行情作出灵活调整，增加了证券投资类信托产品的发行。"翟立宏说。

工商企业依然保持其资金信托的第一大配置领域的地位，但占比持续下降，不过相比2014年下半年，环比降幅在收窄，规模也反降为升。信托资金投向占比下降的还有金融机构和基础产业领域。

"基础产业投向占比持续下降，是因为国家宏观政策对地方政府债务进行规范和约束，但信托的长期资产配置功能与基础产业投资所需资金的长期性有着较多的契合点，理论上来说不会影响信托资金继续介入基础产业建设。"翟立宏表示。而金融机构投向占比的减少，则源于多层次资本市场的发展使得投资于金融机构的固定收益类信托产品吸引力下降。

"此外，信托业总体上对房地产领域的介入和投资趋于谨慎。随着房地产市场调整周期的明朗化，信托业在未来有可能会继续降低房地产信托在整个资金信托中的占比。"翟立宏说。

作者：常艳军 文章来源：《经济日报》

转型换挡初见效 信托跑步入市

2015-5-8

"转型"已然成为信托行业下一步发展的关键词。在告别了近十年的"野蛮生长"之后，信托资产规模的爆发式增长已经难以复制。

信托业协会发布的行业数据显示，2015年第一季度末，信托全行业管理的信托资产规模为 14.41 万亿元，较 2014 年第一季度的 11.73 万亿元，年度同比增长 22.85%；较 2014 年末的 13.98 万亿元，季度环比增长 3.08%。无论是同比增速，还是环比增速，资产规模的增速均明显回落。

事实上，自 2013 年第二季度到达高位之后，信托业资产规模增速已连续 7 个季度呈下滑态势。而在混业经营和行业风险走高的背景下，信托业转型发展早已不再是一句空话。

初显成效

信托规模增速连续下滑背后并非全是坏消息。

2015 年第一季度的信托行业数据就带来了经营业绩止跌回升的好消息。信托业协会数据显示，第一季度末，信托业实现经营收入 229.96 亿元（平均每家信托公司 3.38 亿元），相比 2014 年第一季度末的 178.65 亿元，同比增长 28.72%，较 2014 年第一季度末 17.22% 的同比增长率，同比增幅提升了 11.5 个百分点；而利润方面，2015 年第一季度末，信托业实现利润总额 169.31 亿元，相比 2014 年第一季度末的 126.61 亿元，同比增长 33.73%，较 2014 年第一季度末 14.39% 的同比增长率，同比增幅提升了 19.34 个百分点。

在业内人士看来，经营业绩的改善从侧面反映了信托行业转型调整已经初见成效。"看第一季度数据能发现，在规模增长不是很快的情况下，行业经营业绩、收入、利润这方面相对来说增长较快。可以大致推断，信托公司内部管理改善的成效应该是起到了一些作用的。"西南财大信托与理财研究所所长翟立宏在接受采访时如此评价。

在翟立宏看来，信托业转型存在三个方面的空间：内部精细化管理、开展主动管理型及创新业务，而更根本的转变则需要市场环境和制度环境的进一步优化。

值得注意的是，信托业经营策略已然出现微妙的变化，行业主动管理能力持续提升。2015 年第一季度，信托业的集合资金信托占比为 33.26%，相比 2013 年第四季度的 24.90%，提升了 8.36 个百分点。与集合资金信托占比不断提升相对应的是单一资金信托占比持续下降，自 2013 年第三季度至 2015 年第一季度，单一资金信托占比下降了 11.17 个百分点。

而从信托功能的角度来看，投资功能的定位更加凸显。2015年第一季度末，投资类信托开始体现其优势，占比上升至35.52%，事务管理类信托占比微升至33.16%，而融资类信托占比持续下降至31.32%。2014年末形成的"三分天下"局面（融资类信托占比为33.65%，投资类信托占比为33.70%，事务管理类信托占比为32.65%）已经被打破。"现在中国金融行业的发展动力正在逐渐从过去的融资端的需求转向投资方，就是资金盈余者，这几乎是一个不可逆的过程。未来谁抓住资金拥有者，谁就抓住了龙头。"一位信托公司人士指出。

翟立宏认为，虽然目前融资类信托仍然为行业贡献了大部分利润，但业务转型的方向已经逐渐明晰："信托业务原来单纯的通道性特征将来会逐渐弱化，体现出其在资产管理、财富管理过程中的增值作用。另一方面，原来的项目制的业务模式转向标准化的、聚焦多层次资本市场。"

跑步入市

2014年的"99号文"鼓励信托公司通过设立子公司的方式布局直投业务。银监会主席助理杨家才在出席中国信托业年会时，明确鼓励信托公司成立专业子公司。他认为，促进专业子公司的建设，未来将推动信托公司向多层次资本市场的深度介入。

有趣的是，借着股市的春风，近期信托资金越来越多地投向证券市场，而现在证券投资成为信托资金的第三大运用领域。

信托业协会分析指出："得益于'多方式运用、跨市场配置'的灵活经营体制，信托业对2015年第一季度的牛市行情作出了预判和灵活调整，增加了证券投资类产品的发行。"

根据行业协会的统计数据，2015年第一季度证券投资信托规模为2.23万亿元，较2014年第一季度同比增长79.84%，虽然债券市场仍然是主要投向，但最大的增幅却出现在股票方面。截至2015年第一季度末，证券投资信托中投向债券市场的规模约为1.26万亿元，其在信托资金投向的占比为9.40%，较2014年第一季度末占比提升2.02个百分点；投向股市的规模约为7770亿元，其在信托资金投向的占比为5.77%，较2014年第一季度末占比提升了2.94个百分点；投向基金的信托规模为1864亿元，其在信托资金投向的占比为1.39%，较2014年第一季度占比提升了0.45个百分点。

不过，在一位行业人士看来，证券是否能坐稳信托资金第三大投资领域的位子仍然有待观察。"市场整体走强，信托资金的配置肯定会多一些，相比之下，往金融机构的配置就会低一些，但是长期来看的话，信托公司在证券这一块的配置是不是可以继续走高，还要看一些条件，包括证券市场的走势，而且每个信托公司战略安排也不同，行业里也可能出现一些分化。"

作者：周子崴　文章来源：经济观察网

信托业跨入15万亿时代　上半年利润增逾三成

2015-8-3

信托业资产管理规模已突破15万亿元。

中国信托业协会最新发布的数据显示，截至2015年第二季度末，全国68家信托公司管理的信托资产规模为15.87万亿元，环比增长10%，同比增长27%。在资产增速回升的同时，第二季度信托业整体经营收入和利润大幅提高，信托资金投向也发生了不小的变化。

15万亿元时代不同往常

2015年第二季度的信托业数据确实与往年大不一样。自2013年第三季度至2015年第一季度，信托资产规模的同比增长率逐季度下滑，直至2015年第二季度才出现明显的向上态势。具体数据显示，2014年四个季度的环比增长率分别是7.52%、6.40%、3.77%和7.95%，2015年第一季度为3%，第二季度则回升到10%。

第二季度信托业固有资产的同比增长率也有显著增长，达到36%。此前三年，这一数据一直介于21%~26%。

复旦大学信托研究中心主任殷醒民认为，固有资产类别体现了信托公司根据经济运行新趋势和结构优化倾向所做的资产配置，"信托行业的主动管理能力不断增强，投资类资产占比持续上升。相比之下，货币类资产和贷款类资产的占比仍然呈下降趋势"。

关于备受关注的风险项目，数据显示，第二季度末信托业风险项目个数为450个，规模为1034亿元，环比增长6%。全行业信托资产规模为15.87万亿元，不良率为0.65%。

行业整体业绩跃升

2015年上半年，信托资产的短期回报率也在上升。此外，行业整体营业收入和利润水平均显著增长。

截至第二季度末，信托业实现营业收入544.06亿元，同比、环比增幅均超过30%；信托业实现利润总额391.86亿元，同比、环比增幅均超过30%。

人均利润更能反映出经营业绩的变化。2012—2014年的三年间，第二季度末的人均利润分别是142.76万元、155.66万元和146.96万元，差异不大。但是，2015年第二季度末，这一数据达181.10万元，同比增长23%。分析人士指出，2014年的第二季度和第三季度是多项数据同比增长率的"底部"，2014年第四季度后的同比增长率开始快速上升，2015年第二季度延续了这一趋势。

投向变化不小

值得注意的是，2015年第二季度数据显示，资金信托依然投向五大领域：工商企业、基础产业、证券投资、金融机构和房地产业，但是具体投向占比则有明显变化。

工商企业素来是资金信托的第一大配置领域，第二季度末配置到工商企业的资金是3.16万亿元，占比为21.50%，环比、同比均出现微降；第二季度基础产业投向在资金信托中的占比为18.48%，同比、环比亦出现下降。

殷醒民说，工商企业和基础产业占比下降，源于经济下行压力下，资金配置过程更多地考虑风险因素。2015年是"十二五"规划的收官之年，基础产业的相当部分处于收尾阶段。2016年则是"十三五"规划的开局之年，可以预期，流向基础产业和工商企业的信托资金占比下降趋势将逐季度放缓。

2014年第一季度以来，证券投资信托规模一直处于上升态势。2015年第二季度末，证券投资信托规模为3.02万亿元，其中，股票投资规模为1.41万亿元，占比为9.53%。业内人士认为，随着股市近期有所调整，证券投资在资金信托的占比会缓慢下降。

作者：杨卓卿　文章来源：《证券时报》

信托行业谋转型　发展进入新纪元

2015-10-26

2014年，在经济新常态和金融改革不断深化的大背景下，信托业开始步入全面布局转型发展的新纪元。与之前五次行业被动调整不同，此轮信托业调整既是对金融市场短期因素扰动、中长期经济波动因素的反应，也是信托业为适应经济新常态而进行的主动调整。本文将结合全国68家信托公司2014年年报数据，从全行业信托规模增速、信托业务收入、行业格局变化以及信托报酬率变动等四个维度对信托行业发展趋势进行简析。

信托规模平稳增长，增速持续放缓

根据68家信托公司2014年年报数据，截至2014年末，信托资产规模已达到14.01万亿元，较2013年增长了28.48%。以此计算，信托公司平均资产规模达到2060亿元，较2013年增加了456亿元。行业中43家公司信托资产规模超千亿元，较2013年增加3家。从增速看，在2011年信托业务规模增速达到顶峰后，行业增速一直处于下行态势，2014年增速为28.48%，是自2009年以来增速最低的一年，预计未来信托资产增速仍将延续下行态势，现阶段信托业发展已经进入新常态是毋庸置疑的。

弱周期经济态势下行业分化加剧

行业层面，68家信托公司中，共有54家信托公司在2014年实现了信托资产规模正增长，其中45家信托公司的信托规模增长在100亿元以上，21家增长500亿元以上，有12家信托公司的资产增幅超过了1000亿元。2014年有25家信托公司的信托资产总额超过了当年的行业平均值，较2013年的18家增加了7家。从管理规模看，68家信托公司中，信托资产规模超过2000亿元的信托公司比2014年增加6家，达25家，其中仅中信信托和中融信托公司的信托资产规模超过7000亿元。集中度方面，2014年信托资产规模排名前十的信托公司管理的信托资产规模占全行业信托资产规模总额的比重有所提升，集中度从2013年的36.95%提升至40.34%。

信托业务收入持续增长但增速下滑显著

信托业务收入主要体现为信托公司从信托业务中收取的各项手续费及佣金收入，在信托资产规模增速放缓的大趋势下，信托行业收入增速也随之放缓。根据68家信托公司年报数据，2014年信托公司实现总收入960.45亿元，同比增长14.24%，其中信托业务收入656.40亿元，同比增长6.71%。受行业竞争加剧和业务转型影响，信托业务收入和总收入增速同比均大幅下降。从信托业务收入占比来看，2011年以后信托业务收入占总收入的比重波动较小。2014年，信托业务收入占比从2013年的73.16%下滑至68.34%，我们认为主要有两个方面的原因：一是信托公司固有资金由过去主要投向债券产品或同业存款等风险较低、收益相对较低的金融产品，逐渐转向股权投资、证券投资类等更能体现信托公司投资管理能力、收益相对较高的金融产品；二是信托资产增速持续放缓，增量效益贡献下滑。在行业原有业务增速放缓和新利润增长点未确立的背景下，信托业务收入占比可能将持续下降。

转型阵痛期，信托报酬率持续下降

2012年以来信托行业平均信托报酬率开始呈整体下降趋势，2014年信托行业平均信托报酬率为0.53%，较2013年下降0.14个百分点。信托行业平均信托报酬率下降间接反映了目前信托业所面临的经营环境。首先，信托公司之间的竞争导致行业内竞争不断加剧；其次，泛资管时代银行、基金、保险、券商等资管机构对信托业务开展带来了较大冲击，提升了行业间的竞争激烈程度；最后，经济增长速度从高速转向中高速，经济下行压力增大使实体经济领域的风险增多，信托产品风险暴露事件的舆论影响使投资者在配置信托产品时趋于谨慎，由此拉动信托报酬率进一步走低。

总体来看，在经济下行和内外部竞争加剧的双重挑战下，我国信托业开始进入结构调整和转型发展时期，在此期间，各信托公司都将面临增长失速、结构调整、转型阵痛的考验。但基于对中国经济长期稳健发展的信心和信托制度优势的认同，我们相信中国信托业一定能够经受住考验，在内生动力推动下找到一条具有中国特色的可持续发展之路。

展望未来，我们认为中国信托业未来发展可能会呈现如下特征：

一是优胜劣汰下的信托公司数量下降。根据国外经验，信托业是专业程度很高的行业，业务集中度也相对较高。当前我国信托行业有68家信托公司，同质化倾向明显，实力参差不齐。在本次行业调整中，部分中小信托公司或者股东实力不足的信托公司可能会被淘汰出局。考虑到我国金融机构退出机制不健全以及监管部门对于信托业大幅调整可能引发系统性危机的忧虑，预计未来行业内信托公司调整可能以兼并重组为主。

二是行业边界日渐模糊，金融机构兼营信托业务将有所突破。金融机构直接经营信托业务是全球普遍情况，关键是形成较好的风险防火墙和有效的监管措施。从各国信托业发展经验来看，信托业与银行业相互兼营业务较为普遍，而信托业与证券业既有合作也有竞争，由此也会导致信托业的独立性特征日趋淡化，信托业边界日益模糊。这与信托法律关系和财产隔离制度所赋予信托的灵活性以及效率优势相关联，使得信托行业能够不断拓展新的应用领域。从国内发展趋势来看，随着金融市场化改革进程的推进，信托、券商及其他资管行业之间的边界将逐渐模糊，金融机构兼营信托业务将有所突破。

三是信托业内竞争加剧，市场集中度将逐渐提高。综观英国、美国、日本等发达国家，其信托财产几乎都高度集中在几家大型的金融机构手中。这是信托业在市场力量作用下发展到一定程度后，经过不断的合并、重组及探索，由"小、散、乱"的粗放式发展向"大、聚、整"的集约式发展自发演变的结果，更是金融资源主动追求优化配置的内在力量使然。在本次行业的转型升级中，我国信托业将在一定程度上实现资源的优化配置，进一步提升行业发展质量，优质信托公司的市场地位和市场份额将进一步提升，从而推动市场集中度不断增强。

作者：田业钧（百瑞信托）　文章来源：《上海证券报》

信托"十二五"：金融创新试验中的排头兵

2015-10-30

5年来，伴随着金融改革、开放和发展的步伐，信托业成为我国金融试验田中的创新排头兵，同时在实践中也展示了自身在社会发展以及金融体系中的独特作用。放眼未来，除了理财市场的巨大潜力外，我国经济增长更趋平稳，结构进一步优化升级，金融在国民经济中的地位和作用持续增强，以信托、租赁为代表的新金融业态正在崛起，信托业多年积累的市场化运作经验必将大有用武之地。

《国民经济和社会发展第十二个五年规划纲要》提及，要更好地发挥信托金融服务的资产配置和融资服务功能。经历30余年市场历练的信托，将在国民经济和社会发展以及金融改革的滋养下茁壮成长。

5年来，伴随着经济发展以及国民收入的增长，财富管理和资产管理需求提升，为更好地发挥信托功能创造了市场，信托理念越来越深入人心。

5年来，伴随着金融改革、开放和发展的步伐，信托业成为我国金融试验田中的创新排头兵，同时在实践中展示了自身在社会发展以及金融体系中的独特作用。

2010—2015年，信托资产规模不断刷新，在经历政策洗礼、市场担忧、转型疑虑之后，中国信托业已摒弃原始的速度与激情，正在其转型发展之路上释放出更大潜力。

信托业成第二大金融部门

自2007年信托业新"一法两规"颁布实施之后，信托业逐渐步入良性、快速、健康发展轨道，其中有两个关键时点——2010年和2012年。

2010年末，信托资产规模达到3.04万亿元，首次超过了基金业管理的基金资产规模，全行业信托报酬收入也首次超过了固有业务收入，占全行业营业收入的比例达到58.76%，信托业主营信托业务的盈利模式得以确立。

2012年末，信托资产规模达到7.47万亿元，首次超过保险业7.35万亿元的规模，成为仅次于银行业的第二大金融部门。

熟悉信托业的人士都知道，在中国信托业爆发性发展的最初阶段，以低端银行理财客户为驱动的银信理财合作业务贡献很大。以2009年和2010年为例，这两年的银信理财合作业务规模的贡献度均在50%以上。这种激进式的增长带来了"量"的迅速积累，也使得信托业当之无愧地成为近10年增长最快的金融机构。

自2010年下半年开始，一系列规范银信合作业务的文件出台，使得这种粗放式增长势头得以有效遏制，信托在市场选择中开始走向"质"的转变。中国信托业协会专家理事周小明将2011年作为信托增长方式转变的分水岭，即从粗放的银信合作业务模式，演变为以高端机构为核心的大客户主导的"非银信理财合作单一资金信托"、以低端银行理财客户为主导的"银信理财合作单一资金信托"、以中端个人合格投资者主导的"集合资金信托"三足鼎立的发展模式。这使得信托业的发展摆脱了政策变数，走上了稳定的长期发展轨道。

实体经济的坚定支持者

当前，全国68家信托公司受托管理信托资产总规模突破15万亿元，行业发展基础日渐夯实，风险基本可控，面貌焕然一新。

中国银监会信托部主任邓智毅撰文将信托业发展概括为四大方面：一是行业规模显著扩大。2006年信托公司管理信托资产总规模3617亿元，2015年第二季度末已达15.87万亿元，增长40多倍。二是经营业绩持续改善。2006年信托公司利润总额49.76亿元，2014年末已达642.30亿元，增长近12倍。三是资本实力有效增强。2006年信托公司所有者权益总规模519.50亿元，2015年第二季度末已达3547.52亿元，增长近6倍。四是市场影响力不断提升。2007—2014年，我国银行业资产总规模增长2.57倍；同期，信托资产总规模增长近38倍。

信托业在自身发展壮大的同时，也成为支持实体经济发展的重要力量。截至2014年末，信托资金投入基础设施建设、矿产能源等实体领域的资金总额达9.86

万亿元，占全部信托资产的70.53%，基本覆盖了实体经济的各个行业。

在服务实体经济的过程中，信托公司通过资产证券化、企业并购重组、股权投资等多元化投融资方式，发挥着"跨市场、跨行业、跨产品"的独特优势，成为我国金融试验田中的创新排头兵。这样的案例不胜枚举：华能贵诚信托联合阿里小微金融服务集团成功发行"华能信托—蚂蚁微贷1号集合资金信托计划"，筹集社会各方资金，累计向小微企业发放信托贷款35亿元；金谷信托成立"聚信1号中小企业私募债券投资单一资金信托"1~10期，为10家中小企业提供的资金支持达16.2亿元。

新常态下的转型发展机遇

当然，信托的价值远不仅体现在经济领域，信托还可以广泛延伸到社会事业等公共服务领域。近年来，银监会在全行业推动实施"八项机制"和"八项责任"建设，为信托业改革发展指明了方向，这些改革红利一旦释放，必将转化为行业发展的不竭动力。

2015年，信托业同样处于发展的新常态，这个"新"不仅是行业的政策扶持，更多地是由市场所决定的。周小明表示，信托业所依托的理财市场仍然处在成长期，这是信托业保持稳定增长的市场基础。一旦进入中等收入阶段，理财需求与经济周期未必有绝对的正相关性。经济处于下行周期时，市场对理财的需求反而会更强烈。

放眼未来，除了理财市场的巨大潜力外，我国经济增长更趋平稳，结构进一步优化升级，金融在国民经济中的地位和作用持续增强，以信托、租赁为代表的新金融业态正在崛起，信托业多年积累的市场化运作经验必将大有用武之地。

作者：胡萍　文章来源：《金融时报》

二、2015年行业发展报告发布相关媒体解读

信托业稳速换挡助力实体经济转型升级

2015-7-9

中国信托业协会今天发布的《中国信托业发展报告（2014—2015）》显示，在信托资产规模与信托公司经营业绩稳步增长的基础上，信托业不断助力实体经济转型升级，加快推进创新业务发展，其发展动力逐步转换。

信托公司一直是实体经济有力的支持者。报告显示，2014年，信托业资产规模与总体经营业绩回归平稳增长，约71%的资金直接投向实体经济领域。信托业积极支持新兴产业发展，多家信托公司通过筛选优质成长性企业进行股权投资，投资项目涵盖IT、通信、软件开发、新能源、新材料、环保、生物医药、医疗器械等领域。同时，对传统产业和产能过剩产业进行"有扶有控"的差别化支持，向钢铁、煤炭等传统行业中具有技术优势的公司提供资金助其优化升级，其中，一些信托公司以流动资金贷款、成立科技并购基金等方式，支持传统煤化工向新型煤化工进行产业升级。此外，信托公司发挥自身优势，缓解了一些中小企业的融资难问题。比如，某信托公司成立了业内第一家小微金融事业部，截至2014年末已累计发放小微贷款超过250亿元。

随着中国经济进入新常态、监管政策加强以及市场竞争加剧，信托公司纷纷求新、求变，积极探索创新信托产品。在2014年，家族信托与土地流转信托的研究与实践已初见成效，公益信托、消费信托、股指期货业务、资产证券化受托业务等已取得突破。

"随着经济发展和金融市场的变革，信托业增长动力也将发生重要转变。"西南财经大学信托与理财研究所所长翟立宏表示。关注投资者需求、提升主动管理能力和专业性水平并进行积极创新将逐步成为信托业发展的新动力。

翟立宏说，信托业未来将向投资银行业务、资产管理业务、财富管理业务和专业化受托服务四大方向转型发展，信托公司也将逐步由单一理财产品提供商向

综合金融服务商转变。他认为，虽然今后信托业务仍面临增长压力，但信托公司风险抵御能力的进一步增强仍将会使行业实现平稳发展，各信托公司在风格、能力等方面的分化和差异化经营会更加清晰，专业子公司制等机制方面的创新会推动信托业务层面的创新发展。

与此同时，信托业继续为投资者创造稳定收益。截至2014年末，信托业当年分配给投资者的信托收益共计8420.58亿元。2010—2014年，信托业累计向投资者分配信托收益为21169.19亿元。2011—2014年，已清算信托产品的加权平均收益率分别为5.70%、6.79%、7.32%和7.56%，呈现稳定增长。

作者：常艳军　文章来源：《经济日报》

《中国信托业发展报告（2014—2015）》显示：去年信托公司约有71%的资金直接投向实体经济领域

2015-7-10

由信托业协会组织业内外力量编撰的《中国信托业发展报告(2014—2015)》（以下简称《报告》）近日发布，对信托行业的年度运行和未来发展做了多层次、多视角、全方位的梳理、呈现、阐述和论证。

《报告》显示，信托公司一直是实体经济有力的支持者。2014年，信托公司约71%的资金直接投向实体经济领域，在助力传统产业升级、支持新兴产业发展、支持中小企业融资方面发挥了巨大作用。2014年信托业继续秉持对传统产业和产能过剩产业"有扶有控"的差别化支持方向，向钢铁、煤炭等传统行业中具有技术优势的公司提供资金支持，帮助传统产业进行优化升级，提高产能效率，助力企业转型和升级；积极支持新兴产业发展，为节能环保、生物医疗、高端装备制造、新能源、新材料等新兴产业公司提供信贷支持。多家信托公司通过筛选优质成长性企业进行股权投资，投资项目领域涵盖了IT、通信、软件开发、新能源、新材料、环保、生物医药、医疗器械、园林绿化等新兴技术产业领域。

在履行社会责任方面，《报告》显示，2014 年，信托行业通过业务转型、产品创新，让信托制度惠及更多的普通投资者。多家信托公司纷纷推出反映信托本质的事务服务信托，不仅包括家族信托、保险金信托等面向高端投资者的信托，也有土地流转信托、消费信托、养老信托等服务于普通大众的信托产品和信托服务，为普通农民、大众消费者提供权益保护，最大限度地扩大了信托服务的覆盖面。同时，信托公司继续积极利用信托制度，探索实现公益基金财产保值、尽职管理、定向捐赠等目的，并积极推动公益慈善事业。

在创新业务方面，2014 年信托公司在贵阳、安徽、北京、江苏、河南等地先后设立了十款土地流转信托计划，土地流转信托规模已超过 300 万亩，成为盘活土地资源的新途径。

西南财经大学信托与理财研究所所长翟立宏认为："2015 年已经过去了一半时间，2014 年中国信托业发展过程中所形成的一些趋势性特征也在或多或少地延续或变化，我们对中国信托业未来的发展方向和战略路径的认识也在日益清晰。展望 2015 年余下来的时间，信托公司的信托业务尽管仍面临增长压力，但风险抵御能力的进一步增强依然会促使整个行业平稳发展，信托公司会继续为投资者创造与风险相符的合理收益。信托公司的固有业务有望保持快速增长，行业整体的盈利水平也将稳定增长。信托公司之间在风格、能力等方面的分化和差异化经营格局会更加清晰，专业子公司制等机制方面的创新会促进和推动业务层面的创新发展。"

作者：徐天晓　文章来源：《证券日报》

中国信托业协会解读"信托新发展"

2015-7-13

创新提速　发展动力逐步转换

2014 年，信托行业资产规模与总体经营业绩回归平稳增长，资本利润率小幅回落。专家分析认为，在经济新常态逐步显现的宏观大背景下，信托资产增速放缓对信托业的转型调整是一个有利的缓冲，属于飞机飞行途中的"空中加油"，有利于信托业更加从容地进行业务调整和管理优化。

在经济新常态和金融新趋势的大背景和大环境下，立足金融行业、服务实体经济和社会民生的信托业也表现出了一些新特点。总体而言，信托业结束了高速增长阶段，步入了转型发展阶段，主要业务数据也发生了较大的结构性变化。目前发布的《中国信托业发展报告（2014—2015）》（以下简称《报告》）以"经济新常态，金融新趋势，信托新发展"为主题，在大量翔实的行业内部调研基础上，以"三新"为核心线索对信托行业的年度运行和未来发展做了全方位梳理，客观反映了中国信托业2014年的发展情况及信托行业未来的转型方向。

"稳"字当头助力实体经济

2014年，信托行业资产规模与总体经营业绩回归平稳增长，资本利润率小幅回落。2014年末，信托行业管理的信托资产规模为13.98万亿元，较2013年末的10.91万亿元同比增长28.14%，较2013年末46.05%的同比增长率明显回落。这诚然有宏观经济形势变化和同业竞争加剧的原因，但在一定程度上也是信托公司面对环境变化主动收缩传统业务的结果。

在规模平衡增长的同时，信托行业继续为投资者创造稳定收益。截至2014年末，信托行业当年分配给投资者的信托收益共计8420.58亿元，比2013年增长41%。2010—2014年，信托业累计向投资者分配信托收益21169.19亿元，而同期信托公司取得的信托业务收入5年总计仅为2243.66亿元。与信托公司经营效益增速下滑的情况相反，2014年信托业给受益人创造的信托收益却稳中有升，表明信托业作为专业的信托机构在经营理念上已经整体成熟，受益人利益为先、为大的信托文化已经为信托行业所接受。

《报告》显示，2014年，信托公司约71%的资金直接投向实体经济领域，在助力传统产业升级、支持新兴产业发展、支持中小企业融资方面发挥了巨大作用。如一些信托公司以流动资金贷款、成立科技并购基金等方式，支持传统煤化工向新型煤化工的产业升级等。在支持新兴产业发展方面，多家信托公司通过筛选优质成长性企业进行股权投资，投资项目领域涵盖了IT、通信、软件开发、新能源、新材料、环保、生物医药、医疗器械、园林绿化等新兴技术产业领域。

创新业务加速发展

随着中国经济进入新常态及监管政策的加强和市场竞争的加剧，信托公司的传统业务发展遭遇瓶颈。各家公司纷纷求新、求变，回归信托本质，坚持"受人之托，代人理财"的市场定位，充分发挥自身优势，积极探索创新信托产品。其中，家族信托与土地流转信托的研究与实践已初见成效，公益信托、消费信托、股指期货业务、资产证券化受托业务等也已取得突破。

2014年是家族信托持续发展的一年。除2013年已推出家族信托业务的几家信托公司外，2014年又有多家公司推出了首单家族信托业务。越来越多的信托公司开始独立或者与银行合作开展家族信托业务，并依据客户在不同阶段的实际情况和风险承受能力，发挥信托机制的灵活性，满足客户个性化需求，提供适当的家族信托服务方案。一些信托公司以家族办公室的形式设立专门部门开展家族信托业务，并形成了一定的市场影响力。更多的信托公司虽然未设家族办公室，但也在其他部门下设专业团队从事家族信托业务。

2014年，农村土地流转呈现加快之势。据《报告》统计，2014年，已有信托公司在贵阳、安徽、北京、江苏、河南等地先后设立了十款土地流转信托计划，土地流转信托规模已超过300万亩，成为盘活土地资源的新途径。

截至2014年末，共有8家公司获准参与股指期货业务，信托公司股指期货产品逐渐增多。如某信托公司发行的某款集合资金信托计划，优先级规模约10亿元，主要用于A股股指期货套利，同时包括A+H股、A股和香港市场以及新加坡ETF和股指期货套利。

2014年银监会对于信托公司QDII业务资格的放行速度明显加快，获得资格的信托公司从2013年的8家增至14家。截至2014年末，全行业QDII业务余额为234.01亿元，较2013年增加了82.06亿元，同比增长了近3倍。

发展动力逐步转换

在中国经济增长速度换挡期、结构调整阵痛期和前期刺激政策消化期"三期叠加"之下，伴随着利率市场化的推进和资产管理业务的扩张，实体经济风险不断向金融领域传递，个别产业的风险呈上升趋势，信托行业资产管理规模增速开始下降，信托项目兑付压力进一步加大，风险预警频发。在这样的背景下，如何依托现有资源优势进行创新和转型，成为信托公司乃至金融行业急需解决的问题。

对于信托业未来转型方向，《报告》概括为四个方面，即投资银行业务、资产管理业务、财富管理业务和专业化受托服务。翟立宏表示，在经济新常态下，我国产业结构不断升级，创新成为经济发展的主要驱动力。与此同时，随着中国经济金融体系日益完善，金融产品的投资功能地位将越来越重要。因此，在经济发展和金融市场的变革下，信托公司增长的动力也将发生重大转变：信托业不再依靠垄断信托制度获利，传统的聚焦于融资端的通道业务、融资类业务难以持续高速增长，而聚焦投资者需求、提升信托公司主动管理能力和专业性水平、积极创新将逐步成为信托业发展的新动力。

信托资产规模与信托公司经营业绩稳步增长

2014年，信托行业资产规模与总体经营业绩回归平稳增长，资本利润率小幅回落。

2014年末，信托行业管理的信托资产规模为13.98万亿元，较2013年末的10.91万亿元同比增长28.14%，较2013年末46.05%的同比增长率明显回落。其中，单一资金信托占比为62.58%，集合资金信托占比为30.70%，财产权信托占比为6.72%。从信托功能看，近年来融资类信托占比持续下降，投资类和事务管理类信托占比持续上升，并于2014年末形成了"三分天下"的格局，即融资类、投资类和事务管理类信托各占约1/3（融资类信托占比为33.65%，投资类信托占比为33.70%，事务管理类信托占比为32.65%）。从资金信托的投向看，第一大领域为工商企业，占比为24.03%；第二大领域为基础产业，占比为21.24%；第三大领域为金融机构，占比为17.39%；第四大领域为证券市场，占比为14.18%；第五大领域为房地产，占比为10.04%；其他领域占比为13.13%。

从营业收入看，2014年信托业实现经营收入954.95亿元（平均每家信托公司14.04亿元），相比2013年的832.60亿元同比增长14.69%，较2013年30.42%的增幅下降15.73个百分点；从利润总额看，2014年信托业实现利润总额642.30亿元

（平均每家信托公司9.45亿元），相比2013年的568.61亿元同比增长12.96%，较2013年28.82%的增幅回落约16个百分点；从人均利润看，2014年信托业实现人均利润301万元，与2013年的人均利润水平基本持平。

风险抵御能力进一步增强

2014年信托行业个案信托项目风险事件有所增加，但信托行业的风险抵御能力进一步增强。2014年信托公司增资力度空前，固有资本继续大幅增长，行业风险抵御能力提高，风险资产规模下降，行业总体风险可控。

截至2014年末，信托行业净资产规模3196.22亿元，比2013年增加641.04亿元，同比增长25.09%，保持了2011年以来的快速增长趋势。2014年信托公司加大增资力度以及风险准备金计提力度，实收资本和风险准备金增速快速增长。其中，2014年末行业实收资本余额1386.52亿元，比2013年增加269.97亿元，增幅为24.18%；信托赔偿准备余额120.91亿元，比2013年增加30.32亿元，增幅为33%。

2014年内信托行业风险项目规模和占比呈下降趋势。2014年第四季度末，信托行业风险资产规模781.00亿元，比第三季度末和第二季度末分别下降42.51亿元和136.00亿元；2014年第四季度末，风险资产占比为0.56%，比第三季度末和第二季度末分别下降0.08个百分点和0.17个百分点。信托行业风险资产规模及风险资产比率连续实现"双降"，风险状况总体平稳。虽然转型中的信托业单体产品风险暴露增大，但是信托产品之间风险隔离的制度安排、信托公司日益完善的风控机制以及信托业雄厚的整体资本实力，正是信托业能够控制整体风险、不引发系统性风险的根本抓手。

作者：胡萍　文章来源：《金融时报》

报告显示　信托业风险抵御能力增强

2015-7-14

由中国信托业协会组织编撰的《中国信托业发展报告（2014—2015）》（以下简称《报告》）显示，2014年信托资产规模与信托公司经营业绩稳步增长，其中信托行业管理的信托资产规模为13.98万亿元，较2013年末的10.91万亿元，同比增长28.14%；实现经营收入954.95亿元，平均每家信托公司14.04亿元，相比2013年的832.60亿元，同比增长14.69%。与此同时，2014年信托的风险资产规模及风险资产比率连续实现"双降"，信托行业净资产规模继续保持快速增长，加大了增资力度以及风险准备金计提力度，风险抵御能力进一步增强。

稳步发展

该《报告》显示，2014年，信托行业资产规模与总体经营业绩回归平稳增长，资本利润率小幅回落。2014年末，信托行业管理的信托资产规模为13.98万亿元，较2013年末的10.91万亿元，同比增长28.14%，较2013年末46.05%的同比增长率明显回落。其中，单一资金信托占比为62.58%，集合资金信托占比为30.70%，财产权信托占比为6.72%。从信托功能看，近年来融资类信托占比持续下降，投资类和事务管理类信托占比持续上升，并于2014年末形成"三分天下"的格局，即融资类、投资类和事务管理类信托各占1/3。具体而言，融资类信托占比为33.65%，投资类信托占比为33.70%，事务管理类信托占比为32.65%。从资金信托的投向看，第一大领域为工商企业，占比为24.03%；第二大领域为基础产业，占比为21.24%；第三大领域为金融机构，占比为17.39%；第四大领域为证券市场，占比为14.18%；第五大领域为房地产，占比为10.04%；其他领域占比为13.13%。

在营业收入方面，《报告》显示，2014年信托业实现经营收入954.95亿元，平均每家信托公司14.04亿元，相比2013年的832.60亿元，同比增长14.69%，较2013年30.42%的增长率，同比增幅下降15.73个百分点；从利润总额看，2014年信托业实现利润总额 642.30 亿元，平均每家信托公司 9.45 亿元，相比 2013 年的 568.61 亿元，同比增长 12.96%，较 2013 年 28.82% 的增长率，增幅回落约 16 个百分点；从人均利润看，2014 年信托业实现人均利润 301.00 万元，与 2013 年的水平基本持平。

对此，西南财经大学信托与理财研究所翟立宏认为，相较于过去三年的高速增长，2014 年信托行业管理的信托资产规模与经营收入增速较 2013 年大幅回落。这诚然有宏观经济恶化和同业竞争加剧的原因，但在一定程度上也是信托公司面对环境变化主动收缩传统业务的结果。

翟立宏进一步表示，在经济新常态逐步显现的宏观大背景下，中国信托业正在迅速摒弃单纯以速度释放激情的初级阶段发展模式。客观来看，信托资产增速放缓对信托业的转型调整其实是有利的缓冲，属于飞机飞行途中的"空中加油"，有利于信托业更加从容地进行业务调整和管理优化。

风险抵御能力增强

近年来，信托行业的风险问题颇为引人关注。《报告》指出，2014 年信托行业个案信托项目风险事件有所增加，但信托行业的风险抵御能力进一步增强。2014 年信托公司增资力度空前，固有资本继续大幅增长，行业风险抵御能力提高，风险资产规模下降，行业总体风险可控。具体而言，2014 年内信托行业风险项目规模和占比呈下降趋势。2014 年第四季度末，信托行业风险资产规模 781.00 亿元，比第三季度末和第二季度末分别下降 42.51 亿元和 136.00 亿元；2014 年第四季度末风险资产占比为 0.56%，比第三季度末和第二季度末分别下降 0.08 个百分点和 0.17 个百分点。

与此同时，信托行业的风险抵御能力也在增强。《报告》显示，截至 2014 年末，信托行业净资产规模 3196.22 亿元，比 2013 年增加 641.04 亿元，同比增加 25.09%，保持了 2011 年以来的快速增长。2014 年信托公司加大增资力度以及风险准备金计提力度，实收资本和风险准备金增速快速增加。其中，2014 年末行业实收资本余额 1386.52 亿元，比 2013 年增加 269.97 亿元，增幅为 24.18%；信托赔偿准备余额 120.91 亿元，比 2013 年增加 30.32 亿元，增幅为 33%。

翟立宏表示，信托行业风险资产规模及风险资产比率连续实现"双降"，风险状况总体平稳。虽然转型中的信托业单体产品风险暴露增大，但是信托产品之间风险隔离的制度安排、信托公司日益完善的风控机制以及信托业雄厚的整体资本实力，正是信托业能够控制整体风险、不引发系统性风险的根本抓手。

作者：刘夏村　文章来源：《中国证券报》

信托业转型创新对接实体

2015-8-17

2014年约71%的资金直接投向实体经济领域

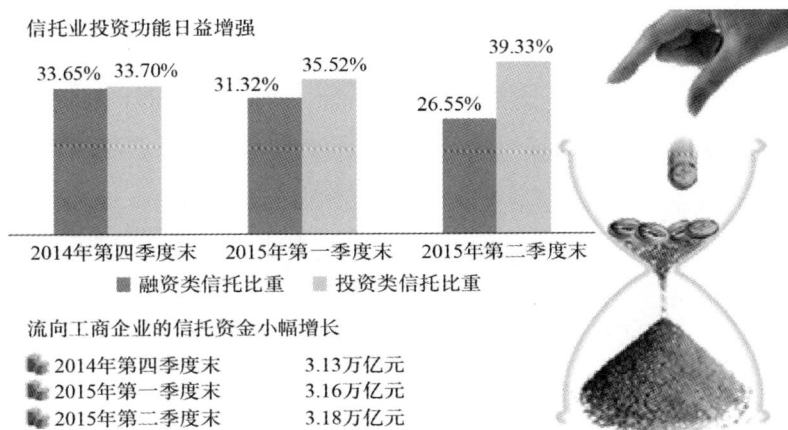

信托业投资功能日益增强

33.65% 33.70%　31.32% 35.52%　26.55% 39.33%

2014年第四季度末　2015年第一季度末　2015年第二季度末

■ 融资类信托比重　■ 投资类信托比重

流向工商企业的信托资金小幅增长

■ 2014年第四季度末　3.13万亿元
■ 2015年第一季度末　3.16万亿元
■ 2015年第二季度末　3.18万亿元

　　信托业在保持快速前进步伐的同时，不断发挥自身优势，转变传统发展模式，运用多种工具支持企业成长，为经济增长和结构优化起到了重要的推动作用。

　　近年来，不管是助力传统产业升级，还是支持新兴产业发展，都少不了信托的身影。日前发布的《中国信托业发展报告（2014—2015）》显示，2014年信托业约71%的资金直接投向实体经济领域。信托公司通过发挥资金募集优势，开展产品和服务方式的创新，积极促进民间资本与实体经济的高效对接。

多种工具支持企业成长

"金融工具的多样性使信托可以单独或组合运用多种工具，根据企业不同成长阶段、不同发展情况等，创设不同的信托产品。信托还可以在借贷市场、资本市场、并购市场等多个领域为企业提供综合化的金融服务。"中铁信托副总经理陈赤说。

基于信托制度的灵活性以及风险控制手段的多元化，信托公司可以引导资金进入银行信贷资金不愿、不宜介入但实际风险可控的领域，促进民间资本与优质项目高效对接，实现金融资源的高效配置，助力经济结构的优化升级。

工商企业是实体经济中的重要部门，一直是资金信托的第一大配置领域。信托公司也纷纷加大对这一领域的布局。比如，中航信托设立信托计划，支持传统钢铁行业的技术革新与产能结构调整等；兴业信托、中铁信托、新华信托等为节能环保、生物医疗、高端装备制造等新兴产业企业提供信贷支持，等等。

复旦大学信托研究中心主任殷醒民说，从2010年开始，融资类信托比重逐年下降，而投资类信托占比在上升，2015年第二季度末已达39.33%，信托的投资功能进一步增强，"投资类信托占比的提高，顺应了经济结构转型的需要，放大了储蓄资金对资本形成与经济增长的正向作用"。

转型创新提升服务深度

目前，新兴业态、新商业模式的初创企业大量涌现。信托公司需要运用更多新型金融工具，支持企业成长。

"在监管政策的引导下，信托业正在由风险型债权融资业务为单一主营业务，向以风险型债权融资业务与收费型资产管理业务双轮驱动转变。"陈赤说，以贷款文化为主的信托公司以专业子公司来开展股权投资或许更为恰当。

目前，平安信托、中融信托、湖南信托等设立了专业子公司，发力私募股权投资（PE）业务。截至2014年末，平安信托主导投资的PE项目超过80个。江苏信托、外贸信托也筛选优质成长性企业进行股权投资，涉及通信、软件开发、新能源、新材料等领域。另据中国信托业协会披露的数据，截至2014年末，信托业PE类信托共有133个，规模达258.37亿元。

《中国信托业发展报告（2014—2015）》显示，2014年以来，监管层对并购重组的支持力度不断加大，也加快了并购市场的融资过程。已有多家信托公司利用合伙型基金优势，通过信托加入有限合伙基金产品参与企业并购重组。

中建投信托研究员王俊表示，股权投资对信托公司的行业把握、后台研究支持的要求比较高。目前，信托公司对于股权投资也是刚刚起步。陈赤则建议信托公司与行业龙头组成策略联盟，依靠行业龙头的专业知识选择投资标的，吸收并购标的后，信托资金可以有较好的退出渠道。

风险控制提出更高要求

"随着信托投资功能的强化，对交易对手也提出一些新的要求，如企业的成长性、治理结构、内控机制、综合管理水平等。这些因素将成为信托公司开展投资类业务的主要评判标准。"中国人民大学信托与基金研究所执行所长邢成说。

"在支持实体经济中可能面临的产能过剩产业资金链断裂、中小企业停业、大型企业流动性不足等风险，也将最终表现为信用风险，需要信托公司认真面对。"

陈赤认为，信托基金具有规模化、长期化的特点，可以组合运用投资于多个企业，分散信托风险，避免单一项目风险和经济短期波动带来的影响。如果能够引入有实力、负责任的担保机构提供担保，风险可得到进一步分担。

"也可以考虑将信托制度优势与债券发行制度结合起来，由信托公司协助非上市企业在区域股权交易中心等合法场所创新发行'附信托企业债'，信托公司从信托计划的发行主体转化为'投资银行+信托受托人'，这既可拓宽企业的融资渠道，还能让信托公司开发收费型的投行业务。"陈赤表示。

作者：常艳军 文章来源：《经济日报》

三、2015 年社会责任报告发布相关媒体解读

2014 年信托受益人平均年化综合收益率 7.56%

2015-8-24

中国信托业协会今日发布的《中国信托业 2014 年度社会责任报告》（以下简称《报告》）显示，截至 2014 年末，中国信托业缴纳国家各项税款 231 亿元，同比增长 10.67%。2014 年分配给受益人的投资收益 8421 亿元，同比增长 41.41%，受益人平均年化综合收益率为 7.56%，而信托业平均年化综合信托报酬率则为 0.66%。

《报告》显示，分布在 28 个省（自治区或直辖市）的 68 家信托公司资产规模为 13.98 万亿元，同比增长 28.14%；固有资产规模为 3586 亿元，同比增长 24.89%。

信托业 2014 年共开展公益信托（含准公益信托）项目 47 个，涉及信托资产规模 18.6 亿元，信托业公益捐赠共计 1.39 亿元。

2014 年，信托业加大支持绿色产业发展力度，全年开展项目 266 个，累计提供资金 555.7 亿元。信托业践行绿色办公、绿色运营，全年绿色采购额 3278 万元。

《报告》是中国信托业协会自 2013 年以来连续发布的第三份行业社会责任报告。报告主要从支持实体经济、加强民生保障、增加客户收益、防控金融风险、关注社会公益、建设美丽中国、助力员工发展、推进责任管理等八个方面详细阐述了信托业在履行社会责任实践中作出的努力。

《报告》指出，2014 年中国信托业全面贯彻落实党和政府的工作方针，自觉适应经济新常态，坚持推进稳增长、促改革、调结构、惠民生、防风险，认真执行了国家宏观政策和金融产业政策，加快了行业创新转型步伐。《报告》的发布，强化了信托业与利益相关方的沟通交流，实现了行业与经济社会良性互动，提升了信托业社会责任工作水平。

作者：贺霞　文章来源：人民网

2014年信托业纳税同比增长超一成

2015-8-25

绿色信托成行业创新转型方向

今天发布的《中国信托业2014年度社会责任报告》显示，2014年信托业主要从支持实体经济、加强民生保障、增加客户收益、关注社会公益等八个方面履行社会责任。截至2014年末，中国信托业共有68家信托公司，全行业实际缴纳国家各项税款231亿元，同比增长10.67%。

在支持实体经济方面，2014年七成信托资金直接投向实体经济，积极参与国有企业改革，支持传统产业升级，限制"两高一剩"，并助力战略性新兴产业、文化产业以及中小微企业发展。信托业还关注社会民生等领域发展，助力保障性住房建设，支持"三农"和教育、医疗、养老等的发展。

2014年，信托业推动公益信托新实践，共开展公益信托（含准公益信托）项目47个，涉及信托资产规模18.6亿元，并将绿色信托作为行业创新转型的重要方向。2014年，信托业加大融资力度，开展绿色信托，全年开展项目266个，累计提供资金555.7亿元。

作者：常艳军 文章来源：《经济日报》

信托业2014年度社会责任报告发布多家公司切入"绿色信托"

2015-8-27

近日，由中国信托业协会编制的《中国信托业2014年度社会责任报告》（以下简称《报告》）对外发布，从支持实体经济、加强民生保障等八个方面详细阐述了信托业在履行社会责任实践中作出的努力。

值得注意的是，信托公司版的社会责任报告渐成体系。有资料显示，2014年已有8家信托公司推出社会责任报告，其中专注环保节能产业的"绿色信托"成为多家信托公司不约而同的选择。

8家信托去年发布社会责任报告

在备受关注的公益信托方面，《报告》显示，2014年，信托业推动公益信托新实践，共开展公益信托（含准公益信托）项目47个，涉及信托资产规模18.6亿元。2014年，信托业公益捐赠共计1.39亿元。

不过，除了信托业协会编制的《报告》外，2014年有8家信托公司发布"社会责任报告"，包括上海信托、国元信托、百瑞信托、大业信托等，其中有4家信托公司2014年刚刚启动。

信托公司作为日渐成熟和壮大的机构，发布社会责任报告也是其树立社会形象、对外宣传以及满足监管要求的举措。

"绿色信托"获关注

值得注意的是，多家信托公司在"社会责任报告"中将绿色信托作为主要内容进行披露。反映出节能环保等绿色产业已成为信托公司转型中日益重要的方向。

普益财富研究员付巍伟曾对《证券日报》记者表示，环保产业是中国未来经济增长的朝阳行业，是中国经济实现可持续增长和产业升级的必由之路。据国家权威部门预计，环保产业未来的投资空间在数万亿元，蕴含着极大的投资机遇。在当前中国经济下行压力增大的情况下，提前布局环保产业是信托业积极寻找新的业务增长点的可贵尝试。

《报告》指出，信托业不断探索支持节能减排、环境保护、清洁能源等绿色产业新模式、新业务，将"绿色信托"作为行业创新转型的重要方向。2014年，信托业努力支持绿色产业发展，加大融资力度，开展绿色信托，全年开展项目266个，累计提供资金555.7亿元。信托业践行绿色办公、绿色运营，全年绿色采购额3278万元。

外贸信托以自有资金3000万元投资大气污染治理行业，英大信托发起信托计划支持风力发电项目。中原信托在其"社会责任报告"中指出，中原信托对高耗能、高污染和落后产能项目实行"一票否决"。其南太湖治污项目投资5亿元。

作者：徐天晓　文章来源：《证券日报》

四、专家言论

市场拐点远未到来　信托业今年仍将平稳增长

2015-2-16

结束多年的狂飙突进，2015年信托业又将何去何从？近日，中国信托业协会专家理事周小明在接受本报记者采访时，就信托业的一些热点问题谈了自己的看法。

关于增长：市场拐点远未到来

记者：信托业增速持续下行，有没有见底的可能？会在何时？

周小明：当前，信托行业高速增长阶段结束，未来仍将平稳增长。过去行业规模扩大主要受银信合作驱动，最高时增速达到70%，现在却只有20%出头。现在行业规模实现增长缘于信托行业所依托的理财市场仍然处在成长周期。具体来说，是"三个相关性"在起作用：一是理财市场发展阶段与人均GDP水平的相关性。一般来说，一国人均GDP达到中等收入水平，理财市场即步入发展阶段。我国在2008年人均GDP首次进入中等收入水平（人均GDP超过3000美元），所以理财市场从那时候开始呈现爆发式增长，目前我国仍处于中等收入发展阶段，理财市场仍在增长过程中。二是理财市场规模与GDP总量的相关性。对比美国和日本，发达国家的理财市场规模一般为GDP的1.5~2倍。按照这个标准，我国的理财市场规模起码应在100万亿元以上才会达到峰值，并步入成熟阶段。而目前我国各类理财机构全部理财规模加起来才刚超过50万亿元，市场的增长潜力仍然巨大。三是理财需求与经济周期的相关性。进入中等收入水平，理财需求与经济周期未必有绝对的正相关性。经济处于下行周期时，市场对理财的需求反而会更加强烈。比如美国在2008年金融危机后，理财市场经过短暂的波动之后，仍然获得了远较经济增速时期更高的增长速度。

记者：什么样的外力因素会打破未来行业继续平稳增长的预期？

周小明：一是我国真的进入"中等收入陷阱"；二是国家对信托行业的政策有重大调整。但是按照目前的改革方向，暂时看不出有此迹象。

关于创新：如何既赚吆喝又赚钱

记者：近年来创新业务不断出现，但基本上还远未到量价齐升的阶段，您如何看待创新业务的盈利模式？

周小明：创新业务要分两类来看。

一是功能有创新，却很难成为持续的商业模式的类型。比如土地流转信托，这是信托制度灵活性的创新体现，非常有亮点，或许会有极个别信托公司成功开展此业务，但却很难成为商业模式。再比如企业年金信托，如果信托公司仅把它局限在受托人的角色，而不是作为投资管理人的角色去发展，也很难成为商业模式，都会是只赚吆喝不赚钱。

二是既进行创新又可以成为商业模式的类型。其中，我看好两类：其一，将传统的、非标的融资信托转向投资策略驱动的浮动收益的另类投资基金，这是信托公司水到渠成的选择。因为另类基金所需的两类基础（另类资产及交易对手），传统的融资信托都已经积累了，过去只是散的，没有固定的投资策略，现在变成一个投资组合。这种提升是自然的，只需要信托公司配上系统性的业务能力，就能成为商业模式。其二，家族财富管理，这是未来能够成为可持续商业模式的创新业务。但是要在这块领域有所突破必须三管齐下：首先是将家族财富管理作为公司的战略性定位；其次是将匹配的资源投入作为支撑；最后是提供可操作性的解决方案。

关于风险：声誉风险至关重要

记者：2014年有一个变化，即以市场化的原则化解风险，这是否意味着刚兑规则正逐步弱化？值得关注的信托公司短期和中长期风险有哪些？

周小明：我一直认为，不"破刚"行业没有未来。"破刚"是个过程，是个自然弱化的过程。

信托行业未来弱化刚兑的过程，将由三类事件驱动：一是随着产品转型成功而自然弱化。当权益性的投资信托和事务性的服务产品取代债权性的融资信托产品成为主导时，刚兑规则会自然弱化甚至消失；二是随着尽职管理能力提升而逐步淡化。以往的刚兑策略与信托行业尽职管理能力欠缺直接关联。随着未来信托公司的能力提升，融资信托的风险会更加有效地得到管理和化解，刚兑概念会自然淡化；三是个体事件驱动。即个别信托公司在财务上难以支撑策略性刚兑时，有可能客观上会加快"破刚"的进程。

短期风险点仍是融资类信托的流动性风险，主要集中在房地产、矿产领域。中长期风险最关键的是声誉风险，因为刚兑规则逐步弱化之后，一个真正成熟的资管行业是"买者自负、卖者尽责"，有声誉才能带来品牌影响力，才能带来业务的发展。维持声誉，核心是要构建两根支柱：一是忠诚于受益人利益；二是强化受托管理职能。

关于未来：融资信托萎缩甚至消亡

记者：2014年，融资信托、投资信托和服务信托呈三足鼎立之势，这是最优结构吗？

周小明：2014年是个分水岭，大体分为三个阶段。2014年以前，支撑信托行业高速增长的主导业务模式是具有私募投行性质的融资信托业务，这是"金融压抑"、经济增长和制度红利等复合因素造就的，这是信托行业的特殊市场机会。2014年及未来几年会维持融资信托为主，投资信托、服务信托为辅的三分天下格局。但是从未来发展的角度看，信托行业将会深挖信托制度的本源价值，不断进行产品创新，投资信托和服务信托将取代融资信托，成为信托行业未来发展的主导产品。比如日本，在20世纪50年代专门颁布贷款信托法，现在该法尚未废除，但随着金融体系的变革，日本已经没有一笔信托贷款。我国未来也会变革，非标的融资信托会向另类基金转换，真正的融资信托会走向没落。

未来，信托行业稳健发展的基础设施将日益得到增强。一是信托行业的制度基础将逐步完善。《信托法》的修订和"信托机构管理条例"的制定已经提上日程，不完善的制度将得到完善，信托公司展业的法律基础会更加坚实。二是信托行业的资本实力将更加雄厚。信托公司净资本管理的实施和股东责任的加强，必将继续推动信托公司增资扩股，增厚业务发展和风险化解的财务实力。三是行业稳定机制将建立。信托业保障基金已经成立，独立的信托监管部门也已浮出水面，这些因素都将促进信托行业的稳健发展。

作者：胡萍　文章来源：《金融时报》

【独家专访】2015年信托转型态势良好

2015-5-20

告别了多年来的高速增长，信托业正逐步进入平稳发展时期。但随着市场环境的变化和制度红利的消失，信托业依托跨市场投资牌照优势谋利的传统业务模式难以为继，行业面临增速放缓、业绩下滑、风险增加等"新常态"，信托业的转型发展已迫在眉睫。

信托业在转型路途上迈出了哪些步伐？在日益复杂的环境中又该如何寻求发展的新"风口"？带着这些问题，记者走进了中国人民大学信托与基金研究所，与该所所长、中国信托业协会专家理事周小明进行对话。

平稳发展中焕发新机

自从2007年新 "一法两规"颁布之后，中国信托业不断演绎着高增长的传奇，在近些年连续超越证券公司、公募基金和保险公司，成为仅次于银行业的第二大金融行业。但自2013年起，信托业规模增速逐渐放缓，进入了平稳增长的发展阶段。怎样看待这一现象？

"信托业发展跟经济发展的相关性很大，我预计信托业在未来很长的时间会进入平稳增长的阶段。而从第一季度业务的动态来看，信托业转型显然开始提速了。"周小明指出，当前信托业出现了四个比较大的转型动向。

第一，信托业向资产管理转型的步伐提速。过去信托业主要是开展融资性业务，依托资本市场的传统资产管理业务开展较少。从2014年开始，信托业在传统资产管理领域推出了越来越多的信托产品。"最早信托公司在资产管理领域主要推出的是现金流管理产品，现在已经开始探索与各类基金管理人合作的结构化证券信托、FOF、MOM等产品，同时依托传统融资信托业务积累的经验和客户基础，基金化的另类投资信托产品也开始崭露头角。这是一个比较明显的向资产管理转型提速的信号。"周小明说。

第二，信托业的国际化布局明显加速，全球资产配置的步伐已经开始。在过去信托公司全球布局主要是依托产品，而现在开始转向在境内自贸区等有政策支持的地方布局机构，对客户资金全球化布局。同时，部分公司也考虑海外直接分设机构。

第三，信托业对"互联网+"敏感性提高，行业拥抱互联网的步伐加快。很多信托公司陆续设立了专门的互联网金融部门，并开始广泛招募互联网人才，微信公众号、手机APP也都相继推出，公司开始布局网上信托业务。

第四，财富管理业务的步伐提速。随着高净值人群的增加，财富管理的市场需求不断扩大，信托业从事财富管理业务大有可为。多家信托公司相继成立财富中心，推出相关理财产品。周小明指出，虽然发展潜力大，信托业财富管理业务目前有三个障碍：一是信托市场没有形成系统化的专业供给体系，无法给客户提供定制化、个性化的服务方案，使得许多客户的需求无法得到满足。二是相关制度还不匹配。尤其在家族信托方面，税收制度、传承制度，包括需要设立慈善部分的公益信托的配套制度以及涉及综合类财产的信托登记制度不完善，影响了信托业财富管理业务的展开。三是部分富豪对信托财富管理业务安全性存在疑虑。财富管理时间较长，尤其是家族信托，时间往往长达几十年，甚至好几代人。有些客户因此会担心自己的财富在法律上能不能真正得到有效保障。

他表示："观念可以澄清破除，制度不配套也可以通过设计完善方案来解决，财富管理面临的核心问题还是专业服务缺乏。财富管理服务体系的建立需要投入大量的资源与时间，而且短期内无法赢利。很多信托公司虽然已经发现了财富管理业务的发展空间，但是由于各种原因，它们没有足够的资源和耐心来培育这一业务领域。这是信托公司眼前的商业模式跟未来发展之间的取舍问题，很多公司已经意识到这个问题，我相信很多公司会加大对财富管理业务的布局、投入。"

监管新规释放三大信号

在行业监管方面，信托业也迎来了监管力度不断加强、监管体系不断完善的新局面。4 月 10 日，《信托公司条例（征求意见稿）》（以下简称《条例》）下发各家信托公司。《条例》对信托登记制度、行业稳定机制等都作出了相应要求，将信托配套制度上升到法规层面。那么《条例》明确了监管层怎样的政策导向？周小明表示，《条例》释放了三大信号。

第一个信号是"扶优限劣"。《条例》首次明确了分类经营的具体内涵，出于风险管控和业务能力的考虑，成长类、发展类、创新类信托公司的业务范围差距较大，小型以及部分中型信托公司发展将受到更大制约，有利于促进信托公司做大做强，加速行业并购和整合，实现优胜劣汰，推动行业集中度提升以及资源优化配置。

第二个信号是鼓励创新。《条例》鼓励创新的核心有两个方面：第一个创新就是对具备条件的信托公司允许开设专业性的子公司，打破了信托公司多年来一直不允许设分支机构的限制。如此，信托公司能通过设立专业化子公司的方式合理布局网点，推进专业化发展；第二个创新是提升信托产品受益权的流动性。一是允许受益权做质押登记，给受益权流动化提供了很好的基础；二是允许信托产品经过登记之后，在银监会指定的场所进行交易。

第三个信号是引导业务转型。《条例》通过对融资类信托业务设计新的监管标准，加大对融资类业务的约束，推进信托公司向资产管理业务、向财富管理业务转型。原来《信托公司管理办法》引进了相当于银行资本充足率的概念，此次在《条例》中更加明确。《条例》规定，信托公司净资产与全部融资类单一资金信托余额的比例不得低于5%；在针对集合类信托的杠杆率方面，净资产与全部融资类集合信托余额的比例不得低于12.5%。对融资信托对单一客户的集中度也作了限制，集合资金信托计划方式对单一融资者的融资余额不得超过信托公司净资产的15%。

《条例》也有一些值得进一步讨论的地方，周小明认为，分类监管分类经营的做法或欠公平。他说："很多行业都在取消'标签'，信托业却要贴上'标签'，这是个值得探讨的问题。我们说公司都有成长期，对不存在问题但起步时间不长、规模比较小的公司，在业务上给予大的限制，会不会影响这些企业未来的发展，会不会影响行业的竞争公平？"

引进更加严格的类似银行资本充足率的概念来约束传统的融资业务是不是合理？这是《条例》需要引起注意的另一个问题。周小明解释："信托业务本身跟净资本没关系。过去因为有'刚性兑付'的潜规则存在，需要更大的资本约束。未来'刚性兑付'规则将逐步得以消除，用类似银行资本充足率的指标来约束作为一个理财机构的信托公司的业务，这个导向值得考虑。"

有序打破"刚性兑付"

困惑行业已久的"刚性兑付"造成信托公司进退两难的困境。"刚性兑付"是信托公司在特定历史时期自然形成的一个结果，曾经对行业发展起到至关重要的作用。但近年来"刚性兑付"的负面影响日益凸显，成为信托发展跨不过去的"隐形障碍"，打破"刚性兑付"的呼声越来越高。

对于"刚性兑付"给信托业带来的影响，周小明用了一句话来评价："不'破刚'行业没有未来，'破刚'信托公司没有现在。"周小明认为"刚性兑付"潜规则的打破需要时间与过程。"只要制度安排上给予很明确的否定性的倾向，然后在实际的经营操作上给予时间，自然就会有个'破刚'的过程。"周小明说。

打破"刚性兑付"，周小明认为可以从三条路线突破。

第一条"破刚"路线是随着业务转型的成功，"刚性兑付"也会慢慢被打破。因为现在所有的"刚性兑付"都是针对传统融资信托的非标准化固定受益产品。比如未来的基金公司的投资性产品、财富管理产品，尤其是个性化的财富管理的服务，本来就是实行浮动收益，对受益人来说也就不存在"刚性兑付"。所以随着产品结构转型逐步成功，随着资管产品与财富管理业务的比重逐步加大，传统的融资信托逐步萎缩，"刚性兑付"将会自然打破。

第二条"破刚"路线是市场化处置能力的提升，也就是受托人全面尽职管理能力的提升。当个案信托项目出现风险特别是流动性风险时，通常有两种解决方式：一种是简单的"刚性兑付"，另一种是市场化的处置。以往对个案信托风险，信托公司较多地采用"刚性兑付"策略，这也是招致诟病的原因之一。然而，这种情况在2014年有了明显改变，更多信托风险事件开始采用市场化风险处置方式，并且效果良好，这反映了信托业风险处置能力的提升。通过并购、重组、法律追索等不同处置方式，对信托项目风险进行市场化消解，原本就是信托业尽职管理的题中应有之义。

第三条"破刚"路线是事件突破。信托业的刚性兑付是一个潜规则，也是一个伪命题。因为从制度层面来讲，受托人不允许对信托产品的本金和受益提供任何承诺。刚性兑付更多是信托公司经营策略上的选择，如果产品造成了损失让市场去承受，可能会对公司的声誉造成比较大的负面影响。所以很多公司在条件允许的情况下，在经营策略上自愿兜底。如果有公司在经营上出现了比较大的问题，无法对损失实行兜底，也会在客观上打破"刚性兑付"。

周小明明言，从信托业长期健康发展角度看，信托公司必须理性对待"刚性兑付"策略，对具备条件的信托项目，应该逐步排除"刚性兑付"的魔咒，"虽然短期会有阵痛，但只有打破刚性兑付，才会有行业持续健康的长远未来"。

作者：李思霖　文章来源：《中国金融家》

培育新动力　拓展新空间
在"十三五"期间实现信托转型升级

2015-11-16

党的十八届五中全会通过了《中共中央关于制定国民经济和社会发展第十三个五年规划的建议》（以下简称《建议》），描绘了社会经济发展的美好蓝图。在新的历史坐标上，信托业应科学分析目前面临的问题和机遇，借鉴信托在发达国家和地区的成长轨迹，按照《建议》的指引，着力培育新动力，努力拓展新空间，在"十三五"期间，实现信托从初级阶段向中级阶段的升级，同时积累向高级阶段过渡的有利条件，全力争取未来发展的灿烂前景。

"十二五"：信托高速发展动力出现衰减

长期以来，信托处于发展的初级阶段，其特征主要是：信托业务品种单一，以债权融资类业务为主营业务；信托财产形式单一，主要是货币资金；信托业务驱动力单一，主要来自企业的债权融资需求。在初级阶段，信托的功能定位于正规金融体系中的债权融资工具，其竞争力源于所提供的高度市场化的灵活、便捷的融资服务。

在"十二五"期间，由于信托"新两规"一系列市场化改革措施的推行，加上中国经济处于上行周期和人均GDP提高带来的人们理财意识的觉醒，促成了信托爆发式增长，信托资产规模超过了保险业、证券业和基金业，一跃而成为第二大金融子行业。

客观而论，信托业在现有金融体系中扮演了积极有益的角色，在金融市场中发挥了重要的作用：其一，作为国有银行体制的补充，通过市场化的运营方式，既为社会增加了新的融资渠道，帮助众多民营企业、中小企业获得信托资金支持，为融资难问题的解决作出了贡献，也为社会增加了新的投资渠道，显著提升了投资者的收益，促进了利率市场化改革。其二，作为民间金融正规化的有效路径，一方面极大地降低了投资者的民间投资风险，另一方面极大地降低了企业的民间融资成本。因此，信托在我国非均衡的金融制度下探寻出一条新的金融路径，提高了金融体系的效率，成为稳增长、惠民生的积极力量。

但是，在整个初级阶段，信托的主营业务为债权融资类业务，信托就像是一辆独轮车。当前认真审视，债权融资类信托业务快速增长的基础已经不再，很可能会逐步从正增长变为负增长。随着中国经济进入新常态，传统的债权融资类信托业务面临了空前的挑战。一方面，优质企业、优质项目的融资业务，成为众多商业银行、券商资管、基金子公司、互联网金融竞相追逐的对象，竞争加剧。激烈竞争的结果使信托公司收益率收窄，业务量被挤压。另一方面，经济下行、行业危机、地方经济塌陷、腐败案件等带来的企业信用风险，使信托公司付出很多精力去应对。为适应新常态下的新场景，信托业反思后意识到，依赖原有的路径，以企业融资需求为主要驱动力，一味扩大风险型债权融资类业务，单向地从事卖方业务，无论从竞争态势和盈利空间考虑，还是从风险管理的角度着眼，从长远来说，已经不太可行了。

"十三五"：培育新动力 迈向信托中级阶段

《建议》在"构建发展新体制"中提出："开发符合创新需求的金融服务，推进高收益债券及股债相结合的融资方式。"循着这一思路，信托在"十三五"期间发展的可行路线图是，突破原有路径依赖，跳出以债权融资业务为单一主营业务的"信托初级阶段陷阱"，对债权融资类业务进行创新升级并降低其占比，显著提高以股权投资为主要资产运用方式的资产管理业务的占比，逐步形成这两大类业务并行的格局，从而迈入信托发展的中级阶段。

首先，对债权融资类信托业务进行大力创新。一是创设"附信托私募企业债"。这是属于高收益债券的一种，是指企业以非公开方式发行和转让，约定在一定期限还本付息的债券。在债券发行前，企业与受托人即信托公司签订信托合同，将担保物权设定给受托人，使受托人为全体企业债债权人的利益保管并行使担保物权，同时为债权人的利益履行其他法定义务和约定义务。在这一创新金融品种的设计中，信托公司所扮演的角色从信托计划的发行主体，转化为"投资银行+信托受托人"。二是按照互联网信托的思维模式，借鉴众筹的做法，改变现有监管政策，针对投资者单笔投资信托产品，由下限管理改为上限管理，大幅度降低投资者对单一信托产品的投资额和集中度，分散其风险，这将有助于打破刚性兑付，也有利于信托公司降低筹资成本，促进信托资金进入更广泛的实体经济、新兴经济领域。

其次，在居民收入不断增长、财产持续积累的时代背景下，家庭资产管理的巨大需求有望成为支撑信托发展的新驱动力，有望支持收费型资产管理等买方业务的开展。从域外经验来看，当人均GDP超过7000美元时，资产管理需求将处于快速成长时期。中国的人均GDP在2014年约为7485美元，国民财富快速增长将带来资产管理业务的快速成长。资产管理业务所对应的资产运用，主要是对股权、证券等的直接融资活动。这正好可发挥信托公司的比较优势——股权投资功能，而目前经济中蕴含着巨大的股权投融资需求，包括项目股权投资、私募股权投资（PE）、"新三板"投资、并购投资等。信托资产管理业务将有利于促进我国企业的资本形成，改善企业资本实力偏弱、杠杆率居高不下、缺乏财务稳健性的不利局面。

以信托基金为主要产品形态的资产管理业务区别于传统的债权融资信托业务，具有明显不同的特征：资产管理业务虽仍由信托公司发起，但它属于买方业务，出发点是满足各类投资者的理财投资需求；资产管理业务虽也需要将资金投入实体经济中，但其业务展开的方式是真正的投资类业务，与银行业务相比有清晰的界限；资产管理类信托产品不再设预期收益率，其存续的期限也颇有弹性，从而有利于将投资者的行为模式转换为风险自担的投资行为；资产管理业务的收入来源于固定费率的佣金和针对超额收益的分成，不必"刚性兑付"，属于收费型业务；资产管理类信托产品采取基金形态，资金分别投向多个不同的主体，有利于分散风险。

最后，在"十三五"期间，来自家庭部门、社会事业对信托的需求将日益扩展，成为支持信托进一步发展的强大驱动力。其中尤其值得期待的是公益信托和以家族信托为代表的财富管理业务，其有望在信托的中级阶段中，从蹒跚学步开始继而不断成长，终成大树，为过渡到以资产管理业务和财富管理业务双轮驱动的信托高级阶段积聚条件。

作者：陈赤（中铁信托） 文章来源：《金融时报》

信 ③ 转型与创新

——新常态下的业务探索与增长动力培育

随着经济金融机制的创新和互联网技术对金融业态的冲击，信托业亟须转型。为巩固提升自身在资产管理行业中的竞争力，信托业根据中央经济工作会议精神，紧密结合国家供给侧结构性改革、"一带一路"以及新型城镇化建设等政策导向，探索搭载"互联网信息技术"快车，积极推进行业转型和业务创新。

本章共分八个部分，分别从发展与风险防范并重的多元化路径探索、财富管理、私募投行、信托资产的资产证券化、互联网信托、消费信托、公益信托以及风险控制八个视角对媒体有关报道内容进行了摘录。视角独特，内容广泛，能够在较大程度上呈现行业转型与创新的完整面貌。

一、发展与风险防范并重的多元化路径探索

新型城镇化中信托业的新机遇

2015-2-26

城镇化是人口、土地、资本三大要素从农村到城市的流动，城市发展的本质是"人"的城镇化，以钢筋水泥为标志的粗放型城镇化时代已然过去，以人为本的城镇化正翻开新的篇章。

备受关注的《国家新型城镇化综合试点方案》（以下简称《方案》）日前正式公布。江苏、安徽两省和宁波等62个城市（镇）将作为国家新型城镇化综合试点地区，为全国探索可复制、可推广的经验和模式。

以人为本的城镇化正翻开新的篇章

中国城镇化前半阶段，基本上走的是一条将城市做大、做高、做多的路子，《方案》出台标志着新型城镇化将是以人为本的城镇化。实际上，无论是否目前取得当地户籍，流动人口已经融入当地生活与经济活动。一个城市是否能得到充足的外来资金与资源，直接关系到城市的兴旺发达还是逐步衰亡，关系到社会的稳定，甚至会决定一个城市的命运。

城镇化是人口、土地、资本三大要素从农村到城市的流动，无论城市的功能是交易中心，还是生产中心，无论是产品中心，还是金融中心，城市发展的本质上是"人"的城镇化，而人口城镇化最直接的表现形式就是实现农村人口在生产生活方式上向城市人口的转变。

从此次公布的《方案》敲定的五大试点任务来看，分别是建立农业转移人口市民化成本分担机制、建立多元化可持续的城镇化投融资机制、探索建立行政管理创新和行政成本降低的新型管理模式、改革完善农村宅基地制度以及综合推进体制机制改革创新。这个被喻为"62+2"的新型城镇化综合试点方案及各试点地区的方案，清晰勾勒了未来五年亿万名农民的市民化之路。可见，以钢筋水泥为

标志的粗放型城镇化时代已然过去，以人为本的城镇化正翻开新的篇章。

信托业如何对接人口城镇化的融资需求

在人口城镇化的转变过程中，新型城镇化模式至少包括三个关键点：其一，新型城镇化将使人口城镇化居于更核心的地位；其二，人口城镇化需要使人口在不同区域、城市之间的流动更为便利，以实现人口按照自己的能力和意愿在所期望的地方就业；其三，人口城镇化将使人口集聚效应和分工效应在生产率提升中发挥更突出的作用。

由此可见，人口城镇化带来的融资新需求主要体现在几个关键领域：一是有助于促进人口城镇化与促进社会包容性公共设施、教育、医疗等需求；二是有助于推动人口城镇化的保障性住房建设需求；三是促进人口集聚效应和分工效应的交通网络一体化建设的基础设施需求。

在新的融资需求模式当中，新型城镇化的投融资主体和方式将发生转变。首先，投融资主体不再一味以政府为主导，因为这些新需求都是较为长期且规模相当可观的支出，需要更多地引入市场力量并在项目成立时更多地考虑建成效益；其次，建立多元化可持续的城镇化投融资机制，使社会各类资金都能分享基建带来的收益，同时也使项目建设接受市场的监督；最后，未来的城镇化项目将需要更多考虑地方的产业转移、人口流动等因素，否则会造成相当的产业过剩。未来的城镇化建设项目会根据各地已有的存量建设、未来的要素变化以及更为重要的新型城镇化的要求而有所差异。因此，针对更具地方特色的城镇化项目，信托公司应该有更敏感的触角，需要进行更严密的尽职调查，针对此类长期项目研发出期限匹配、股权清晰的信托产品结构，对接各具地方特色的城镇化新型融资需求。

信托如何卡位以人为本的城镇化趋势

第一，促进人口集聚效应和分工效应的交通网络一体化建设的投融资机会。统观《国家新型城镇化规划2014—2020年》，新型城镇化通过提高东部地区城市群综合交通运输一体化水平，通过推进中西部地区城市群内主要城市之间的快速铁路、高速公路建设来提高城镇对人口集聚和服务的支撑能力。交通基础设施建设将成为未来城镇化投融资的重点，在道路建设、工程机械、轨道交通、城市管网更新、园林绿化方面信托将具有较大的业务发展机会。

第二，城市公共交通建设的投融资机会。随着人口的进一步聚集，城市公共交通建设空间也将进一步加大，这也是促进人口流动、缩短通勤时间、提高工作效率的重要举措。随着人口的进一步聚集，公共交通运能也将进一步增加，因此在这首批的64个城市中，城市公共交通、轨道交通近年来将有非常强劲的需求。

第三，城镇基础设施建设等投融资需求。随着户籍制度的推进，需要城镇化生产和生活设施与日益增多的市民需求相匹配，这些基础设施建设包括电力通信、水电煤气、医疗教育、科技文化等，还有为适应现代城镇经济与生活所需要的生产与生活设施，如城市保障房建设、工业聚集区、商业网点及娱乐设施等，这些都蕴藏着巨大的投资需求。

第四，产业集聚发展的融资需求。人口的集聚将带来产业集聚的发展，战略性新兴产业、工业园区、国内产业梯度转移以及技术创新等领域的金融需求明显增加，产业转移集聚加速，信托展业在捕捉新型城镇化规划落实中的业务机会时，要根据各地交通等基础设施建设的实际和产业聚集、升级转型的新特点，选择符合国家产业政策、能带来稳定现金流、风险可控的项目稳步推进，切实服务新型城镇化建设。

作者：王珍（中泰信托）　文章来源：中国证券网

产业基金、私人财富管理信托、财产资产证券化和互联网信托四维度构成信托资金生命线

2015-3-13

2014年中央提出经济"新常态"的概念，其表现形式是经济增长率的下降，而内涵表现形式是中国经济由原先的资源推动式为主的增长转变为以创新推动式为主的增长，之前主要依靠资源投入、粗放管理的经济增长方式行不通了，传统行业（包括传统金融业）需要通过变革创新、精细化管理实现下一步的飞跃。

2014年中国信托公司管理的信托财产规模近14万亿元，又上了新台阶，较2013年增长了三成；但与此同时，业内的聚会很难再见到像三五年前那样群情激昂的景象，信托行业在战略上的彷徨和迷惑仍在继续、扩大。

之所以彷徨和迷惑，是因为对自身认识不清。中国的信托业与银行业、保险业、证券业有个显著的不同点，信托业经历了明显的新老划断，新老迥异。2006年末至2007年初，银监会确定了信托公司的新定位是"财富管理和资产管理的金融中介机构"。而如今，各类金融机构普遍开展财富管理和资产管理业务，信托的制度优势遭受侵蚀。作为监管部门和从业人员，不得不认真思考、梳理在金融业进入"大资管"时代这一背景下信托公司的发展方向，鼓励信托公司进行创新性实践，积极融入"大资管"时代中。关于经济新常态下、金融大资管背景下的信托公司可持续性的业务发展方向，笔者尝试提出几点拙见。

产业投资/并购基金的发展

信托发起设立产业投资/并购基金是个老话题，但需要下真功夫。由于可以直接投资股权且一般采用投行机制，信托公司在国内可以成为和产业联系最为紧密的金融机构。经济"新常态"下，产能过剩，为优质企业提供了大量兼并重组的机会；信托公司若能联合优质企业发起设立产业投资/并购基金，实现金融资本和产业资本的联合，一方面可帮助企业实现产业升级或扩张，帮助社会淘汰落后产能，另一方面资本的增值也为高净值客户实现了高回报。

这里说的产业投资/并购基金是真正的投资/并购基金，不是债性基金，信托公司不能只是募集了一笔资金，获得一个固定回报，其他的就撒手不管了，若只是债性基金，银行也能干，成本还低；信托公司需要有自己的产业研究团队，研究某一产业的发展趋势，大体知晓产业风险、哪里水深哪里水浅，拥有金融和产业的复合知识，真正为产业升级提供有效的金融解决方案，这样才能区别于其他金融机构，才能获得产业方真正的青睐和合作。

这里的产业基金是泛指，既可以是制造业、服务业，也可以是房地产业、金融投资行业，关键是这个产业基金要有核心商业模式，不能仅是债性基金。

私人财富管理

当民间财富积累到一定程度，财富的保障和传承问题就是民生问题；在经济新常态下，当创新成为经济增长的主要引擎时，民间财富格局将重新分配，之前靠资源暴富起来的一批人只有认识到自身的局限，将积累的财富交予职业投资经理打理，才能避免财富不被血洗并得以传承。笔者也在业务实践中不断体会到市场对家族信托类的业务需求越来越迫切。

目前中信信托已初步形成了以家族信托为中心，包括专户理财、保险金信托（可理解为有保险杠杆的迷你型家族信托）、家族办公室等在内的较为全面的产品线。不仅接受现金信托，也承接非现金资产（如股权、不动产等）的信托。

对于信托公司而言，非现金资产的家族信托值得一提，商业银行由于考核体制的束缚，往往不重视非现金资产的信托，而这恰恰是信托公司的机会：其一，非现金资产往往涉及较为复杂的法律、税收等问题，其本身类似投行项目，需要投行机制，需要长期的管理运营和保值增值，商业银行稍显力不从心；其二，非现金资产往往变现成本大，需要在国内就地设立信托；其三，非现金资产后续往往伴随现金的产生；其四，实现现金和非现金资产的家族信托，才能真正实现将家族的资产负债放入信托中，才能为客户提供最有效的家族传承解决方案。

这里的家族信托是指真正的家族信托，不是理财型信托，两者的区别在于是否专注于家族财富的传承。专注于传承的家族信托往往更关注资金的安全性，其要求的投资回报评价线（benchmark）目前基本在一年期贷款利率水平上下，但其信托期限超长，能构成信托公司长期稳定的资金来源。

信托财产的资产证券化

笔者从2004年起全程参与了当时国家公募信贷资产证券化试点——建行个人按揭贷款资产证券化，非常清楚资产证券化的核心价值要在资产提供方和资金提供方中显现，目前的银行信贷资产证券化业务，信托公司仅提供了通道价值，构成不了信托公司的核心业务。

那么，既然银行的信贷资产能证券化，能不能允许信托公司的信托财产或信托受益权证券化呢？大资管时代的本质是一国的金融深化，使各类原本分割的金融市场的全面贯通，那么，为何不能让信托公司进入资本市场呢？如果暂时不能允许其在资本市场开展业务，是否能允许其财产（或受益权）通过有关金融机构进入资本市场呢？

推动信托公司或信托财产进入资本市场，将极大推动中国金融市场深化，打破金融分业垄断格局，提升金融市场效率，促进传统金融革新；信托公司或信托财产进入资本市场，将使信托公司获得低廉的长期资金，有利于为实业经济服务，降低投资风险。

互联网金融和互联网信托

互联网金融是新话题，被中央视为推动传统金融革新的利器。互联网若能与信托相结合，将解决信托公司缺少物理网点的缺陷，若能允许相对低净值客户购买高安全等级的信托产品，则将给信托公司插上腾飞的翅膀。信托本源为"受人之托，代人理财"，并未限制高端客户还是普通客户，目前蚂蚁金服、陆金所等众多机构开展互联网金融如火如荼，也是打着理财、资管的旗号。信托产品中风险等级有高有低，如果是低风险类的信托产品，为何不能让一般百姓购买、让金融普惠？目前互联网上众多股权众筹何不引入信托监管机制，由堵变疏呢？

中信信托近年来推出的消费信托，因消费涉及千家万户，其本质就是一种互联网金融、互联网信托，其通过信托将消费和金融有机结合起来，在降低消费者消费成本、促进消费的同时，引导社会资金向信托公司归集，而互联网放大了这种功能。

互联网信托业务要求以委托人作为业务逻辑的出发点，这将涉及信托公司传统业务流程改造，要求信托公司增加IT投入，若能够成功，我们见到的将是另一个余额宝对接到信托公司，而非货币基金。互联网信托与中央金融普惠的精神相吻合，与降低资金成本的趋势相呼应，是互联网金融蓬勃发展、大资管时代下金融各业混业竞争事实的结果和必然方向，就看是早是晚、以什么样的形式出现了。

产业基金、私人财富管理、信托财产的资产证券化和互联网信托，从四个维度构成信托公司的资金生命线，且充满知识增量和技术门槛。这犹如任督二脉，若能打通，信托公司必将再次推动中国金融市场的革新和发展。

作者：刘小军（中信信托）　文章来源：《证券日报》

养老与信托的"一体化"发展思路

2015-6-17

随着我国人口老龄化程度的快速提高，养老产业的巨大发展需求给养老金融带来无限空间。信托作为金融业第二大子行业，本身具有横跨资本市场、货币市场和实体经济的特点。养老与信托在养老金融领域将充分发挥功能多样、模式灵活、资源整合强大的优势，走出一条"一体化"的养老综合金融发展道路。

通过信托平台实现养老市场的供求一体化

养老产业对金融的需求体现在社会养老金管理、公益养老、养老机构建设、养老产品和服务的发展以及老龄人口的养老财富管理等五大方面。信托不仅能够满足上述需求，而且通过跨市场优势，可以实现养老市场供求的一体化。

（一）社会养老金的保值增值

社会养老金由基本养老保险金、企业年金、商业养老保险金等三大部分组成。截至2013年末，我国基本养老保险金累计结存超过3.1万亿元；共有近7万家企业建立企业年金制度，累计规模超过6000亿元；保险公司寿险责任准备金累计超过4.4万亿元。庞大的资金规模加上人口快速老龄化带来的支付需求，使社会养老金的保值增值压力巨大。而信托公司凭借自身多年积累的资产管理优势，可以为社会养老金提供较为稳健、安全且收益较高的保值增值服务。目前，尽管社保基金、企业年金和商业保险金都可以投资信托产品，但总体规模小，限制多，仍属试点性质，信托的优势并未充分发挥。

（二）公益性养老的金融需求

从全社会的角度来看养老问题，养老本身就具备公益性质，体现在三方面：一是由政府出资对无经济来源或无人赡养的老人提供基本的养老设施、养老服务等保障；二是开展各种公益性的助老、敬老等活动，提供养老福利；三是开展带有公益性的养老领域基础研究、基础建设。信托参与公益性养老具有先天优势。公益信托可以完全根据捐赠人意愿设立，不受捐赠规模与存续期间等限制，操作透明规范，还可以通过专业化运作提高公益资金效益。公益信托可以在养老基础设施建设、医疗保健、文化产业、养老资金保值增值等方面发挥重要作用。

（三）市场化养老机构建设的金融需求

目前，我国公立养老院、养老床位数量严重不足。根据民政部统计，2012年末我国的养老床位数达到390万张，占老年人口数量的2%。巨大的养老需求和有限的政府供给，使市场化的养老机构建设发展迅速，主要体现在养老地产领域。养老地产主要包括养老社区、老年公寓和养老院，其投资建设所需资金巨大，包括银行、信托在内的诸多金融机构纷纷看好这一领域，在云南、海南、浙江、江西、福建等地理、气候条件良好的地区展开探索，采用不同的金融模式，有力地支持了养老地产的快速发展。

（四）养老服务和相关产品的金融需求

据调查，城市老年人口具有较强的消费能力，经济发达城市的中高收入老年群体对目前的养老服务水平和产品配套都不满意。针对老年人的专业服务以及相关产品，存在巨大的发展空间。一是老年医疗护理服务，目前因心脑疾病、精神问题产生的失能老人数量不断增加，根据学者调研，我国65岁以上人口老年痴呆患者达10%，80岁以上人口老年痴呆比重高达30%，而针对这一领域的医疗和护理服务远未跟上。二是医疗器械、保健品和药品的开发，针对老年人医疗需求的相关产品需求巨大。三是护理服务水平低下，专业化护理很少。因此，一方面，我国养老服务和相关产品还处于较为初级的发展阶段，没有完全实现产业化；另一方面，这为金融机构特别是信托公司未来的业务提供了广阔空间，提前布局核心领域、掌握核心资源，将为信托公司业务开辟新的蓝海。

（五）老龄人口的财富管理需求

老年人一般具有较为可观的资产。一是房产，特别是城市老年人退休之后一般有自己的房产，高收入老年人多余的房产还可以产生租金收入；二是退休金等存款，中国老龄科学研究中心调研发现，我国城市老人中有42.8%的人拥有存款，仅退休金一项到2020年就将增加到28145亿元，2030年将增加到73219亿元；三是老年人的再就业收入。但是，与可观的金融资产相比，老年人投资理财知识有限，投资渠道单一。部分老年人选择了收益较低但安全的银行存款或理财产品；也有不少老年人盲目追求高收益，导致资产损失。信托公司未来将大力发展财富管理、家族信托业务，老年人是理想的优质客户群体。通过信托制度，可以为老年人提供安全稳健的财富管理服务，而且可以实现财富的代际传承。

通过信托平台实现养老产品的功能一体化

以信托方式设计相关的养老金融产品，不仅能满足养老产业五大方面的需求，而且在产品功能上将这些需求一体化，体现出其他金融工具不能比拟的优势。从目前的养老信托发展来看，以下几类模式能够体现出这种综合性的特点。

（一）养老金管理与养老项目的结合

随着我国社保基金、企业年金和商业保险金投资信托的试点逐步推进，信托公司作为受托人，可以发挥连接资金端和养老项目端的优势，将专门的闲置社会养老资金投入优质的养老项目，支持养老基础设施建设。

一是社保基金可以通过信托投资于政府主导的公益性养老设施。信托公司在"43号文"出台之后，与地方政府合作的思路和模式亟须转变。对于可列入财政预算的公益类项目，资金成本不断降低，但是还款来源相对更有保证。而社保基金的收益率和风险偏好正好与之契合。公益性养老设施的建设是政府未来必须大力推进的民生项目，信托公司可以通过与地方政府长期的合作关系，引入社保基金投资于该类项目，既能满足养老设施的建设需求，又可以实现社保基金的保值增值。

二是企业年金、商业养老保险等可以投资于一些优质的市场化养老项目。企业年金和商业养老保险金对项目的收益率要求略高，期限较长，适合一些优质的养老地产或者养老医疗机构等项目。目前已有信托公司开展了一批此类项目，为这部分资金的运作提供了良好基础。

（二）养老服务与养老地产的结合

尽管养老地产项目发展速度很快，信托公司已开展一定探索，但是从普遍情况看，国内的养老地产重在地产，在养老方面的专业化特点并不够突出。信托公司如能在养老服务领域和养老地产领域均有布局，则可以实现两者的结合，提高养老地产的内在价值。

一是养老医疗服务与养老地产的结合。信托公司在养老医疗服务领域应该积极布局，加强研究，以股权或者其他形式掌握核心医疗服务资源。在此基础上，将养老医疗服务与养老地产项目有机结合，充分发挥医疗服务资源的优势，提升项目的"养老"内涵。

二是专业护理服务与养老地产的结合。仅有医疗服务资源是不够的，面对大量老年人尤其是失能老年人的健康护理需求，发展专业化的护理看护服务，前景十分广阔。尤其是老年人口比较集中的区域，比如养老地产项目，十分需要护理人员和护理机构。信托是将护理资源嫁接到养老项目上的理想平台。

（三）公益信托与养老产业投资机会的结合

以公益信托参与养老产业发展，不仅满足了政府公益性养老的资金需求，而且能够与产业投资机会相结合。

一是通过公益信托助力养老地产等项目发展。养老地产项目建设需大量资金投入，可以利用社会各界定向捐赠资金和设备，成立养老信托，参与项目建设。建成后的养老地产项目的运营收益，一部分又可以作为公益资金投入新的项目，从而实现项目和资金的良性循环。

二是通过公益信托参与某些特定养老领域的研究过程。比如针对老年人慢性病的心脑血管、老年痴呆等专业领域，公益信托资金可以支持对这类疾病的医疗技术和产品的研发，提前掌握技术资源，对该领域进行投资布局，从而提高在养老产业中的竞争能力。

（四）老年理财与养老服务和产品的结合

与其他的理财产品相比，养老信托可以利用信托制度的优势，不仅提供财富保值增值服务，而且还可以为老年人提供养老服务和相关产品，实现理财和养老服务的一体化。典型的模式是养老消费信托。

养老消费信托以中等收入及以上家庭为目标客户，以信托制度储备养老资产，开发养老产业，为受益人提供资产保值增值以及全方位的养老服务。信托公司将受托管理的养老资金投资于养老项目公司，提供养老设施、养老服务、养老医疗、文体健身、餐饮服务等综合化服务。其间养老项目公司的部分收益可以作为委托人资产保值增值部分。此外受益人还可以享受到上述一系列养老服务，从而实现养老理财与产品服务的对接。

通过信托平台实现养老参与主体的协同一体化

无论是从养老市场的供求平衡还是从养老信托产品的多种功能来看，养老信托的发展需要多类机构的共同参与，而信托公司作为制度灵活的金融机构，正是多主体协同一体化的良好平台。

（一）信托公司与政府的一体化合作

政府作为公益性养老设施及服务的提供者，以及市场化养老产业的规划及监管者，在养老信托中必然发挥重要作用。首先，政府可以通过公益信托平台吸引社会公益资金投入公益性养老设施建设方面，解决资金不足问题。其次，信托公司也可以挖掘政府公益类项目融资机会，引入外部机构低成本资金进行运作，为信托公司业务提供新空间。最后，信托公司可以凭借自身在养老领域的专业优势，为政府提供区域性养老产业规划，构建地方社会化、市场化养老产业链条，从而在本地养老事业发展的同时，促进经济增长和就业。

（二）信托公司与保险机构的一体化合作

在养老信托领域，保险公司和信托公司有密不可分的一体化关系。一是商业养老保险资金可以通过信托平台得到更高效的运用，信托公司可以根据保险公司的要求，将商业养老保险资金与养老地产、养老医疗服务等领域结合起来，为养老产业发展提供更大推动力。二是信托公司与保险公司合作，设计养老领域的创新产品。在养老保险计划结束时，保险受益人得到一大笔资金，可以通过信托公司的保险金信托产品进行专业财富管理。三是随着信托公司的家族财富信托的发展，不断为保险公司高端老年客户提供新的产品选择，以实现家族财富的特定管理。

（三）信托公司与房地产企业的一体化合作

房地产是信托业主要投资领域之一，但是随着近年来房地产市场的深刻调整，现有的房地产信托业务很难维持高速增长势头。养老地产的发展为信托公司和房地产企业的合作提供了新的业务机会。一是根据养老地产要求，对传统房地产项目进行升级改造，信托公司可以提供资金和专业的养老服务资源。二是新建养老地产项目的资金需求。

根据养老地产的模式不同，信托产品设计也十分灵活。对于销售类养老地产，信托公司可以采取债权融资的形式介入；对于持有型养老地产项目，信托公司可以采取股权投资方式介入；对于规模化、能够产生稳定现金流的项目，可以成立养老地产信托基金，采用 Reits 模式进行运作；对于并购项目，还可以成立养老信托并购基金。这些模式也可以根据项目的复杂程度而进行混合运用。

（四）信托公司与医疗服务机构的一体化合作

养老的医疗服务资源是养老产业中更为重要和核心的资源。除了养老地产等基础设施建设之外，信托公司要与医疗服务机构充分合作。一是可以通过公益信托资金推动相关医疗服务的研究与培训工作，抢占技术制高点；二是可以建设专业的养老医院或者是特定领域的专科医院，针对老年人健康需求提供相应服务；三是可以投资于养老护理服务领域，开展专业培训，满足老年护理需求；四是可以通过股权投资等方式，合作开发满足老年人需要的保健品、药品等产品。

开展养老信托业务的策略建议

一是成立专门的养老产业公司，通过股权、并购等方式，布局若干重要的养老产业核心领域，尤其是医疗服务技术领域。凭借技术优势，打造有特色的养老机构、有市场的养老产品和更为专业化的养老服务。

二是充分挖掘老年人的财富管理需求，信托公司可以通过互联网、手机金融等手段，在老年理财市场上形成影响力，通过财富管理的品牌带动其他养老信托产品的发展。

三是积极寻找政府公益性养老项目，打造"环境宜居、设施完善、医疗先进、服务专业"的示范型养老地产项目，为信托公司地方平台业务和房地产业务的转型探索新的道路。

作者：和晋予（国投泰康信托）　　文章来源：《当代金融家》

专访北京信托董事长李民吉：
信托公司转型关注五大资产配置方向

2015-12-8

政信合作仍是主要方向；企业资产证券化、信贷资产证券化空间广阔；未来三五年资本市场投融资依然活跃；资本输出带来跨境资产配置。

北京信托董事长李民吉认为，信托转型核心就是解决资源如何获取、资产如何配置的问题。有五大领域和方向可供信托公司探索：政信合作、国企改革、信贷资产证券化、资本市场投融资和跨境资产配置等。

"信托有自己的一片蓝海，即在广义投行领域中深耕细作。"善弈者谋势，不善弈者谋子，寻找行业发展大方向是信托行业高管团队一直思考的事情，在接受《21世纪经济报道》记者专访时，北京信托董事长李民吉详解其对信托行业未来发展路径的判断。

在"十三五"规划GDP增速力保6.5%、国企改革、供给侧结构性改革等政策导向下，李民吉提出北京信托未来五大资产配置方向：政信合作、国企改革、信贷资产证券化、资本市场投融资和跨境资产配置。

李民吉认为，拓展政信合作，既要研究地方债务规模，也要研究债务结构，不同的债务结构存在不同的清偿弹性，信托产品在清偿序列中应居于相对优先地位。

未来，企业资产证券化、信贷资产证券化会成为资产配置的重要方向，其中，国有企业资产证券化的存量规模至少10万亿元，而信贷资产证券化规模更大。

李民吉同时看好未来的资本市场，"要与经济增长新动力融资支撑平台及'双创'等政策导向相吻合，未来3~5年资本市场会继续发展，但信心的恢复还需要一个过程，慢牛比快牛好，节奏把握更重要"。

2014年火热的土地流转信托突然降温，2014年底兴起的伞形信托销声匿迹，作为重要突破口的海外资产配置因种种原因占比并不大。反映在数据上，截至第三季度末，信托资产规模环比增长-1.58%，是2010年以来首次出现的环比负增长。

"资产规模是多少万亿不重要，最重要的是有没有主动管理能力，要将资源放在与投行业务相匹配的模式上去。"李民吉表示，在保证传统业务稳定的同时提前做好布局，"需求会产生新的资产配置，新的资产配置结构确定时，转型就自然而然实现了"。

关注五大类资产，政信合作仍是主要方向

《21世纪经济报道》记者：11月18日，信托业协会公布了第三季度行业数据，环比第二季度各项数据出现下滑，部分业内人士认为信托业即将"过冬"，您怎么看待当前形势？

李民吉：谈形势离不开信托所处的大环境。进入"新常态"以来，宏观经济和微观经济都有些变化，首先是增速的变化，经济中高速发展带来经济形势的变化。习近平总书记在"十三五"规划说明中提出经济增长要保6.5%，说明调结构重要，保增长也同样重要，在结构调整的同时要将更多精力放在保增长上，这是信托的大环境。

从第三季度末数据看，信托行业管理资产规模仍然维持在15万亿元以上，但是环比下降1.58%，这是自2010年第一季度以来首次出现的季度环比负增长。更重要的是信托行业风险事件开始显现，引起了监管层和信托公司的高度警惕，居安思危是当前普遍心态。

两年前信托业上升为国家第二大金融产业时，行业同仁激动了一下，现在已经归于平静。从信托管理资产规模上讲，重要推手是银行资金流向，这一点我们要有清醒的认识，当然离不开信托从业人员的共同努力，在资产管理领域体现信托力量要依靠提升行业主动管理能力，这才是信托行业的核心竞争力。

从结构上讲，北京信托主动管理资产占比始终维持在65%以上，这增强了我们的自信。所以不以物喜，不以己悲，强调主动管理，这是我们的立场。

目前信托业管理的资产规模超过15万亿元，维持存量，发展增量，困难很大，但机会也很多。

《21世纪经济报道》记者：这些年信托公司转型一直属于热门话题，您认为信托应该如何转型，转型方向是什么？

李民吉：信托转型核心就是解决资源如何获取、资产如何配置的问题。我认为有五大领域和方向可供信托公司探索。

第　类是政信合作。政信合作目前仍是北京信托的主要配置方向。与政府的合作中，大家关心地方债务规模和风险。由于监管政策不同，信托资金和银行信贷资金在地方债偿付上弹性程度不同。信托资金由于不能展期，弹性较小；银行

信贷资金可以新还旧，弹性较大。由于信托资金的刚性特点，地方政府在到期兑付上可选择余地小，应该优先偿付。银行债权对地方政府来说，本金可以滚动，必须支付的是当期利息，因此在计算当期必须偿付的地方债务总规模时，应该把银行、信托、城投债等其他地方债区别对待。

对信托公司来说，衡量地方债务风险，既要看债务总规模，更要看债务结构，因此2014年末"43号文"出台之后，公司内部要求加大政信合作的推进力度，事实证明我们的方向是对的。截至目前，北京信托和地方政府合作的项目没有出现问题。北京信托回避了财政支付能力较弱的地方政府，在合作对象选择上强调地市级加百强县。

习近平总书记在2015年11月10日中央财经领导小组会议上第一次提出了供给侧结构性改革，这是一个重要的政策信号，必须高度重视。

供给侧改革，在财政政策上是指减税和缩减政府支出。通过减税可刺激经济增长，扩大税基，继而平衡财政收支；通过缩减政府支出可提高资金使用效率，有利于化解地方债务风险。对于政信合作而言，供给侧结构性改革有机遇、有挑战，局面还有待观察。我们理解机遇大于挑战，当前仍然需要下大力气推进政信合作。

第二类是国企改革。国企改革落脚点在于提高国有企业资源配置效率。信托参与国企改革有两大内容，一是国有企业资产证券化，二是打破行业垄断。对于国有资产证券化而言，存量规模至少10万亿元，大有可为。强调市场在资源配置中起决定性作用有利于打破行业垄断，信托是市场配置资源的重要手段，汇集社会资本参与国企改革，使改革成果惠及社会大众，无疑值得探索与鼓励。

第三类是银行信贷资产证券化。与企业资产证券化相比，银行信贷资产证券化规模更大，操作上更集中、更便利。2015年4月，人民银行下发《信贷资产支持证券发行管理有关事宜的公告》，标志着信贷资产证券化实行注册制管理，明确符合条件的机构可申请一次注册、自主分期发行，大幅提高后续项目的发行效率。5月，国务院常务会议部署新增5000亿元信贷资产证券化试点规模，超过了过去9年累计发行总额。保守估计，为了应对利率市场化和调整银行资产负债表，信贷资产证券化占银行信贷资产总规模的10%~15%是可期待的。规模大，竞争也激烈，信托业应做好准备。

第四类是资本市场投融资活动。这两年股票市场暴涨暴跌，损伤了投资者信心，也影响了信托业在资本市场的资源配置战略。冷静地看，目前两市市值才23万亿元左右，与中国金融资产总量相比占比很小，还有很大的上升空间，这是大势，是大战略。即使在战术层面，"双创"活动离不开资本市场直接融资支持，未来3~5年我们对资本市场繁荣抱有期待。

第五类是跨境资产配置。过去中国经济走出去是贸易走出去，有迹象表明这种状况在逐步改变，从商品和劳务出口变成资本输出，资本输出带来资产配置的全球化，信托行业大有可为。

目前QDII业务要求做标准化产品，信托的优势是非标业务。要发挥信托非标产品的创新优势，继续让信托做改革创新的排头兵。改革开放初期，荣毅仁先生创立中信信托的时候，中央就把信托作为金融改革的排头兵，这一取向到现在还是应该坚持。

目前北京信托的离岸业务正在稳步推进，在QDII、RQDII等领域有所突破，有了一些成功案例。与普通的资产配置讲求安全性、收益性、流动性不同，境外资产配置现在主要关注安全性和收益性，委托人甚至偏好长周期资产，比如美国的土地、英国的房产、澳大利亚的矿产、德国的科技等，这些都符合中国高净值人群的资产配置需要。信托具有制度优势、人才优势、风险控制优势、创新能力优势、产品设计优势，最适合做海外资产配置的排头兵。

以上这些都是大类资产的配置问题，大类资产的配置问题落实下来，信托行业转型就自然实现了。当然，转型是一个渐变的过程，每家信托公司的路径不完全一样。

定位"广义投行"，发挥家族信托、中小企业信托优势

《21世纪经济报道》记者：您曾提到考察国际领先投行，存在全能巨人型、对冲基金型、高级定制型、关系专家型、顾问专家型和通用服务提供商六种业务模式，北京信托的定位是哪一种模式？

李民吉：前年我们和波士顿咨询合作制定了公司五年发展规划，我们给自己的定位是广义投行，既然是广义投行，应该把着力点放在跟投行身份相匹配的业务模式上去，开辟信托业自己的蓝海，提高资源配置效率。

在没有放开固有资产投资职能前，信托公司只能以PE投资方式试水直接投资。我们成立了三个股权投资事业部，成立了私募股权投资基金，这是我们五年规划中设计的内容。

既然定位为广义投行，无论是组织结构、人才队伍，还是产品设计，都按照投行的标准去做，确保信托类PE投资具有市场竞争力。

大家都戏称信托是"游牧民族"，只打猎，不种田，收入存在不确定性。恢复和完善信托公司的投资功能，有助于拿到"长期粮票"，我们开展包括PE投资在内的投资活动，其目的就是解决长期、稳定、可持续的收入来源问题。

《21世纪经济报道》记者：目前"信托公司条例"正在修订，或许会包括建立信托产品登记制度、建立信托产品流通市场等方面的规范，您对此有何意见或建议？

李民吉：我们很期待"信托公司条例"修订，比如包括设立专业子公司、建立信托产品登记制度、建立信托产品流通市场、发行金融债券和次级债券，以及许可信托公司IPO、"新三板"和买壳上市等，这些都是重大利好，是信托业生态环境建设的主要内容，一旦发布可以解决现在信托公司面临的很多问题。

《21世纪经济报道》记者：家族信托会是未来信托公司的蓝海吗？

李民吉：家族信托大有可为，非常值得持续深耕细作，这才是回归信托本源的必由之路。

我们说信托公司做两件事，一是给有事的人找钱，二是给有钱的人找事。前面说的五大类资产配置是给有事的人找钱，家族信托就是给有钱的人找事。

家族信托市场非常大，中国20%的人群持有80%的银行存款，这20%的人口就是我们主要的服务对象。我们在家族信托领域有了很好的起步，取得了一些成功的经验，规模不断增加，风险可控。我们给高净值客户做的家族信托资产配置得到了认可，几乎每周都有新的客户，增速很快，我们的信心也越来越强。家族信托是北京信托的品牌，我们希望把这个牌子擦得更亮。

《21世纪经济报道》记者：一直以来中小企业投资风险大，使得中小企业融资相对困难，目前北京信托在支持中小企业方面有哪些尝试？

李民吉：北京信托在中小企业金融服务领域是我们的一个特色。金融业支持中小企业难度很大，因为收益与成本不对等，投入大产出小，中小企业负债能力有限，缺乏可抵押、质押物品。

支持中小企业要放在解决就业、创新和发展的高度对待，是发展新动力的重要组成部分，所以李克强总理在各种场合多次讲支持中小企业，讲"大众创新、万众创业"，这是国策，所以支持中小企业是信托类金融机构的本分。

北京信托目前主要服务于中关村一区16园中合适的中小企业，这一计划与北京市政府、北京经信委相关支持政策相匹配。

同时，北京信托也与其他金融机构和类金融机构合作，形成一个"政信企银保"即"政府—信托—企业—银行—担保"五位一体的多方合作的构架，这是北京信托的特色和品牌。截至2015年9月末，北京信托累计发行了73个中小企业信托产品，累计向中小企业发放近1000笔信托贷款，规模超百亿元，成效不错。

不良资产证券化、土地信托如何做？

《21世纪经济报道》记者：随着经济下行，整个银行业的不良资产比例都在上升。在此背景下，不良资产证券化成为热门话题，对此您怎么看待？

李民吉：不良资产证券化与前面提到的企业资产证券化、银行信贷资产证券化属于同一范畴的问题，但有区别。

不良资产证券化的风险系数要高于其他类别的资产证券化业务，对于资源整合、处置能力的要求更高。凡是不良资产都要谨慎，做不良资产的逻辑是从不良中找到"良"，如果找到的全是不良就不要碰。

不良资产处置主要看两方面：一是经济形势，四大资产管理公司成立时，中国经济处于上升通道，资产价格上升，所以四大资管公司非常成功。但目前经济面临下行压力，不良资产升值空间有限。二是不良资产结构，要衡量不良资产的处置难度，如果都是股权、债权类资产，处置难度很大。现在不良资产售卖的多是债权类资产，处置难度较大，要谨慎。

《21世纪经济报道》记者：2014年土地流转信托非常热，今年以来市场人士认为有所降温，还有观点认为"雷声大、雨点小"，这是战略调整还是微观层面发生了变化？

李民吉：土地是最大的生产要素，信托行业找大类资产配置必须关注土地流转市场。让农民富裕起来，是金融机构义不容辞的责任。农民要富裕，就要让他们有财产性收入，这是我们做土地信托的初衷。虽然过程中存在一些困难，但要相信人的智慧，相信人在改革中的创新能力，能够把问题解决。

我们不赞成打着保护农民生活基本稳定的旗号来限制土地流转，妨碍农民财产性收入增加。作为金融机构，我们有责任拓展用益物权信托，辅之以资金信托，帮助农民实现合法、稳定、可持续的财产性收入。

由于政策不明朗，土地流转信托步伐在调整，2014年4月受银监会非银部委托，我们召开了一次高级别的土地流转信托研讨会，从理论、政策、法律、实务层面展开深入研究，提出政策建议，完善项目方案，体现合法、稳健、实用原则。我们要把困难想得多一点，对不同意见充分吸纳合理成分，寻找合适的合作伙伴和交易主体，保障农民利益。用一个词概括叫枕戈待旦。

《21世纪经济报道》记者：您对信托公司在明年的发展有什么期许？

李民吉：明年首先是稳定基本盘，存量要稳定，巩固好基础，然后在五大类的资产配置中寻找机会。困难始终都会有，但信心更强。

作者：张奇 文章来源：《21世纪经济报道》

二、财富管理领域的探索与创新

信托公司转型：找准在财富管理中的切入点

2015-4-20

财富管理，这项能够成为未来可持续商业模式的创新业务，是信托业的转型方向。

然而，开展财富管理，并非单纯地竖块牌子那么简单，是否有相应的资源与之匹配，是否有足够可持续的服务和投入至关重要。

当下，信托公司可从三方面考量自身是否做好充足准备，以在这一领域有所突破：第一，是否从公司战略高度将家族财富管理予以定位；第二，是否有匹配的资源投入作为支撑；第三，是否具有可操作性的解决方案。

定位：何以艳压群芳

当前财富管理市场呈百花齐放、百家争鸣之势，国内的商业银行、证券、保险、信托、第三方理财机构、PE基金、公募基金管理公司等，都是财富管理服务的提供者。现在我国正处于利率市场化、金融开放和老龄化社会的关键节点，居民的财富管理意识及理财需求都愈加强烈，多家机构的预测都显示，我国私人财富仍将保持快速增长。从这点来看，各方的竞争都只是将市场做到更大，似乎还远未到瓜分蛋糕的阶段。在这一阶段，不同的财富管理机构更多是各显其能，充分发挥自身的优势。

信托的优势何以体现？作为一种财产管理制度，信托的核心内容是"受人之托，代人理财"，"理财"是信托公司的核心业务，"托"则是业务实施的方式。信托制度的灵活性和多功能优势使之得到多方关注。波士顿咨询公司发布的《2014年全球财富报告》显示，2013年中国私人财富增长率高达49%，投资于信托产品的财富规模提高了82%，信托投资成为推动中国财富大幅增长的最重要原因。

那么，信托为谁提供财富管理？按照2007年《信托公司集合资金信托计划管理办法》新规，信托投资门槛设定为100万元。在银监会"99号文"发布以后，信托公司的功能定位进一步明确，即定位于为高端客户提供资产管理和财富管理的现代信托机构和资产管理机构。因此，信托公司的转型以客户的高端化为基础。

事实上，在这方面的转型已初显成效。截至2014年末的13.98万亿元信托资产中，以个人合格投资者为主导的集合资金信托占比为30.70%，以机构客户为主导的单一资金信托占比为40.44%，信托资产的上述投资者结构，以机构为主导，以个人合格投资者为辅助，信托客户的高端化结构已经初步显现。而且集合资金信托占比在2014年首次突破30%，这是在信托资产总规模增速下滑的情况下出现的加速提升，进一步表明了信托业转型效应明显。

资源：何以提供财富管理

有研究显示，国内信托业近年来开展的业务多以商事信托为主，全方位的私人财富管理业务尚处于起步阶段，随着国内居民财富的快速积累和人们理财观念的成熟，包括私人财富管理信托业务在内的民事信托业务市场前景良好。

2014年，信托业务功能有一个显著的变化，即融资信托业务降低，而具有浮动收益特征的公益性产品开始发力，现金流管理业务、私募基金合作业务、私募股权投资信托业务、基金化房地产信托业务、资产证券化业务以及受托境外理财业务等资产管理产品均有明显的发展。与此同时，以事务管理驱动的服务信托业务也有显著发展。

投资信托和事务管理信托的提升，微观上是信托公司适应投资者的多元化资产管理需求和高净值客户的财富管理需求，宏观上则预示了信托业转型发展的根本方向。可以说，除了融资类业务，信托可以做的事情还有很多。但是，根据新版评级办法，信托公司或被划分为三六九等，根据财务状况、内部控制和风险管理水平等标准，信托公司将按照分类经营原则开展业务。

与此同时，如何保持信托产品发行的连续性、产品多元化以满足客户的多种需求，让客户的资金闲置降到最低程度，这些也都对信托公司传统经营模式提出了挑战。面对现实，信托公司若还习惯于从融资方角度开发产品，习惯于发行单项目产品，路或许会越走越窄。

服务：如何以需求为导向

通常，理财有两个层次：一是产品层次，表现为在客户的投资组合中增加一种产品或资产；二是组合层次，表现为统筹管理客户的整个投资组合。这是适应理财主体需求的变化而进行的提升。

居民作为资金提供方的主体，其需求除了基本的保障、保值增值外，还包括传承等多种类别的需求。现在，越来越多的信托机构意识到，"销售产品是被动的方式，应该从资金端出发，根据资金的需求来配置资产"。

财富管理的本质是针对理财客户进行综合财务规划，以保证理财客户的上述需求被很好地满足。作为服务高净值人群的财富管理机构，信托公司则应抓住切入点，紧紧围绕客户需求，实现高净值客户专业化资产配置的需要和财富安全性的需要。比如，在海外资产配置方面，据调查，中国高净值客户对离岸资产的配置需求越高，配置需求也更加多样化，当前国内的离岸资产配置渠道却十分有限。随着我国资本项目的开放，家族离岸资产管理是高净值家庭人群的主要选择。因此，大力建设中国的离岸家族资产信托或是未来的趋势之一。

作者：胡萍　文章来源：《金融时报》

国内发展家族信托的障碍与建议

2015-7-28

目前，国内家族信托市场还处于发展初期，多数信托公司仅注重家族信托前台服务，如市场推广及品牌等，但是对于家族信托管理的后台服务，如产品质量、售后服务、技术细节等方面还有待完善。

信托公司开展家族信托进行家族财富管理是一个系统工程，在信托制度下，信托财产的所有权、受益权得以有效分离，信托财产的独立性等特征使得信托公司可以发展面向高净值客户的财富保值增值、财富代际转移、隔代转移、投资理财、公益捐赠、税务规划等业务。

目前，国内信托公司开展的家族信托尚处于起步阶段，相比欧美成熟市场的家族信托架构，境内受制于政策法规，发展家族信托业务仍存在诸多障碍。

开展家族信托四大障碍

（一）制度方面

一是登记转移等配套制度不够完善。根据《信托法》，委托人合法所有的财产及财产权利，包括房地产、艺术品、游艇等实物资产，原则上均可以作为信托财产。但在实际中，由于涉及信托财产的登记、转移等配套制度不完善，特别是对于信托财产的非交易性过户登记存在一定的操作障碍，目前国内信托业务主要为资金信托业务，很多投资领域也受到限制，这为开展家族信托带来了障碍。

二是税收制度制约财富传承。我国现行税收制度未针对信托财产所有权与收益权分离的特点设计专门的税收制度，从而在涉及信托的营业额、获得收益的个人所得税、房产转让的房产税及股权转让的印花税和增值税等征收方面产生了大量的重复征税现象，这些税收大大降低了个人资产大部分为股权、房产等非现金持有的高净值人群设立家族信托的热情，而且我国不动产和股权过户税负偏高更是给推动家族信托设置了不少的障碍。

此外，一些监管细则也束缚家族信托业务开展。如关联交易逐笔事前报备问题。由于家族信托涉及大量资产配置业务操作，都属于监管部门认定的"关联交易"，因此需要逐笔上报，降低了投资的时间效率。合同报备和信息披露与客户隐私需求冲突，由此导致的个人财富等隐私信息的曝光风险可能导致大量优质高净值客户的外逃和流失，并最终无益于信托业的转型创新、家族信托业务拓展以及对资本外流的阻滞。

（二）运用方面

一是家族信托财产范围受局限问题。如上所述，受法律、监管等制度方面的各种制约，国内家族信托目前还不具备处理资金信托以外的其他资产的功能，家族信托资产大部分只能以资金信托的形式存在，而高净值人士的资产中往往包含大量的房产、股票等非现金资产，且交付信托时无法非交易过户，因而需要承担高额税金，令信托财产范围和形态受限。同时境内资产又只能在境内进行信托和管理，对推动家族信托业务构成一定障碍。

二是信托持股面临不确定风险。在国外，人们通过家族信托托管家族企业股权等金融资产，实现传承。但在我国，由于《信托法》未就股权资产管理作出明确规定，如果家族信托采用信托持股的构架，将无法对企业所有权、管理权以及分红权的清晰划分提供法律依据，一旦发生委托人死亡等突发事件，如何确定企业的管理者将成为复杂难题，缺乏明确出路。

三是业务开展地域局限性大，信托财产运用难实现全球化配置。信托公司QDII业务有望成为高净值客户实现资产全球化配置的一个重要投资通道。但在目前，开展相关国际投资业务面临较强的市场监督约束。虽然部分信托公司已具有开展QDII业务的资格，但境内的信托公司只能在中国本地进行经营，无法到境外设立分支机构，跨境资产配置手段有限，即便在境内设立了家族信托，也无法解决其境外资产的分配与隔离问题。目前，尽管有不少超高净值客户已经移民海外，且资产实现了全球布局，但由于监管政策，其资金在境内外之间的流动受到很大限制，因此境内金融机构推出的家族信托业务通常仅限于客户的境内资产，境外资产仍需要单独设立信托。

（三）理念方面

全面的家族信托管理理念薄弱，对家族信托高端客户的投资者教育有待加强。信托的基础为信任，信任的前提是充分了解。我国境内正式接受信托制度的时间很短，社会对信托的认知度仍然较低，尤其是家族信托，在我国境内处于起步阶段。对于中国的信托业而言，信任是业务开展的基础，只有让社会公众知晓家族信托的功能，家族信托才能在中国信托市场中占有一席之地。

按照海外的一般运作形式，家族信托客户须将资产交给信托公司打理，一旦交给信托公司后，资产的所有权即不归其本人，而由信托公司作为受托人按照约定支配，资产的收益权则可根据其意愿指定受益人取得。但我国这样一个经历几千年农耕文化浸淫的国度，传统的商业文化生态仍很强盛，家族信托市场还处于发展的初期，对家族信托的作用缺乏正确的理解，并由此导致全面的家族信托管理理念淡薄。一方面，缺少契约文化的现实阻碍了富人们对家族信托的信任，加上家族信托作为信托的最本源业务，源自英国"衡平法"的异质化"血统"，对于我国这样一个大陆法系国家，高净值客户，特别是民营企业家背景的高净值客户对家族信托尤其是对其中的"财产权剥离"很没把握，不敢放手也不愿放手。另一方面，中国的法理和道德义务沿袭使得只有成文法律的规定才可以使道德义务法律化，而并不能指望所有的受托人都会秉承"船长精神"的道德感和义务使命去尽职尽责，始终坚守委托人的利益。因此，目前国内可接受的信托其实都只是些信托类理财产品而已。中国客户需要经过时间和实际效果的充分检验，方能有效建立起对信托公司的基本信任；而信托公司则应在严守尽责义务和提升财富管理和资产管理能力的同时，以专业化实力取信客户，进而对其开展有效的投资者教育。

（四）能力方面

管理财产信托业务的能力有待提高。目前，国内家族信托市场还处于发展的初期，高净值人士倾向于选择国内专业的信托机构对境内资产进行家族信托设计，选择英美法系下的专业信托机构对境外资产进行财富管理。尽管国内的家族信托已经在探索境内与境外相互合作的方式，但目前国内信托公司多数注重家族信托前台服务，如市场推广及品牌等，而对于家族信托管理的后台服务，如产品质量、售后服务、技术细节等方面还有待完善，对客户的资产仍然是根据其自身在金融领域的资源进行分配投资，信托公司管理家族财产的业务能力有待提高。

发展家族信托四项建议

一是完善家族信托相关法规制度，促进家族信托发展。

随着信托业务的发展，修改《信托法》的呼声渐高。代人理财等事务管理型信托将成为我国境内信托发展的方向，因此，针对家族信托等财富管理业务，《信托法》的修订应侧重于民事信托方面，并与《继承法》、《物权法》等民法中的有关规定衔接。如明确信托财产所有权归属；在财产登记流转环节增设信托事由，对信托财产流转税费进行减免；增强私人财产保护和传承的功能。

首先，制定《家族信托业务指引》，有序引导家族信托发展。为了更加有效地推动家族信托创新业务的大发展，使信托行业更好地实现向"受人之托，代人理财"的本源和主业回归，监管部门可以考虑出台关于家族信托的专门的管理办法，如《家族信托业务指引》，针对家族信托的特点进行监管设计，有序引导家族信托发展。

其次，放宽信托公司境外业务范围，积极拓展家族信托跨地域业务模式。未来家族信托应该立足境内，坚持走家族信托国际化道路，通过"境内信托+离岸家族信托"等方式帮助高净值客户实现财富的风险保障、企业与家庭财产的风险隔离、财富代际传承、合法节税等原来只能在境外环境下才能实现的目标。

建议监管部门放宽信托公司境外业务范围，消除信托公司参与境外业务的制度障碍，丰富投资产品的筛选原则、基准和程序，开发海外资本市场，积极拓宽海外市场，打开信托海外投资的市场空间，为更多的信托公司服务客户提供业务增长点。

最后，完善我国境内财产信托税制，进一步发展股权、不动产等非资金家族信托业务。囿于信托配套制度的缺失，目前家族信托只能针对资金进行管理，而对于超高净值客户，非现金资产属于其资产中一个重要部分。信托公司应该积极研究家族信托中对于非现金资产的管理方案，以便在制度环境改善时能够更深入地介入超高净值客户的财富管理并设计更为完善的一站式家族信托方案。

建议适当出台信托税收政策，避免重复征税，明确信托所得纳税主体。在整个信托活动中，信托活动涉及三方面主体，即委托人、受托人和受益人。建议我国境内应在信托所得税收制度中坚持以实际受益人为纳税主体，避免信托重复征税，以促进家族信托业务开展。

二是加强家族信托人才的培养，增强家族财富管理能力。

加强复合型人才的培养，加强专业化主动管理，全面培植服务能力。家族信托是信托公司未来发展的广阔蓝海，但是家族信托中财富传承需求多样化、个性化，家族财产的不同类型使得家族信托具有高度的定制化特征。这就需要有专业化的复合型人才针对家族信托中不同需求提供科学合理的解决方案。而目前由于财富管理市场发展尚不成熟，信托公司在综合性财富管理领域专业人才的匮乏将成为未来扩大家族信托市场的一个"瓶颈"。

建议信托公司积极实施人才战略，大力培养精通法律、财务、税收和金融的复合型人才，以打造一支家族信托管理的专业化团队，为高净值客户提供更专业、更优质的服务。

三是通过专业化设计提高家族信托风险防控能力。

一方面，防范受益人对家族信托财产的无节制挥霍。在信托契约设计时，信托机构可以依据父母对子女的期望设定拨放财产的条件，如所发款项使子女只够过中产生活，或只能用于医疗、教育等支出，让子女不会因继承巨款而出现价值观偏差，成为"二世祖"，同时也防止子女因欠债或离婚而损失信托资产。在一些规定中，受托人甚至可以为保证受益人的利益使用信托的收入或本金。委托人也可以指定固定的监察人，以监督受托人是否履约。

另一方面，防范受益人纷争。家族信托被用来进行股权安排时，易在多个受益人之间埋下股权纷争隐患。为了降低家族信托治理的风险，可在信托内设立受托人委员会。该委员会除了家族各方代表外，还应包括家族以外的专业人士（如税务会计、资产管理和法律专才）与立场中性的社会贤达，以充分发挥平衡利益、调解纷争、监察决策与监管资产的作用。委员会更要选拔贤能，聘任合适的企业经理人，制定家族成员参与经营的规章并予以执行，同时维护没有参与经营的家族受益人的利益。当然，委员会还可以协调家族成员各尽所能（如担任董事、投入公益事业等），以维系并发扬家族声誉、理念、文化等特殊资产。非家族中立人士在委员会内应占明显比例，有一定任期，并有实际的投票决策权。若只请家族成员和好友担任委员，委员会将有名无实。

四是明确家族信托的客户定位，分类管理，并有效配置资产。

信托公司在推出家族信托服务之前，应该首先明确客户定位。可以根据一个或多个因素进行客户细分，如家族背景、工作经历、性别、年龄、账户潜在盈利性和行为特征等。有一种值得借鉴的方法是把全球的高端客户细分为六类，包括积极的退休企业主、消极的（财富）继承人、企业家、职业经理人、专业人士和超高端客户。这一细分方法的逻辑是，高端客户是由于年龄和财富来源的不同，才会选择不同的投资和表现出不同的金融专业水准。

积极的退休企业主一般在六十几岁或者七十几岁，不再介入日常的商业活动，其首要理财目标是保全其资本和把财富顺畅地转给继承人。

消极的（财富）继承人一般是从上代继承了财富的中年人士，他们寻求能够带来稳定回报的投资，并确保他们本人及家庭的生活方式能够延续。

职业经理人通常是企业集团或跨国集团的高管人员，没有时间处理个人投资事务，需要资本保值增值的综合性投资战略。

客户细分意味着突出重点，确定客户会欣赏的产品和服务。在一个高度竞争又快速增长的市场上，有效的客户细分可以迅速满足其选择客户的需要。信托公司如果在定位高端客户并为其提供定制式家族信托方案的同时，能够尝试将家族财富传承和遗产分配的典型需求进行分类，可以进一步实现家族信托方案的标准化，从而赢得更广阔的市场。

作者：刘向东（光大兴陇信托）　　文章来源：《当代金融家》

《信托法》品格与家族信托

2015-8-6

在中国大陆，近99%的企业家在事业或财产传承上愿意采取直接移交给后代的方式，而不愿意采取家族信托的方式。其中一个重要原因在于现行《信托法》与家族信托的需要之间存在着严重的冲突。

1953年日本对信托业确定了分业经营的模式，提出了长期金融和短期金融分离的方针，要求信托银行以信托业务为主，发挥长期金融职能，而原来兼营信托业务的银行则不再经营信托业务。日本经验的启示在于：政府对于信托制度的供给和发展路径设计，决定了信托业的发展速度和成熟度。

在我国，"家族信托"这一概念，目前主要是信托业界在讨论，而信托法学界的著作中鲜见这一概念。我们通过仔细检视现行《信托法》的立法背景、理由，就会更加清晰地看到在现行立法框架下家族信托的蹒跚步履。

"家族信托"如何界定

在信托法学界关于信托的通常分类中，有公益信托与私益信托的分类、民事信托与商事信托的分类、合同信托与遗嘱信托的分类、个别信托与集团信托的分类等。在我国信托业界，有一种看法认为"家族信托是一种有效的财富传承方式，是高净值人士首选的一种管理家族资产的载体"，是指"以家庭财富的管理、传承和保护为目的的信托，在内容上包括以资产管理、投资组合等理财服务实现对家族资产负债的全面管理，更重要的是提供财富转移、遗产规划、税务策划、子女教育、家族治理、慈善事业等多方面的服务"。

如果不考虑受托人是否以经营信托为业的因素，我国信托业界提出的"家族信托"应该相当于我国信托法学理上的民事信托（或称为非营业信托）的概念，也就是英美法上作为信托制度赖以发展的基础的、典型的、传统的信托："财产的所有人（委托人），为了子孙的抚养和教育等目的，把这些财产转让于值得信赖的人（受托人），受任的受托人按照信托目的，承担管理和处分信托财产的义务。这是在家庭和亲属内部以财产的管理、分配和转移为目的的，一般称之为'家事信托（family trust）'的信托类型。"

尽管我们可以将家族信托比作民事信托，但是，关于究竟何为民事信托的问题，无论在学理上，还是在现行法律的明文规定上，均无定论。在现行《信托法》上，民事信托、营业信托以及公益信托构成了所有的信托类型，而关于什么是民事信托，或者说民事信托与营业信托的区分标准，法律上并未予以进一步明确，由此导致在两者的区分标准问题上，学界观点也不尽一致，主要有三种观点。

第一种观点认为，两者之间的区分应依据受托人是否专门从事信托业务而定，与委托人、信托目的等因素无关，由专业信托经营机构或曰营业性信托机构担任受托人所从事的信托活动，为营业信托。反之，以非营业性机构作为受托人所从事的信托活动，是民事信托。

第二种观点认为，区分两者的标准应该是"受托人承受信托是否超越了被动性管理或处分信托财产的情形，该行为是否具有反复、继续性"，并且，"营业信托的受托人无论是否存在特别约定，都可以要求取得相应的报酬"。显然，与第一种观点不同的是，第二种观点关于两者的区分在受托人从事信托是否具有盈利性的基础上增加了受托人管理信托财产方式的特殊要求，按照该特殊要求，即便是以经营信托为业者从事的信托活动，如果受托人的作用仅仅在于被动性或消极地管理或处分信托财产，则该信托也应划归民事信托的范畴。

第三种观点认为，两者的区分标准应在于受托人的性质和设立信托的具体目的，其中营业信托是个人或法人以财产增值为目的，委托营业性信托机构进行财产经营而设立的信托；民事信托是个人为抚养、扶养、赡养、处理遗产等目的，委托受托人以非营利业务进行财产管理而设立的信托。显然，该种观点关于民事信托的界定系在受托人非营利性的基础上增加了关于委托人设立信托的目的的具体要求。但是，按照该种观点，如果个人为抚养、扶养、赡养、处理遗产等目的，委托受托人以盈利业务进行财产的管理而设立信托的话，则该信托究竟属于民事信托还是属于营业信托将无法说明。

笔者认为，在家族信托的界定上，不应采取现行《信托法》第三条的思路，将家族信托界定为民事信托或营业信托，而是应当结合目前我国信托业实践的需要对其予以界定，即从委托人设立信托的目的出发对其予以界定，至于受托人的性质应在所不问。据此，应认为家族信托是指委托人为抚养、赡养、在家庭成员之间分配财产、处理遗产等目的而设立的信托。

信托的特征与家族信托

与目前我国信托业实践中的信托类型相比，家族信托具有如下特征。

第一，委托人设立信托的目的方面的特征。在我国目前的信托业实践中，最常见的信托类型为集合资金信托计划以及单一资金信托（以下简称金融信托）。委托人设立或认购金融信托的主要目的在于实现信托财产的保值、增值。而委托人设立家族信托的目的往往并不在于——至少不主要在于信托财产的增值，而是在于以财产为媒介，通过信托制度的特点或者某些功能达到处理家庭事务的目的，比如业内所探讨的事业在数代人之间的传承、子女教育、特殊家庭成员的抚养及赡养等。这一特征决定了委托人通过设立家族信托所需要表示的意思的内容可能会更为丰富多样，而不似金融信托般格式化、标准化。

第二，所发挥的信托的功能方面的特征。无论对信托的功能采取何种划分标准，其最终根源均在于《信托法》关于"信托"的定义中提到的三个最基本的功能：其一为财产转移功能，即委托人为信托之目的将财产转让给受托人的功能；其二为他人利益的功能（站在委托人的角度即为赠与功能），即受托人虽然在法律上享有信托财产的所有权，但是该项所有权是有负担的；其三为代他人管理（含处分）财产的功能。

家族信托所体现出来的信托的功能，首先是财产转移功能，即信托财产由委托人转移给受托人。这一功能的实现导致信托财产与委托人的财产实现了隔离，继而避税、风险隔离等目的才可能得以实现。这一功能也决定了家族信托的期限通常要长于金融信托的期限。其次为他人利益的功能，即受托人须为受益人的利益管理处分信托财产。这一功能的实现导致信托财产与受托人的财产实现了隔离，继而所谓的财产传承的目的方得以实现。这一功能也决定了家族信托通常是他益信托。最后才是信托制度在金融信托中体现的功能，即"受人之托，代人理财"的功能。实际上这一功能与其说是信托制度的功能，不如说是专家受托人的功能。

第三，所体现的价值理念方面的特征。信托的价值理念，学界将其称为价值取向，有人认为信托的基本价值取向是自由与效率，也有人认为其"包含了自由主义与资本主义的所有特质与价值取向"，信托的历史沿革则表明"信托与私人财富之支配自由牢不可分"。

综观学界之各种观点，无论其如何界定信托的价值理念，终不能脱离"自由"的理念。由于金融信托在很大程度上已经标准化，甚至达到了几近演变为金融产品、证券化的程度，所以这一价值理念体现得并不明显，比如委托人只有"买"与"不买"的自由，而关于信托的内容则几乎没有任何发言权，甚至作为产品设计者的受托人都几乎没有发言权，而是必须受限于详尽的各种监管指令。也正因为如此，金融信托所体现的价值理念实际上是效率，即以投融资工具的形式将社会闲置资金输送至社会中最需要的环节，使得社会闲置资金的效用得以最大限度的发挥。

对于家族信托，则全非如此。从家族信托利用的信托制度的主要功能来看，家族信托中贯彻的价值理念应该是自由。如果将金融信托的"效率"理念更全面地说成是"社会效率"理念的话，那么家族信托的"自由"理念则应说成是"个人自由"的理念，并且，这种自由往往具有一种突破或反抗社会限制的倾向。从这种意义上讲，目前信托业实践中的一部分单一资金信托实际上具备了某些家族信托的特点。

为什么要提《信托法》品格

据信托业实践调查，在中国大陆，近99%的企业家在事业或财产传承上，愿意采取直接移交给后代的方式，而不愿意采取家族信托的方式。这个问题与很多方面都有关系，比如传统的因素、政治的因素、社会的因素等，但其中一个重要因素应该是立法方面的因素。

自现行《信托法》正式确立以来，我国的信托业务发展突飞猛进，凸显了信托立法的作用，但具体而言，则应为立法对金融信托业务的规范性作用。由于金融信托业务着重发挥的功能系信托的管理功能，或者说是"专家理财"的功能，所以，要想促进金融信托业务的开展，信托立法必须着重于规范乃至于限制作为"理财专家"的受托人，为受托人规定各种严格的责任、义务，令其不敢违背

"代人理财"的职责。

单就这个目标而言，现行《信托法》是成功的。而其成功的原因则在于《信托法》规定了大量的强制性以及禁止性条款，令受托人不敢不从。这种大量的强制性以及禁止性条款表现了《信托法》在品格上的强行法一面。

但是，任何一部法律，尤其是涉及平等主体之间法律关系的民商事法律，除了规范作用外，还应该有指导作用。无可争议的是强制性条款也具备指导作用，且其指导性更为明确，但是，同时也意味着更为僵硬。相对而言，任意性规范则在指导的同时还给了当事人以自由。前已述及，"自由"正是家族信托的价值理念所在。所以，如果一部《信托法》缺少这种自由的精神，那么家族信托在该法域下的发展很可能便无从谈起。

关于信托法的品格的研究，按照国内学者的研究整理，主要有四种观点：其一为"任意法说"，认为信托法在性质上为任意法，甚至认为信托即合同。该种观点的代表人物为美国学者John H. Langbein。但是，该学者主张任意法的观点其实是有前提条件的，即该种观点中的所谓信托限于"礼物性个人信托，在家族内有条件的财产转移的范例"，而不包括商业信托、慈善信托以及作为补救措施的推定信托。其二为"强制法说"，认为有关信托关系以及基于这一关系所产生的权利和义务的规定均属于强制性规范。该种观点主要为国内部分学者持有。其三为"任意法与强行法并行说"，认为信托法的基本性质为任意法，但同时又以强制法为其补充性质。该种观点主要为台湾地区部分学者持有。其四为"具体研究说"，该说认为"对信托法性质的研究还应当进一步具体化，即这一研究不仅应当以信托法整体为研究对象，还尤其应当以存在于该法中的每一项规范为研究对象，并通过这后面一项研究对存在于该法中的每一项规范究竟是属于任意性规范还是强制性规范予以准确揭示"。即按照大陆法系关于任意法与强制法的通常区分标准对之加以区分，不能笼统地说现行《信托法》在性质上为强行法还是任意法。

因此，对这个问题，需要回到法理上认识任意法与强行法区分的意义或者说是目的。对任意法与强行法进行区分的一个目的在于说明当事人对相互之间的权利义务关系可否作出与法律规定相反的约定。这也正是Langbein将美国的《信托法》（限于规范家事信托的普通法）界定为任意法的原因。据此也可以认为日本现行的《信托法》为任意法。

按照上述的理论分析，可以认为我国现行《信托法》在品格上应认定为是强行法，因为在现行《信托法》关于信托当事方权利义务的规定中并未发现授权当事人可以对信托文件的约定予以变更的统一规定。

"强行"品格VS"自由"理念

前面已经提到，家族信托的价值理念在于自由。这种自由主要是指委托人对于信托条款设置的自由。从这个意义上，现行《信托法》与家族信托的需要之间存在着严重的冲突。具体而言，这种冲突表现在以下几个方面。

一是关于委托人、受益人权利的强行规定导致的冲突。

现行《信托法》的一个立法动机在于给社会闲置资金提供了一个投资渠道，这一方面解决了投资渠道欠缺的问题，另一方面起到了集中资金的作用。从这个角度看，投资者，尤其是作为普通民众的投资者的权利亟须法律保护，而最为有效同时也极为必要的保护方式莫过于现行《信托法》的做法，即以强行法条文的形式对委托人、受益人的权利予以规定。

之所以说其最为有效，是因为这种方式连权利人放弃权利的自由可能都排除了；之所以说其极为必要，是因为面对在各方面都居于强势地位的信托机构，委托人、受益人确实需要保护，而如果不采取这种极端的保护方式，那么信托机构很有可能会利用其优势地位，比如产品由其开发设计的地位，通过合同条款而使委托人、受益人的合法利益遭受损害。

但是，对于家族信托而言，《信托法》的这种保护性设计适得其反。现行《信托法》第四十九条规定，受益人享有《信托法》第二十条至第二十三条所规定的委托人的各项权利，包括知情权、调整信托财产管理方法的请求权、申请撤销权以及解任受托人的权利。很显然，委托人在设计家族信托时，受益人享有的这些权利很有可能与委托人的意图相左，比如，委托人很可能不想让受益人了解信托的运作状况，更不想让其享有调整信托财产管理方法的权利，而只是让其可以定期拿到一定数额的信托利益。在受益人是限制民事行为能力人或无民事行为能力人从而其监护人可以代行这些权利的情况下，情况将更加糟糕。但是，按照现行《信托法》第四十九条的规定，受益人的这些权利显然是不可以通过约定予以事先排除的，不仅如此，受益人的这些权利甚至还可以通过法院裁决的形式对抗委托人。这在某种程度上导致他益性质的家族信托形同赠与，即财产一旦脱离赠与人之手，基本上就是受赠人说了算了。

二是关于受托人谨慎义务的强行规定导致的冲突。

现行《信托法》第二十五条第二款对受托人的谨慎义务作出了强行规定。根据该款规定，受托人的诚实、信用、谨慎、有效管理的义务不加区分地适用于在中华人民共和国境内从事的任何信托活动，当然包括家族信托活动。该款规定的立法理由或目的从本文前面的论述可清晰看到，此处不再赘述。之所以说该款与家族信托是相冲突的，是因为委托人设立家族信托时可能根本不需要，甚至基于某种特殊情况会反对受托人承担所谓的"诚实、信用、谨慎、有效管理的义务"，比如委托人只需要受托人为受益人的利益消极持有信托财产而无须管理或处分信托财产的情况。

三是关于共同受托人责任的强行规定导致的冲突。

按照现行《信托法》第三十二条第二款的规定，共同受托人之一要对其他共同受托人的不当行为承担连带责任。其理由在于"共同受托人之间对信托财产是共同管理关系，平等地共享受托人权利"。但是，在家族信托存在多个受托人的情况下，委托人可能事先就受托人之间的管理权限作出了安排，安排的结果很可能并非如立法者心目中预想的那种"共同管理关系"。在两者不一致的情况下，家族信托的安排很有可能被认定为因违反强行规定而无效。

"自由"路在何方

那么就业界目前所掌握的，家族信托的自由理念如何才能冲破强行法的樊笼呢？显然有两条路可以走。

其一，也是最为直接的一条路，对现行的《信托法》进行修订，如同日本在2006年所作的《信托法》修订那样，通过一个笼统的条款，将信托法的强行法品格扭转过来。与此同时，鉴于我国自《信托法》颁布以来在信托投资人保护以及受托人监管方面积累了大量的经验，将保护投资人、限制受托人的任务交给规制信托业的法律，从而达到解放《信托法》的目的。

其二，通过最高人民法院的司法解释达到解放家族信托的目的。在我国目前的体制下，最高法院的司法解释实际上承担了部分造法功能，所以这也是一条备选的路径。但是，由于从文义上看，《信托法》的强行法色彩过于明显，因此，与第一条路径相比，司法解释的路径可能将更为艰辛。

作者：吕玉丰（中诚信托）　文章来源：《当代金融家》

人民币"入篮"助推信托海外业务布局

2015-12-3

日前，人民币被IMF纳入SDR货币篮子的消息吸引了各方的目光。业内分析认为，人民币国际化增加了人民币作为资产配置币种的吸引力，提高了境外人民币资产供应增加的可能性，对于信托公司或其他资产管理机构而言，不仅可借机丰富跨境产品种类，也将助推信托等机构加快海外业务的布局。

将加剧跨境资金流动

人民币"入篮"，对于其国际化历程而言，无疑具有里程碑式的意义。对于境内投资者来说，人民币国际化背景下，相关投资的环境也将发生相应改变。

诺亚财富认为，人民币被纳入SDR，将通过影响我国资本账户开放、利率汇率政策来改变资本流动、流动性环境及利率水平，从而影响全球的流动性和各类资产价格。在日前发布的一份研报中，诺亚财富指出，作为国际储备货币的发行国，日本以及欧元区的德国和法国曾先后放松了对国际资本流动的管制，扩大了对外开放本国金融市场。

而根据人民银行发布的《2015年人民币国际化报告》，我国也计划使跨境个人投资更加便利化，进一步开放资本市场，并修改《外汇管理条例》，最终实现人民币资本项目可兑换。对于投资者而言，在人民币国际化背景下，人民币在岸与离岸市场的融通环节与回流渠道将被打通，股票和债券市场的开放程度将不断提升，跨境资金的流动也会随之加剧。

信托海外业务布局或提速

虽然业界认为人民币被纳入SDR的影响需要以更为长远的视角来看，但是对于亟待转型的信托业来说，却为之提供了一个极好的机遇。

当前，在宏观经济增速换挡、泛资管行业竞争加剧、利率市场化改革深入、风险防控压力上升等多重因素叠加下，信托业快速扩张的时代已经结束。中国信托业协会的最新统计也显示，2015年第三季度信托业资产规模5年来出现了首次环比季度负增长，凸显出信托业拐点已然来临，整个信托行业转型的需求也日渐迫切。

对此，华宝信托认为，人民币国际化增加了人民币作为资产配置币种的吸引力，提高了境外人民币资产供应增加的可能性，对于信托公司或其他资产管理机构而言，丰富了跨境产品种类，也将为客户提供更多的配置选择。

"短期内客户全球资产配置的需求仍然在加大。未来随着国际市场以人民币计价的资产供应量增加，华宝信托也将从客户需求角度着手，为客户寻找或定制更多适合其需求的资产种类。"华宝信托相关人士表示。其透露，2015年华宝信托在RQDII产品上进行了创新设计，不仅满足了投资者日渐增长的国际化资产配置需求，也顺应了人民币国际化的趋势，推动了财富管理业务的全球化。

而在中诚信托高级研究员万伟眼中，国际化业务正是当前信托机构的经营转型方向之一。"目前，业内对国际化业务的重视程度不断提升，部分信托公司已在战略层面取得了先发牌照的优势。此次'入篮'，有助于信托公司以离岸家族信托等业务为突破口，进一步加快跨境财富管理及资产管理业务布局。"

万伟称，未来信托可依靠"一带一路"、区域开放红利等政策导向，主动探索以本外币一体化融资解决方案为核心的国际投行业务。他同时也提醒，人民币国际化进程的不断推进，或将不断降低境内金融机构的国际化业务门槛，逐步削弱部分信托公司的牌照优势。由此，未来各家信托公司将在人才布局、团队建设、经营机制、客户培育、机构合作等多方面，面临国际业务经营的综合实力大考。

作者：金苹苹　文章来源：《上海证券报》

信托模式下的财富管理体系建构

2015-12-10

本文通过对改革开放以来信托业发展的综述，详细探讨了信托行业财富管理的模式，并以此为主线，剖析了信托模式下财富管理体系的构建法理，指出家族信托已成为其重要发力点。

改革开放三十余年以来，伴随中国经济持续高速发展，私人财富水平得到了空前提升，高净值人群的规模不断壮大。根据招商银行与贝恩公司联合发布的《2015中国私人财富报告》，2014年中国个人持有的可投资资产总体规模达到112万亿元，可投资资产在1000万元以上的高净值人士数量已超过100万人。中国财富管理市场的蓬勃发展，一方面吸引银行、信托公司、保险公司、证券公司、基金管理公司等众多金融机构纷纷逐鹿其中，另一方面则使高净值人群的投资视野逐渐开阔，投资心态与理念也愈发成熟。

与私人银行的传统"金融超市"模式相比，信托模式下的财富管理已开始从"产品驱动"转向"提供综合金融解决方案"。首先，信托使得"财富"获得了更加丰富的定义，包含个人及其家庭、企业的一切有形资产和无形资产，既包括金融资产、实物资产，也包括知识产权、发明专利、商业模式等。其次，信托所特有的独立性、灵活性及长期性等制度优势，更好地帮助客户实现财富安全、保值增值、有效传承等特定的财富目标。越来越多的高净值人士开始把信托作为财富管理与资产配置的重要工具，其中家族信托尤受超高端财富人群青睐。

信托——财富管理的天然承载者

中国信托业在21世纪逐步迈入快速发展阶段。尤其在2007年银监会颁布实施新的《信托公司管理办法》和《信托公司集合资金信托计划管理办法》后更是取得了令人瞩目的成就。截至2015年第二季度末，全国68家信托公司管理的信托资产规模为15.87万亿元，信托业已成为继银行业之后的我国第二大金融行业。

信托作为一种财产管理制度安排，所具备的第一大优势是灵活。从信托财产的内容来看，凡是具有金钱价值的东西均可以作为信托财产设立信托；从信托的设立目的来看，只要不违背法律强制性规定和公共秩序，委托人可以为各种目的而设立信托；从投资领域来看，信托可投资于资本、货币和实业三大市场，多元化投资提供了丰富的资产配置选择，并在一定程度上降低了投资风险。在中国金融业分业经营、分业监管的体制下，信托公司寻找优质资产的优势在经济下行周期中更为明显。

信托的第二大制度优势来源于信托财产的独立性。现代信托起源于英国的用益制（Use）。1279年，英国国会颁布《死手律》（the Statute of Mortmain），禁止人们将土地捐赠给教会，违者所属土地一律没收。当时绝大多数英国人作为虔诚的教徒，往往愿意将土地部分甚至全部捐献给教会，以期灵魂得到救赎。为了规避《死手律》，英国人通过"用益"的设计，将土地先转让给他人，约定由受托人替教会管理土地，将土地收益交付给教会。类似的用益制结构从13世纪起在英国流行起来，随着封建制度的彻底崩溃，资本主义市场经济的确立，契约关系的成熟，商业信用和货币信用的发展，逐渐演变为现代信托。

现代信托沿袭了"用益制"的财产权利分离，信托一旦设立，信托财产就独立于委托人、受托人和受益人而存在，受托人必须按照委托人在信托合同中约定的条款，对信托财产进行管理并向受益人进行分配。根据我国《信托法》的规定，信托财产的独立性与闭锁性使其具备了"准法人"的地位，因而拥有权益重构、风险隔离等多重功能。即便委托人或受托人破产，受益人仍然能够就信托财产保持其收益，并可以对抗委托人和受托人的债权人追索。委托人和受托人也可通过制度设计将名下资产按照不同目的分为不同部分，这些资产彼此间的风险也相互隔离。这可更有效地帮助高净值人士，尤其是私营企业主有效隔离企业资产与家庭资产，保障其财富安全。

另外，由于信托不会因为受托人的死亡、解散、破产、辞任或其他情形而中止，具有较高的稳定性和长期性，适合于长期规划的财富管理与传承，这也满足了高净值人群对财富管理的持续性与稳定性的要求。

然而，与海外信托不同，中国信托业过去长期以资金需求方为导向，主要从事私募投行业务及通道类业务，房地产贷款、平台贷款、证券投资以及通道业务四大传统业务规模占比超过80%。近两年来随着信政合作业务收紧、房地产项目放缓、证券类信托萎缩以及金融同业竞争的加剧，传统信托业务模式受到一定挑战，信托业走到了转型发展的十字路口。而相比之下，财富管理已经成为业内寄予厚望的一大转型发力点。

高净值人群迫切需要获得与自身情况相匹配的财富规划建议，同时在"高门槛、高收益"的投资属性被认知的过程中，信托公司也已积累起一大批优质的高净值客户资源。各家公司开始抓住市场机会，开展回归信托业务本源的探索，大力布局财富管理业务，为客户提供财富管理需求分析与咨询、海内外全视角资产配置，甚至专户投资、家族信托、企业投融资等综合金融服务。其中家族信托不但成为了信托公司的业务转型的重要发力点，也愈加被众多高净值人士青睐。

家族信托——财富管理皇冠上的明珠

家族信托是事务性信托的一种，与高净值人群过往所熟知的固定收益类信托产品区别很大，并不是严格意义上的信托产品，而更多是一种服务、一类工具、一套私人财富的解决方案。家族信托的信托期限动辄10年甚至更长，并不追求绝对的高收益，投资偏向于更加保守、稳健的资产。同时家族信托服务充分利用了信托财产的独立性、信托独有的法律关系，满足高净值客户日益增长的财产隔离保护、财富传承等一系列财富管理需求，包括帮助客户隔离家庭财产与企业财产、防范破产风险、减少继承纠纷等。可以说，家族信托的出现真正使财富管理从"产品驱动"导向转向了"客户需求"导向。

从2013年开始，受到国内经济下行以及利率市场化的影响，对高净值人群来说，无论是在企业中获得更多利润，还是在投资上获得更多收益都变得更加困难，甚至一些人已经开始面对企业运营困难的窘境。众多"富一代"意识到，他们已经从"创富"迈入了"继续创富"与"守富"、"传富"三者并存的阶段。因此，能够解决财富安全保障、财富传承的家族信托一跃成为了他们最为关注的财富管理工具之一，越来越多的人开始聘用专业的金融机构为其设计专属的家族信托方案。根据《2015中国私人财富报告》，当下中国高净值人群最为看重的财富目标即为"财富保障"与"财富传承"，已经开始考虑财富传承的高净值人群比重也已高达46%，约13%已设立了家族信托。

2013年以来，包括中信信托、平安信托、外贸信托、中融信托等信托公司，以及招商银行、诺亚财富等银行、第三方理财公司均纷纷推出了家族信托服务。

从客户层面来看，家族信托满足了客户对财富保障、保值增值、财富传承的一系列需求。从信托公司的层面来看，家族信托则可以为公司带来具有确定性的长期限资金，从而能够从资金端引导项目端，使公司把视角从原来关注的期限短、风险高、收益率高的项目，逐渐转向更多符合国家发展方向的期限长、安全性良好的项目，提升公司对业务的把控能力，降低风险，提高盈利预期，有利于信托公司的进一步发展。

未来，伴随市场培育的成熟、国内信托登记制度的完善、从业人员素质的提升，家族信托这颗财富管理皇冠上的"明珠"，也必将成为信托模式下财富管理业务发展的蓝海。其实不只是家族信托，伴随高净值人群对子女教育、养老、慈善等需求的不断增长，未来事务性信托在我国的发展空间无疑将更为广阔。中国信托业也将与国际财富管理市场接轨。

作者：程红（中信信托）   文章来源：《清华金融评论》

三、私募投行领域的探索与创新

私募备案促使信托转型，伞形配资不适合普通投资者

2015-1-23

阳光私募经历第一个十年后，在过去的2014年，面对了一些新的环境。首先是年初的私募基金登记备案制度推出，信托公司、托管银行、证券公司、投资顾问"四方模式"的十年紧密合作关系将会发生改变，私募基金管理人可以独立发行产品，信托制度的稀缺性不再。面对私募基金登记备案制，信托公司该何去何从？

经历过长达6年的熊市后，A股在2014年迎来了新一轮牛市。对私募而言，除了新发产品热情提高外，通过伞形信托配资，放大杠杆进入股市也被市场热捧，其个中风险又是如何？

近期，《21世纪经济报道》记者专访了华润信托证券投资部董事总经理、投资总监刘辉。从深国投时代开始，刘辉就一直掌舵华润信托证券投资业务，并亲自参与设计国内第一只阳光私募产品——深国投·赤子之心一期，在阳光私募行业的资历可谓翘楚。

私募备案制后，信托自己要做管理人

《21世纪经济报道》记者：基金业协会2014年初发布了《私募投资基金管理人登记和基金备案办法（试行）》，许多私募投资管理公司随后也取得登记备案。也就意味着，以后私募可以绕开信托公司自己发产品了。从信托公司的角度，怎么看待私募基金登记备案制度？

刘辉：新基金法承认私募基金的地位以及后来的登记备案制度推出，对阳光私募行业来说无疑是里程碑式的重大利好。行业得到发展是首要的，在阳光私募行业经营这么多年，我们也没有把自己当成单纯的信托公司，作为见证行业发展脉络的一员，我们也很自豪。行业向前发展，私募基金产业链必将更为专业化、细分化、差异化、同质化的服务将无法获得溢价，这是规律，是趋势，是无法阻挡的。当然，如果行业发展前景不好，无论什么机构提供什么服务，商业利益也最终无从谈起。

从商业层面来讲，登记备案制推出，也许意味着我们十年前创新的"四方模式"可能存在一些变化。信托公司参与阳光私募行业，必须转型，除了深化私募基金行政服务的质量和内涵外，信托公司也要探索主动管理的路子。华润信托很早就做战略规划，也不完全说是被逼转型的，我们2009年就预判到会有今天的同质化竞争，开始探索FOF（基金的基金）的主动管理道路。

《21世纪经济报道》记者：万向信托2014年11月已经完成登记手续，成为首家备案私募管理人的信托公司，华润信托是否也在申请？能否详细讲讲信托公司证券投资类业务由被动管理向主动管理转型的路径？

刘辉：登记备案私募管理人，华润信托也已经在申请了。在新《基金法》的

框架下，管理非信托计划，需要取得私募管理人牌照。从被动管理到主动管理是信托公司将来转型的趋势，证券投资类业务也是一样，但是并不是所有的信托公司都要走私募管理人登记备案这条路，大家转型的思路一定是有差异化的。

如果只是发行信托计划，是不需要登记备案的，信托公司本来就是干这个的，其信托法的法律依据同样坚实。华润信托2009年做TOF系列产品（投资于阳光私募的信托），就是另外一条主动管理的路径，并且把它当成长期转型的战略来推动。

随着更多衍生投资工具的推出，未来对冲基金的策略会越来越复杂，业绩表现也会千差万别，同时净值波动也可能放大，普通投资者鉴别能力不足，我们在阳光私募行业浸淫了十多年，对私募基金的策略风格、风控能力乃至公司治理都了解得更深刻，私募基金恰好是我们最大的优势，这就是TOF的核心逻辑。

目前，我们管理了两个TOF产品，华润信托—托付宝1号和华润信托—托付宝2号，分别是2009年11月和2010年4月发行的。3400点建仓，多头策略，没有对冲，没空过仓，累计收益率超过40%，而且净值回撤极小，长期跑赢沪深300指数、公募基金指数和阳光私募指数，是目前七八十只同类产品中绩效最好的。另外，华润信托自己作为管理人还发行了5只量化基金，采取非主观策略，靠电脑执行。

伞形股票配资"杠杆适度"准则

《21世纪经济报道》记者：最近股市很火，伞形信托配资成为放大操作杠杆的工具，备受市场关注。实际上，伞形信托早在2009年银监会暂停新开证券投资类信托账户就出现了。能否讲讲伞形信托诞生的背景和初衷？

刘辉：伞形信托好像最早是重国投（重庆国际信托）做的，最开始只有重国投一家做，他们做了一两年之后，2011—2012年其他信托公司才开始跟进，华润信托也是后来才做的。

很多人都认为伞形信托缘起银监会暂停新开账户，这的确是一个直接原因。但实际上，当时华润信托做伞形业务线是基于长期战略考虑的，我们内部叫作阳光私募发展计划。新开账户暂停没多久又让开了，可我们一直坚持原来的战略。

根本原因是市场的需求。当时发行结构化证券投资信托的门槛很高，投资范围等也受到约束，但是很多中小型投资人也有结构化融资需求，而当时融资融券也没放开，没有人能服务他们，伞形信托就是一种结构更灵活的证券信托产品，1000万元保证金就可以做。

资金门槛低，投资很分散，制度规范但效率却高很多，办理速度非常快。原来证券市场1000万~2000万元的小额融资，也需要通过设立私募账户来实现，必须先注册一家公司，雇几个人，租个写字楼，太折腾。然后，找信托公司、托管银行、证券公司，签合同，开户，做产品，再快也要1个月，这些后来都可以通过伞形信托结构完成。伞形信托的每一个融资户还是要签合同，但很多流程都标准化和规范化了，相比原来的结构化证券信托，可以省掉70%的时间成本，从劣后资金到位到优先资金到账，最快三天就可以进行投资操作，有利于投资者选择入场时机。

这种灵活性对私募客户是非常关键的，证券市场是瞬息万变的，效率高了之后，客户满意度也会大大提升。

《21世纪经济报道》记者：怎么看待目前市场上备受欢迎的伞形股票配资？

刘辉：这不是新鲜事了，跟市场情况有关，是阶段性的。一旦市场持续下跌，你再看看是什么情况？

从信托公司的诉求逻辑来讲，除了商业利益以外，一定要考虑业务的长期性和声誉管理。市场波动难以预测，一旦加杠杆，客户风险将会很大。那种成本很高的小额配资服务是阶段性的，短时间内配资公司可能赚快钱，但它做不大，不可持续，不具备长期商业价值，还伤害客户利益。

另外，伞形信托相对传统阳光私募，虽然灵活性强一些，但也需要一定门槛，很多民间起点很低的P2P平台客户，显然不适合伞形配资。道理很简单，长期来看，借钱炒股七成是赚不到钱的。P2P的投资人是平民化的，而伞形信托对专业性尤其是对风控能力的要求是很高的。

《21世纪经济报道》记者：从风险控制的角度来讲，对伞形股票配资的投资人有什么建议？

刘辉：第一个原则是量力而行，慎之又慎，对自己的风险承受能力一定要有正确的估计，首先要考虑的是能不能接受亏损，也就是说伞形股票配资不适合普通投资者。

第二个原则，杠杆要适度。杠杆永远是双刃剑，可能放大收益，也可能加速亏损。杠杆本身不是罪恶，赚钱也不是罪恶，罪恶的是人贪婪的欲望。杠杆如果适度，是个很好的工具，可以撬动投资收益，但这种撬动是在低回撤基础之上的，也就是说是在风控控制前提下的。既控制了波动风险，又扩大了收益，这谈何容易啊？所以杠杆不是不能用，关键是要适度。那些自认为有专业能力的投资者，杠杆运用也要适度。股票配资，杠杆最好控制在三倍以下，投资还要分散。

作者：钟辉　文章来源：《21世纪经济报道》

PPP考验信托公司综合实力

2015-7-6

PPP正在成为信托转型的热点。继上月建信信托与绿地控股集团、上海建工共同投资中国城市轨道交通PPP产业基金之后，中信信托唐山PPP项目即将落地。

不过，有业内人士指出，不是所有信托公司都适合开展PPP业务。

一中小型信托公司经理向记者介绍："不可否认，PPP确实是信托转型的方向，已有大型公司率先试水，但对我们而言，如果没有足够的资源和渠道，无法平衡资金成本与长周期问题，我们选择观望。"

近日，中信信托正计划通过PPP模式为河北唐山的一处准公益基建项目2016唐山世界园艺博览会基础设施及配套项目提供资金支持。从政府采购信息来看，中信信托在PPP项目公司中的出资或为6.08亿元，占项目公司股权的比重为60%。

资料显示，该项目由政府和社会资本按照股权比例注资，成立专门项目公司——唐山世园投资管理有限公司，具体负责唐山世园会基础设施项目建设和运营。项目合作期限为15年（其中建设期为1年，运营期为14年），社会资本的年回报率为8%，收益来源为项目运营收益，不足部分由政府安排运营补贴。项目到期政府指定专门机构对社会资本股权原值回购。

在一些信托人士看来，PPP项目资金成本高，周期长，尚未找到合适的盈利模式。"以中信信托的唐山项目为例，运行15年回报率为8%，要是我们来做，募资可能都存在问题。"沪上某信托公司副总经理告诉记者，"另外，若以股权形式参与，追求高回报与政府初衷不符；若以债务形式，银行资金成本比不过银行贷款。"

在他看来，PPP项目考验一家信托公司全方位的实力。

他认为，首先，找项目就考验一家信托公司的渠道和资源。PPP项目对稳定的现金流要求较高，局限性太多，但实际情况是现金流清晰的好项目早已市场化，大部分项目现金流并不清晰。其次，动辄超过十年，周期太长，一旦遇到政府换届和政府债务界定就可能出问题。最后，就是各个地方政策缺乏个性化设计，理论框架占主流，很少看到有因地制宜的政策设计，影响项目落地。

兴业证券近日曾对PPP落地情况作了调研，结果发现从2014年7月至今，重庆、福建、河南和山东等地陆续推出地方PPP政策法规。然而，综览地方政策法规，大多数以贯彻《关于推广运用政府和社会资本合作模式有关问题的通知》为主，仅有少数地方政府提出了个性化的政策法规，这些法规以框架性指导为主，仅有重庆涉及具体领域的讨论。

另一信托公司经理向记者坦言，地方没有明确政策确实令人犯难，因为不是所有的基建项目都可以按PPP模式介入，政府鼓励PPP的初衷是在不放大债务口子的前提下，用小部分资金补贴完成项目，因此信托公司需要找有较长后期经营的项目，政府补贴的比例在50%左右，比较稳健。

中融信托创新研发人士表示，信托公司参与地方平台的PPP项目，在资金成本和回本周期上不占优势，目前仅处在试水阶段，但这是未来信托转型的一个重要方向。他建议，鉴于PPP项目期限长而收益较低，如果信托公司自身在转型时没有特别的实力来"试错"，不妨撮合保险、银行等长期低成本资金来合作开展业务。

作者：裴文斐　文章来源：《上海证券报》

PE成信托转型突围新方向
今年已成立10只　数量已超去年全年

2015-7-31

"99号文"下发以来，信托开展真正的股权投资业务、设立专业子公司开始受到越来越多的关注。根据各家信托公司披露的2014年年报，中信信托、平安信托、中融信托、中诚信托、上海信托以及兴业信托等多家信托公司已经成立了子公司，并以此为平台拓展投资。而在PE业务领域，信托公司也不甘人后，截至目前，据本报记者统计，2015年以来信托公司以自有资金注资成立产业基金的数量已超过10只，并期待在医疗、环保等领域分享市场和政策的红利。

"信托公司的股权投资业务是早就应该大力发展的业务，只是此前生存环境较好，这一业务少有人关注。目前纯债权业务发展空间减少，信托公司的目光又回到了PE业务上，目前信托公司的PE业务，很多主要围绕股东、地域等方面的优势和需求开展。"有信托分析人士对《本报记者》表示。

信托公司做PE更多依赖股东背景

西部一信托分析人士对记者表示，从目前信托公司投资PE基金业务的操作思路来看，其出发点有两个方向：一是立足特定行业，根据控股股东的需求，为股东相关业务的发展提供辅助；二是依照自身投资和资金优势，就具有发展潜力的行业或公司进行投资。

其中，前一项需求主要集中在央企控股的信托公司和地方政府控股的信托公司身上，在传统的业务增速放缓之后，这一类信托公司在转型的过程中可能要更多依赖股东的背景及资源，从地方发展规划中寻找机遇；而后一项需求则主要集中于行业内大型信托公司。

"股权投资主要是长期投资，更看好企业、行业未来的发展。信托公司的传统业务多为融资类借贷业务，信托公司的角色更像是中介通道，而长期股权投资，则是真正的投资，能够充分体现信托公司的专业性和能力。"格上理财研究员王燕娱对《证券日报》记者表示，"通过PE公司，信托公司可以更多更好地渗透到有利于其发展的各个领域和行业。"

"PE业务毕竟不同于以往的固定收益类信托，其运作模式、收益方式、对投资人要求都是完全不同的，在这一点上包括信托公司自己也是没有可依靠的经验的。信托公司目前往往通过引进团队的方式来开展这一项业务，其中，初期多数是以自有资金进行投资，只有等成熟后再向部分超高净值客户介绍。"

今年数量已超去年　聚焦环保、健康产业

《证券日报》记者从公开资料统计，信托公司参与产业基金的数量已经超过10只，超过2014年的总量，其中百瑞信托参与了4只。

2015年初，东方园林公告，其子公司北京东方园林基金管理公司与华澳国际信托有限公司拟就有限合伙制生态产业基金进行优先合作，主要投资于双方认可并符合法律法规及监管规定的项目，获得合理投资收益。生态产业基金一期规模暂定为10亿元。

此后，外贸信托以自有资金3000万元，以增资入伙的方式参与了由上市公司国电清新与多家企业共同出资成立的北京市大气污染防治基金——北京清新诚和创业投资中心（有限合伙），基金规模为2.83亿元。外贸信托是该基金成员中唯一一家金融机构。

而万向信托也获邀成为宁波保税区亚玛顿新能源投资合伙企业（有限合伙）的合伙人，主要从事投资太阳能电站业务。

普益财富分析师付巍伟对记者表示，环保产业是中国未来经济增长的朝阳行业，是中国经济实现可持续增长和产业升级的必由之路。据国家权威部门预计，环保产业未来的投资空间在数万亿元，蕴含着极大的投资机遇。在当前中国经济下行压力增大情况下，提前布局环保产业是信托业积极寻找新的业务增长点的可贵尝试。

而除节能环保产业外，医疗健康产业也是信托公司PE投资的重头戏，中融信托、百瑞信托均向其靠拢。

2015年4月2日，中融信托与北大医疗产业集团旗下子公司北大医疗产业基金管理有限公司在京签订战略合作协议。双方将以产业基金作为主要合作平台，

通过私募股权投资基金等多种形式展开合作。

除了中融信托进军医疗产业外，百瑞信托也于7月通过股权方式，以自有资金注资广发信德医疗产业投资基金，成为该基金普通合伙人（GP）之一。百瑞信托的执行总裁罗靖表示，无论从政策层面，还是社会需求来看，医疗产业未来都有很大的发展空间，这就为医疗产业投资提供了很好的机遇，百瑞信托将会进一步加大在医疗产业的研究和布局，争取使医疗产业投资尽快成长为百瑞信托新的核心业务和利润增长点。

作者：李亦欣　文章来源：《证券日报》

信托探索 PPP 之中建投样本

2015-10-23

联手十九冶集团，投资云南滇池生态建设

2015年下半年以来，信托公司参与PPP项目的步伐明显加快，继中信信托之后，中建投信托、中航信托、交银信托、重庆信托等公司也先后参与PPP项目。

2014年10月国务院出台的《关于加强地方政府性债务管理的意见》（国发〔2014〕43号）明确将剥离融资平台公司政府融资职能，触动了政信信托这项传统信托业务。但其中也同时明确将PPP作为发展方向，由此PPP业务被部分信托公司视为政信信托这项传统业务的转型和延续方向。

中建投信托是继中信信托之后，第二家主导PPP项目的信托公司。其项目采用产业基金模式参与云南滇池生态湿地建设，将分期募集10亿元资金，同时进行"股权+债权"投资。

中建投的 PPP 项目实践

中建投信托副总经理谭硕介绍："根据昆明市政府的批复，明确中建投信托

与合作方中国十九冶集团以社会投资人身份参与相关的项目建设。项目具体运作由中建投信托与合作方联合成立项目公司，采用产业基金模式，信托资金运用方式包括股权及债权投资，分别投向对应的项目。"

据了解，该项目之标的为云南滇池西岸生态湿地景观建设，项目内容包括道路、湿地公园、绿化景观、配套设施等。项目建设周期为24个月，总规模10亿元。

中建投信托作为委托人成立中冶产业基金，进行分级设计，中国十九冶集团认购20%的劣后级份额，中建投认购80%的优先级份额。在项目开工后将分期设立集合信托计划募集资金。

目前，中建投信托与中国十九冶集团已在9月初共同成立昆明实久投资有限责任公司作为项目公司，其中十九冶持股10%，中建投信托持股90%。

该项目中，中建投信托将对其进行主动管理。谭硕表示："在项目运作过程中，信托公司作为社会资本参与基础设施建设的资金募集方和资产人，将通过向项目投资公司委派高级管理人员的方式全程参与项目公司的日常经营管理，并对资金的使用全程进行监督管理。"

收益方面，信托计划中优先级资金享受固定收益，劣后级资金享受固定上限的浮动收益。优先级与劣后级收益分配后，如项目公司仍有留存收益，留存收益在股权清算时按股东方持股比例进行分配。

"现在产品架构已经搭建完成，对于具体收益率，将依据产品最终发行时的情况而定。"中建投信托副总经理谭硕表示。

信托到期退出方面，平台公司——昆明市土投资产管理有限公司依据政府服务采购的方式购进相关项目资产，以对项目公司股权进行清算的方式实现退出。为了匹配项目进度对资金的需求，对信托计划的到期时间进行了多样化配置。

未来向资产证券化发展

虽然从PPP本身的运作周期看，2014年10月"43号文"确定PPP的发展方向，但首单信托主导的PPP项目2015年7月才正式落地，而2015年9月，另外几家信托公司的项目才"集中"落地。

中建投信托研究创新部研究员王俊认为：PPP作为一种全新的融资方式需要

一定的磨合期，经过一年的摸索业务模式基本确立；而从信托公司市政业务而言，随着地方政府债务置换的深入推进，开展PPP业务以确立在市政业务领域的全新盈利模式也更加迫切。

业内人士认为，信托公司参与PPP业务具体存在三种形式：一是直接参与PPP项目运营，即进行股权投资，成为项目公司股东；二是间接参与PPP项目，即债权投资，通过信托贷款为PPP项目提供流动性支持，也可通过股权回购的形式为其他社会资本融资；三是参与PPP项目资产证券化，由于PPP项目均投向基础设施，建成后具有稳定现金流及必要的政府补贴，这种项目较为适合做资产证券化产品。

中建投信托参与的上述PPP项目同时涵盖"股权+债权"的投资形式，"未来也会在PPP项目资产证券化上作出尝试。"王俊表示。

华东地区一家信托公司创新研发部人士则认为，虽然对PPP进行研究的信托公司较多，但真正看好者为数不多，主要出于对政府债务偿还能力的担忧。如果没有政府回购等增信条款，信托公司落地项目会有所顾虑。

相比传统融资类业务，PPP项目运行时间较长，交易结构复杂，对信托公司的投资管理能力要求颇高。

除此之外，收益率也是信托参与PPP项目面临的挑战之一。PPP项目能给出的投资回报率相对于过往政府平台融资较低，而信托融资需要较高收益率以支付投资者的信托收益，以PPP项目自身现金流很难覆盖信托融资成本。

不过据《21世纪经济报道》记者观察，现有PPP项目的社会资本收益率并不低。以某城商行主导的PPP项目为例，其对外路演所提及的收益率在8%~9%，该价格基本等同于市场上信托产品的预期收益率。

而对于投资期限过长的问题，未来或将通过资产证券化提高流动性。

"资产证券化适用于部分经营性的PPP项目，例如高速公路建设，会产生收费权，可以收费权作为基础资产做资产证券化，以提高资金流动性。"王俊表示，"不过这将是PPP发展到一定程度，具有足够的项目储备之后的模式。"

作者：王俊丹　文章来源：《21世纪经济报道》

信托多角色分享PPP"红包"
紫金信托、江苏信托试水基金管理人

2015-10-30

PPP项目因期限长、融资成本低、现金收入滞后等因素，信托公司大规模参与仍存在一定现实阻碍，但在转型期中的信托并不想放弃这块蛋糕，有信托公司开始尝试以基金管理人的身份分享PPP"红包"。

近日，紫金信托、江苏信托中标江苏省PPP融资支持基金管理机构，共管理基金规模40亿元。紫金信托总裁助理高晓俊对《证券日报》记者表示，信托公司有项目前期尽职调查和项目后期经营管理经验，作为PPP项目基金管理人能够充分发挥其在基金管理和风险控制领域的优势。

紫金、江苏信托中标PPP子基金管理人

近日，紫金信托、江苏信托中标江苏省PPP融资支持基金管理机构，在5家基金管理机构中，信托机构坐拥2席，受托管理基金规模40亿元，管理期限为10年。

江苏省PPP融资支持基金是由江苏省财政厅推动设立的，首期PPP发展基金规模100亿元，其中江苏省财政出资10亿元，占基金认缴出资总额的10%，为劣后级出资人；江苏银行、交通银行、浦发银行、建设银行和农业银行作为社会资本出资方分别出资18亿元，合计占基金规模的90%，为优先级出资人。

这或许是信托机构第一次单纯以管理机构的身份参与PPP投资。根据相关招标公告，紫金信托的中标管理费率为0.4%，江苏信托的中标管理费率为1%。

该基金规模总计100亿元，分设5个子基金，每个子基金的规模为20亿元，每个子基金由财政出资人和1~2家社会资本出资人组成，其中财政出资人的出资份额占10%。

公开资料显示，子基金所投资的具体PPP项目期限不超过5年（含项目回购期）。以股权方式投资的，到期优先由项目的社会资本方回购，社会资本方不回

购的，由政府方回购；以债权方式投资的，由借款主体项目公司按期归还。作为长期支持地方实体经济发展的金融机构，信托担任子基金管理机构无论在专业性，还是规范性方面都具有优势。

紫金信托总裁助理高晓俊对《证券日报》记者表示，信托公司有项目前期尽职调查和项目后期经营管理经验，作为PPP项目基金管理人能够充分发挥其在基金管理和风险控制领域的优势。

信托多角色分享PPP红包

考虑到PPP项目期限长、融资成本低、现金收入滞后等因素，信托公司介入PPP项目确实存在一定的现实阻碍，但在转型期之中的信托并不想放弃这块蛋糕。

目前，信托公司已通过多种途径投资PPP项目。除了紫金信托、江苏信托受托管理江苏省PPP融资支持基金以外，还有中航信托、交银信托参与成立四川省PPP项目投资基金。相关信托机构内部人士表示，受托管理子基金仅能算作信托公司事务管理型业务，权利和义务有限。

"区别在于，前者仅作为基金管理人，赚取管理费而非项目收益，后者作为合伙人需要出资，真金白银地参与投资基金，未来也会分享到项目收益。以基金管理人为切入口，不用承担风险又能学习经验，也不失为一个好的决策。"格上理财研究员王燕娱对《证券日报》记者表示。

除了作为基金管理人和以自有资金投资PPP项目基金外，中信信托、重庆信托等信托公司已成立集合信托对接PPP项目。中信信托成立"中信·唐山世园会PPP项目投资集合资金信托计划"，向社会募集6.08亿元投向唐山世界园艺博览会；重庆信托为"成渝高铁荣昌服务区项目"融资2.5亿元，投资于项目公司开发建设的成渝高铁荣昌站配套服务区项目。

作者：王东君　文章来源：《证券日报》

四、资产证券化业务的探索与创新

信托分羹资产证券化 三大难题待解

2015-1-14

作为我国资产证券化业务中SPV（特殊目的载体）最合适的参与者，信托公司开展该项业务的前景被业界赋予无限可能。

然而，在实际操作过程中，信托公司又面临种种桎梏及层层障碍，令资产证券化业务的开拓之路举步维艰。

据《证券时报》记者了解，入池资产审批标准过高、业务通道化严重及税负高昂是信托公司开展信贷资产证券化业务的三大难点。

实际操作难点密布

在业内，资产证券化被视为世界金融领域近40年来最重大、发展最迅速的金融创新和金融工具。我国资产证券化却因起步较晚，在监管、法律、税收和金融环境等方面还存在诸多制约因素。

中信信托业务部总经理施坚表示："具体而言，在业务试点阶段，入池资产质量、入池利率、银行总分行矛盾、入池资产类型、资产集中度、涉农资产评级过低、税收政策不配套等诸多方面都存在影响资产证券化（ABS）业务发展的矛盾问题。"

据悉，目前国内资产证券化业务主要有三种实践模式：银监会与人民银行共同监管的信贷资产证券化、证监会监管的证券公司资产证券化和中国银行间市场交易商协会注册发行的资产支持票据（ABN）。

根据四川信托研发部白云的最新研究报告，在这三种资产证券化业务模式中，信贷资产证券化对于基础资产的"构造"和"转变"最为理想，证券公司企业资产证券化与资产支持票据目前还难以在法律层面实现资产池的真实销售，从而无法使基础资产与发起人的风险隔离，而当前信托公司最主要开展的正是信贷资产证券化业务。

"虽然目前相关规定中对于基础资产的规定并未过分严格，但实际操作中监管部门对基础资产提出了更高要求。例如，剩余加权平均期限不少于18个月，抵（质）押贷款占比不超过20%等，对于城商行来说，经过层层筛选后，剩余的贷款规模已经很小了，考虑到集中度问题，选出符合条件的资产池更加困难。"百瑞信托博士后科研工作站研究员程磊称，入池资产审批标准过高是信托公司信贷资产证券化业务的一大矛盾。

税收问题也是阻碍资产证券化发展的重要因素之一。

程磊解释称，根据财政部、国家税务总局《关于信贷资产证券化有关税收政策问题的通知》（财税〔2006〕5号），如果将资产证券化财产转让视为"真实出售"做表外处理，发起人就要缴纳营业税；发起人在真实出售中如有收益，则又涉及所得税的缴纳；SPV等其他机构同样面临高额税负和双重征税现象。过重的税负不仅会降低资产支持证券对投资者的吸引力，还会缩小发起人盈利空间。

业内建言解决方案

一方面是资产证券化业务的巨大潜力，另一方面是当下操作的种种困难，将其视为转型重要路径的信托公司自然对寻找解决方案极为上心。

施坚表示，在现行管理办法框架下，应当尽量拓宽入池资产的行业类别。同时要加强银行内部培训与沟通，让银行各部门充分认识ABS对于提前回笼资金、释放信贷规模、优化各项指标的重要意义。

至于如何提高银行实施资产证券化的积极性，施坚建议，可考虑将利益分摊至各经营行的方式，"例如，分摊贷款服务机构费用，对积极提供基础资产的经营行施以优惠的信贷规模指标等。"

程磊也呼吁：在风险控制的前提下，建议监管部门减少对基础资产的筛选标准，使更多银行有机会参与信贷资产证券化业务；随着信托公司资产证券化业务经验的不断积累，可适当拓宽信托公司资产证券化业务基础资产范围。

不过，四川信托研发部白云认为，当信贷资产证券化业务按照最新"备案制"模式监管后，基础资产等细节的筛选标准将更加灵活，信托公司产品发行的效率有望大幅提升。

作者：杨卓卿　文章来源：《证券时报》

信托公司资产证券化业务的多路径选择

2015-3-2

与境外市场资产证券化业务实践不同,信托公司是我国信贷资产证券化业务唯一的法定受托机构,这种定位有利于信托财产的独立性以及最大程度保护证券持有人的利益。在业务实践中,既然信托公司具有法定专属地位又处于业务链条的中心,理应发挥核心作用。但现阶段信托公司客观上发挥作用有限,这主要是部分信托公司自身能力不足导致。诸如遴选中介机构、交易结构设计、产品营销路演等本该由信托公司完成的工作,由于信托公司专业性不够等原因,不得不由其他机构代为完成,加之经验欠缺、公开市场发行能力不足导致独立性缺失,个别信托公司客观上沦为通道。

从市场来看,截至2014年11月,已有30多家信托公司获得特定目的信托受托业务资格。在其他传统业务受阻以及行业转型的大背景下,不少信托公司将资产证券化业务视为未来的重点发展方向,期望尽快打入市场,抢占份额,这导致市场竞争日趋激烈,信托费率一降再降,投入产出比极低。

从核心技术参与度来看,与传统业务相比,资产证券化业务技术环节多且相对复杂,但目前部分信托公司缺乏相应的专业人才,在资产筛选、现金流切割、证券分层设计等环节参与程度不深,导致证券化业务对主动管理能力及团队专业能力的提升作用不明显,业务附加值偏低,进而在一定程度上影响了市场地位和影响力。

从公开市场业务经验来看,信托公司一直将业务领域定位于私募市场,与证券公司等机构相比,缺少公开市场业务的承销与发行经验,债券承销资源储备不足,难以把控产品销售环节,这在一定程度上也影响了信托公司在产品设计和项目协调过程中发挥应有的作用。

针对上述问题,信托公司应从以下几个方面开展资产证券化业务,寻找适合自身的定位与路径。

坚守信贷资产证券化的法定受托机构定位

目前在国内信贷资产证券化业务实践中，信托公司是唯一可担任受托机构的法定机构，而其他资产管理机构，由于不具有贷款经营资格而无法受让信贷资产，也难以办理相应的抵（质）押变更登记，开展信贷资产证券化业务存在一定障碍。因此，信托公司应坚守信贷资产证券化法定受托机构的定位，充分发挥与商业银行业务交叉较多的天然优势，积极探索多种模式开展信贷资产证券化业务。同时在展业过程中，应努力提高专业能力，以资产证券化业务为切入点积极向专业资产管理机构转型。

选择开展资产证券化业务的路径

首先，提升专业能力，将公募资产证券化业务定位为基础业务。目前信托公司在公募型信贷资产证券化业务中作为发行人与受托机构，承担证券发行与存续期受托管理的职责，参与产品设计、交易文件拟定及报送、沟通等具体工作。未来信托公司应着力提升专业能力，发挥主动管理职能，在合格投资、财务核算、基础资产管理等方面发挥更大的作用，将标准化的公募型资产证券化业务定位为标准化的基础业务。

其次，发挥比较优势，将私募资产证券化业务定位为主要业务。信托公司可横跨货币、资本和实业市场经营，具备法定的破产隔离机制，具有获取各类资产开展私募证券化业务的相对优势，可将私募业务定位为未来的主要业务方向之一。为应对其他机构的竞争，信托公司应着重加强产品设计和机构客户承销推介两个方面的能力建设。这两项能力处于资产证券化服务价值微笑曲线的两端，价值回报最高。

多元化拓展资产证券化业务

第一，引入循环购买模式，对商业银行住房按揭、信用卡资产进行证券化。目前，我国公开市场主要以对公信贷资产作为基础资产开展资产证券化业务，而从国外发展轨迹看，住房按揭贷款、信用卡资产由于具有分散度高、资产同质性强等特征更适合作为证券化的基础资产。在结构设计上，可借鉴国外相关经验，通过主信托、循环购买等产品结构安排，最大限度减少现金流漏损，节约成本并提升效率。

第二，选取优质涉房资产以及商业物业开展准REITs(房地产信托基金)业务。我国房地产市场在经历高速扩张后，将面临市场调整及再定价过程，优质的具有稳定现金流的涉房资产和商业物业可以成为较好的证券化标的资产。相对于其他金融机构，信托公司对房地产行业介入程度较深，开展过大量针对商业地产的经营性物业抵押贷款及商业物业租金收益权业务，在从事REITs业务方面具有先发优势；由于 REITs属于资产证券化产品，在结构设计中必然存在SPV用以破产隔离，而信托所特有的资产隔离功能是开展此项业务的制度优势。因此，信托公司可利用在房地产业务领域多年积累的丰富经验及客户资源，通过规范准REITs的设计为中小投资者提供参与分享房地产市场稳定回报的机会。

第三，通过资产证券化化解租赁及小额贷款融资难题。与商业银行不同，金融租赁公司、消费金融公司及小额贷款公司由于业务范围集中于本地，且委托代理链条较短，在解决由于信息不对称而导致的逆向选择问题与道德风险方面具备一定的优势。然而，由于不能吸收存款而导致公开融资受限。通过资产证券化，打通融资租赁及小额贷款公司的融资渠道，充分发挥两者在中小企业融资领域的优势，或许是解决中小企业融资难的一个可行路径。

第四，抓住商业银行不良资产证券化机遇。当前，受实体经济下行的影响，商业银行资产不良率攀升，不良资产处置需求加大，而资产证券化是不良资产处置的有效手段之一。信托公司可在监管支持下，研究借鉴我国已开展过的公募不良贷款证券化业务经验，基于资产质量而非融资主体的信用，对不良贷款进行结构分层安排，使得风险与收益匹配，让不同风险承受能力的投资者购买不同层次的产品，为商业银行不良贷款处置提供一种有效手段。

第五，逐步介入合成型证券化、再证券化等复杂领域。随着证券化基础品种的增多、衍生工具的引入，再证券化、合成型证券化等高级形式或将在我国逐步得到发展。与美国次贷危机过度证券化不同，我国金融体系市场化程度以及社会融资证券化程度较低，证券化处于初级阶段。从国外市场经验来看，资产证券化只是工具，关键在于如何运用，引发次贷危机的不仅有再证券化的高杠杆，更为重要的是入池基础资产的大幅减值以及评级体系透明程度不高。因此，在准确运用的前提下，对合成型证券化产品通过引入 CDS（信用风险掉期）等衍生工具，适当开展再证券化，从而通过较小的资金量撬动更多的资本金释放，也能为投资者提供较好的投资回报。

作者：鲁债　文章来源：《中国银行业》

传统业务竞争加剧　资产证券化业务成信托公司转型抓手

2015-6-18

由金谷信托作为受托机构的"国家开发银行 2015 年第二期开元信贷资产支持证券"成功发行，发行规模为 108.24 亿元。这是 2015 年以来由信托公司发起的又一单超百亿元的资产证券化项目。此前由中信信托作为发起机构发起的"工元 2015 年第一期信贷资产证券化信托"发行规模为 113.53 亿元。自资产证券化试点扩围以来，项目发行数量及规模均有所提升，信托公司也渴望在其中占据更多市场份额。

单设部门专攻业务

数据显示，自 2012 年我国试点重启信贷资产证券化以来，银行、汽车金融公司、金融租赁公司等各类金融机构入市踊跃，信贷资产证券化取得快速发展，仅 2014 年就发行了 60 余只资产证券化产品，发行规模约 2800 亿元。截至 2015 年 6 月 16 日，本年度信贷资产证券化业务已成功发行 29 只产品，规模合计 1052.88 亿元。

据记者了解，在传统业务竞争不断加剧、金融机构之间业务趋同的情况下，信托公司将资产证券化业务作为转型路径，并提升至战略高度。金谷信托称，资产证券化业务是公司战略转型方向之一，因此特别成立了投资银行部，专门从事资产证券化业务。

对此，中国人民大学信托与基金研究所执行所长邢成分析，开展资产证券化业务将进一步提升信托公司的专业化能力和创新能力，有利于信托公司提升行业地位。同时，与银行、券商、评级机构等多方合作，也有利于信托公司发展与金融同业的竞合关系。

与此同时，政策利好也是信托公司重视该业务的主要原因。随着银监会注册制、人民银行备案制先后落地，可以预期，信贷资产证券化市场将继续扩容。从这个层面看，资产证券化或将给信托公司带来更多的发展机遇。

资产证券化中的SPV角色

据金谷信托介绍，自2013年末获得资产证券化受托机构业务资格以来，金谷信托先后为中国银行、国家开发银行、中国进出口银行、华商银行提供资产证券化受托服务，累计发行信贷资产支持证券330.89亿元，发行和受托存量资产规模位居信托行业前列。

在此次国家开发银行信贷资产证券化项目中，金谷信托承担的是SPV角色，即特殊目的载体，这也是在资产证券化业务中信托公司广为参与的方式。金谷信托相关负责人表示，信托公司是信贷资产证券化业务的法定受托机构，也是唯一伴随信贷资产证券化项目从发行期、存续期到产品清算全流程的中介机构，在维护投资者利益、维持市场稳定方面承担着重要作用，是保证资产证券化市场取得长期、稳定发展的不可或缺的角色。

但是，在信贷资产证券化中，信托公司作为受托人和发行人，需先申请特定目的信托受托人资格，目前获得该项资格的信托公司已有30余家。预计随着简政放权的进一步落实，对于相关资格的批复进程将加速。

通道地位不是出路

目前信托公司在整个业务链条中处于承担风险隔离职责的通道地位，报酬率低，市场竞争激烈。但是，不同于海外的SPV壳公司，国内信托公司是有资本金的实体公司，具有较强的资产管理能力，可以在资产证券化链条中提供更多内涵丰富的服务。

可以看到，一些信托公司立足于行业的功能优势和长期积累的资产管理经验，已经开始有所作为。比如外贸信托提出建立区别于纯通道SPV的新业务模式，构建资产证券化全链条增值服务体系，一方面在公募市场上打造全程增值服务，另一方面在私募市场上提供定制化解决方案。

另据了解，2015年5月29日，中国信托业协会信贷资产证券化业务培训交流会在北京举办，来自监管部门、中央结算公司、交易商协会、银行、资产管理公司、财务公司、汽车金融公司及各信托公司和近200位代表参加了此次培训。本次培训交流会为信托公司和业务合作方搭建了良好的沟通交流平台，同时为代表全面了解资产证券化相关监管政策、切实提高信托公司业务水平、推动创新转型步伐起到了积极作用。协会还表示，将进一步引导信托公司履行《信托公司开展资产证券化业务自律公约》，维护信托行业整体利益，实现行业健康可持续发展。

作者：胡萍　文章来源：《金融时报》

资产证券化：信托不只是通道

2015-6-29

从市场供需角度来看，资产证券化正在成为各信托公司的又一业务"蓝海"和转型目标。在参与信贷资产证券化过程中，信托公司承担的是SPV，即特殊目的载体角色。但已经有一些信托公司开始思考，能否利用功能优势及长期积累的经验，在资产证券化过程中提供升级版服务。

"资产支持专项计划+信托"模式渐成主流

2015年4月30日，由昆仑信托发起、中信建投证券管理的"畅行资产支持专项计划"成立，并于5月10日在深圳证券交易所成功发行，总规模为10亿元，发行利率为5.6%。这是第一单在交易所发行的以信托受益权为基础资产的专项计划。

简单而言，此单专项计划有三个特点：其一，基础资产是信托受益权；其二，发行地点是交易所；其三，昆仑信托是发起人。从这几点看，该专项计划既丰富了资产证券化基础资产的产品种类，又使信贷资产证券化产品在证券交易所市场发行和交易取得进一步突破。同时，昆仑信托在专项计划中充当了发起人的角色，占据了主导地位。

记者从昆仑信托了解到，与信托公司仅充当SPV通道角色不同，在上述专项计划中昆仑信托处于主导地位，主要表现在：一是基础资产的选择上，昆仑信托选择了既符合资产证券化相关规定，又适合被证券化的广东交通集团信托贷款。二是在现金流的归集和划转上，与一般资产支持证券不同，专项计划不再另设资金监管账户，由昆仑信托在交通银行广东分行设立的信托资金保管账户行使归集、监管、划付的职能。该账户为信托专项账户，可有效避免混同风险。同时，信托资金保管账户在收到广东交通集团贷款本息偿付现金流当日，即将该笔款项划付至专项计划托管账户，有效避免了资金挪用风险。

业内人士分析认为，昆仑信托开启了资产支持专项计划基础资产扩大到信托受益权的先例，为更多信托公司进入交易所市场打下良好的基础。随着"资产支持专项计划+信托"的业务模式渐成主流，信托公司有望逐渐摆脱资产证券化业务中通道角色的定位。另外，如果利用信托受益权资产支持专项计划来循环操作，仅需要小部分启动资金就可以撬动更大规模的业务。

拓宽自身角色 提供升级版服务

"鼓励开展信贷资产证券化等业务，提高资产证券化业务的附加值"，这是监管层多次强调的内容。但在实践中，诸如结构分层、现金流模型等专业技术含量较高的工作主要掌握在证券公司手中，信托公司缺乏话语权，专业能力无法提升。对此，外贸信托副总裁李银熙分析认为，境外资产证券化大多采取注册信托壳公司的SPV方式，受让发起机构证券化基础资产，实现发起方主体资产与证券化资产的独立和风险隔离。证券化结构设计、证券发行、基础资产过程管理、证券本息兑付清算等分散在各个机构，通过合理分工完成。我国境内信贷资产证券化在2005年首期试点，将信托资产独立和风险隔离法律功效引入进来，延续了信托为特殊目的载体SPV的功能。这一历史原因决定了目前信托公司在信贷资产证券化业务中的角色。

那么，在信托公司升级版的服务中，信托公司如何体现区别于其他机构的禀赋优势和专业能力？

李银熙表示，通过对境内外证券化业务结构流程进行研究可以发现，在证券化特殊目的载体的具体服务权利义务方面，作为金融机构的境内实体信托公司，与境外SPV单体信托在证券化业务职责方面存在明显的不同。境内信托公司的跨市场、跨行业的资产管理功能，可以为信贷资产证券化提供职责更清晰、内容更具体、流程更连贯的增值服务，而不应当仅仅充当资产独立和风险隔离的单体法律载体通道。在资产证券化业务方面，境内信托公司可以向交易参与者提供更多的职能，形成功能一体化全流程服务体系。

第一，在受托职责履行方面，信托公司能够尽职参与证券化实施前期、中期、运行管理期和结束期的全程服务，如信托公司可以在资产购入、证券发行、信托财产管理和信托利益支付过程中，以受托人身份积极参与入池资产标准确定、基础资产尽调、交易结构设计、信息披露、证券本息兑付清算等各项工作，成为投资者利益的全程守护者。而基于权利与义务相匹配的原则，信托公司在信贷资产证券化业务中的收益也应该与其职责相对应。一旦服务职责和收费定价关系理顺，信托公司的收费就会更加理性化和市场化。

第二，在业务能力建设方面，信托公司应积极涉足包括对公贷款、中小企业贷款、专项基础设施贷款、汽车消费贷款、个体工商户贷款等各种公募证券化基础资产，研究总结各类资产的共性和个性特征，在交易结构设计中提出相关建议，丰富证券化业务实践经验。只有服务内容的价值得到认可，信托公司信贷资产证券化业务的可持续盈利模式才能形成。

第三，在市场机构合作方面，信托公司可以发行人和受托人的身份，协助发起机构和承销机构参与部分证券化产品销售，促使投资者在证券化投资决策过程中建立起双重判断基础，即对证券化发起机构的主体信用决策判断以及对证券化存续权益保障的法定资产持有人的资产信用决策判断。信托公司如果与其他合作机构一同为证券化发起机构和投资者提供增值服务，则机构之间就能够形成合作共赢的盈利模式。

第四，在风险管理方面，信托公司应根据监管政策要求及时调整此前制定的业务流程、风控体系和规章制度，确保证券化业务操作在合法合规的要求下不断改造升级。

相关链接

2013年4月1日，昆仑信托广东交通集团信托贷款单一资金信托成立，借款人为广东省交通集团有限公司，贷款本金10亿元，贷款期限为6年，贷款利率为贷款期限相对应的中国人民银行同期限档次人民币贷款利率，贷款到期日为2019年3月31日。广东交通集团以全资子公司广东省路桥建设发展有限公司广韶分公司合法所有的京珠高速粤境韶关甘塘至广州太和段公路收费权的25%为信托贷款提供质押担保。

专项计划标的资产正是基于该信托贷款产生的信托受益权，非特定原始权益人为中油资产管理有限公司（以下简称中油资管）。计划管理人中信建投证券设立专项计划，并用专项计划资金向中油资管购买其持有的昆仑资金信托的信托受益权。专项计划存续期间，广东交通集团按信托贷款合同的约定偿付信托贷款本息。昆仑信托在收到广东交通集团偿还的信托贷款本息并扣除当期必要的费用后，其信托收益全部分配给专项计划。专项计划信用评级为AAA，全部是优先级，利率类型是浮动利率。计划管理人根据约定每季定期支付资产支持证券利息，于专项计划到期时一次性偿还本金10亿元。

作者：胡萍　文章来源：《金融时报》

首单信托主导信托收益权集合ABS详解：设三重SPV结构

2015-12-4

对于发力资产证券化对信托公司的要求，信托人士认为主要是考验信托公司发掘资产，评估资产和配置资产的能力。

近日，建信信托作为交易安排人发行了市场上首个以多个信托资产为基础资产的资产证券化产品——"嘉实建信信托受益权资产支持专项计划"（以下简称嘉实建信 ABS)。建信信托作为第一层信托计划的受托人,代表该信托计划的原始权益人并作为交易安排人主导了项目论证、方案设计、中介组织、监管沟通、推广发行等全流程服务。

此前,信托公司多作为信贷资产证券化受托人,通过 SPV 把基础资产变成信托资产,起到风险隔离的作用。但此类业务多为银行主导,信托公司若仅充当 SPV,在同质化的竞争中项目利润微薄。

值得注意的是,随着信托公司资产证券化业务的推进,信托公司在业务流程中充当的角色也开始出现了变化,从"参与"变成了"主导",从"受托人"转变为"交易安排人"。未来预计会有越来越多的信托公司看到企业资产证券化的利润空间,拓展业务蓝海。

建信信托主导首单信托受益权集合 ABS

2015 年 11 月 27 日,由建信信托作为交易安排人的嘉实建信 ABS 成功发行,并在机构间私募产品报价与服务系统挂牌交易。该产品是市场上首个基础资产为多个信托资产打包的资产证券化产品,且增信措施采用的是优先级/次级结构分层设计,回归了资产证券化业务依托于基础资产现金流自身的风险水平而与主休信用相隔离的本源。

嘉实建信 ABS 采用了"信托+信托+资产支持专项计划"的三重 SPV 结构,实现了基础资产的真实出售。该项目负责人对《证券日报》记者称,建信信托作为第一层信托计划的受托人,代表该信托计划的原始权益人并作为交易安排人主导了项目论证、方案设计、中介组织、监管沟通、推广发行等全流程服务,体现了信托机构在资产管理领域的优势。

该产品优先级资产支持证券发行总规模 26 亿元,包括优先级 A 档 24 亿元,评级 AAA,期限 22 个月;优先级 B 档 2 亿元,评级 AA+,期限 22 个月;次级规模约为 1.7 亿元,无评级。产品推出后获数倍超额认购。

布局企业 ABS SPV 向交易安排人转变

目前我国的资产证券化工具主要分为三大类:人民银行和银监会主管的信贷资产证券化、证监会主管的企业资产证券化和交易商协会主管的资产支持票据(ABN)。

此前，信托公司多作为信贷资产证券化受托人，通过SPV把基础资产变成信托资产，起到风险隔离的作用。但有业内人士坦言，信贷资产证券化均为银行主导，券商承销，信托公司若仅充当SPV，在同质化的竞争中项目收费极低，然而仍要参与项目结构交易设计、文本撰写、项目审批报备、费用清算等工作，工作烦琐，耗时长，有点得不偿失。

信贷资产证券化能够给信托公司带来的利润微薄，据业内人士介绍，信托参与信贷资产证券化费用有两种计算方式：第一种是按规模计算，可能在万分之一到万分之五；第二种是按数量计算，一单业务收费30万元左右。

显然信托公司并不会满足于通道角色和微薄的利润。2014年11月19日，证监会发布《证券公司及基金管理公司子公司资产证券化业务管理规定》及配套文件，企业资产证券化的业务行政审批取消，正式实施事后备案制和基础资产负面清单管理。之后，信托公司开始涉足企业资产证券化业务。

值得注意的是，信托公司在资产证券化中的角色也开始出现了变化，从"参与"变成了"主导"，从"受托人"变成了"交易安排人"。据嘉实建信ABS项目负责人介绍，建信信托充当了项目的发起人、受托人、交易安排人，并实际主导了该产品的销售工作，大公国际资信评估有限公司担任项目的评级机构，嘉实资本为项目管理人。由信托公司主导的企业资产证券化产品，在业内也位居前列。

此前，中信信托也曾主导发行"中信·茂庸投资租金债权信托受益权资产支持专项计划"，成为国内首单直接以商用物业租金债权为基础资产的企业资产证券化业务。

"从参与到主导，很直观的好处就是利润的提升。从前我们从主导方手中分取项目费用，现在我们作为原始权益人和交易安排人，给其他参与方分拨项目费用。未来越来越多的信托公司会看到企业资产证券化的发展前景，这也将是信托公司一个新的利润增长点。"上述项目负责人表示。

负面清单作指引 基础资产多样化可期

进入2015年第四季度以来，信托业资产证券化业务屡传佳讯，先有中信信托发行国内首单物业租金债权ABS，后有外贸信托参与国内首单微贷信托受益权ABS，建信信托主导国内首单信托受益权集合ABS成功发行。

从早期的个人住房及汽车金融等零售信贷，到信用卡、应收款，再到物业租金债权和信托受益权集合，信托资产证券化产品的基础资产日益多样化。

2014年末公布的资产证券化基础资产负面清单实施穿透原则，明确了不投向负面清单中所述资产的信托受益权均可以作为企业资产证券化业务的基础资产，为企业资产证券化基础资产的多样化扫清了障碍。

以嘉实建信ABS为例，以建信信托自持的多款存量信托计划为基础资产，打包成资产证券化产品，基础资产都是信托公司挑选的优质资产，因此在市场上反响热烈。

"该产品是标准化产品，于银行而言资本占用少，同时在一定程度上增强了资产的流动性，因而受到银行青睐。"项目负责人对《证券日报》记者表示。

对于发力资产证券化对信托公司的要求，上述信托人士认为主要是考验信托公司发掘资产、评估资产和配置资产的能力。

作者：王东君　文章来源：《证券日报》

五、互联网信托的探索与创新

互联网思维下的现金管理类信托

2015-3-23

现金管理类信托在流动性管理领域具有差异化的特色优势，可以作为留住既有客户的有效手段，实现客户对资产保值增值的需求。在过往业绩与管理规模方面，优秀的现金管理类信托产品具有显著的竞争力。目前，多家信托公司已经设立了不同系列的现金管理类信托产品。例如，中信信托的信惠现金管理类集合信托计划、华宝信托的现金增利产品以及中航信托的天玑聚富集合资金信托等，大多具有稳定规模并达到了预期收益，在不同的期限与收益范围内具有各自的比较优势。

然而身处互联网金融时代，面对来自券商、基金、银行同类产品的激烈角逐，现金管理类信托产品如何避免同质化竞争，需要深思设计，更需要果敢尝试。个人认为，在植入互联网思维的前提下，充分结合社会媒体与自媒体的有利基因，现金管理类信托在提升客户体验、精细化客户服务方面仍大有可为。

当传统金融开始拥抱互联网，新的规则和策略也必然相伴而来，这对于产品供给方是一种冲击，但是对于产品消费方却是一种福利。

其一，在以产品为中心的视野范围内，相对于产品设计与发行，特色营销与客户服务属于边缘地带。然而，在互联网经济时代，边缘地带往往成为创新的起点，对既有主体造成冲击甚至解构。因为边缘地带没有旧秩序的束缚，轻装上阵，自由开拓，可以达到反客为主的效果。余额宝类产品的涌现与盛行就是以支付手段创新为出发点，进而发掘客户对现金管理的需求，然后提供相应的流动性管理产品供给，最终对传统的银行存款造成巨大冲击。推及现金管理类信托产品，也需要借助先进的网络技术手段，在合规范围内最大限度地发挥信托制度的灵活性，创造客户需求，反过来推动产品设计的更新。

其二，根据网络经济的回报递增理论，网络价值增长随着用户数以指数级的速度增长。不同于传统工业经济高投入高回报、低投入低回报的线性增长，互联网时代的增长是集群式的非线性增长。最为典型的特征是社交网站的客户获取能力。以2015年春节的微信红包为例，根据财付通的官方数据，除夕夜微信红包收发近10亿次。仅仅凭借对银行转账小额交易频次的技术优化以及借力拜年发红包理念的线上应用，就达到了如此井喷的效果，充分体现了网络化的新平台在获客能力方面的卓越性。除此之外，就微信平台的推广及推送功能而言，微信订阅号以及服务号的运行模式在迅时性与个性化方面为提升现金管理类信托的客户服务水平提供了合理的想象和创新空间。在利用微信平台方面，多数信托公司早有布局。如中航信托推出了中航财富、中航资管、中航研究微信公众号，布局中航信托的线上品牌建设。

其三，在以追求开放、共享、平等的互联网规则体系下，信息不对称的孤岛现象得以有效解决。客户对产品的信赖始于知情，客户只有在充分知情的情况下作出自主的判断和选择才能形成并维系客户间的良好口碑，而有效及时的信息披露则是产品及服务提供商满足客户知情的必要手段，更是符合相关监管要求的必要条件。现金管理类信托本质上是对信托资金的流动性管理，实时信息的捕捉与判断是管理波动性的必要视角，也会对客户的投资收益产生更为敏感的影响，自然是客户关注的焦点。由此，利用互联网的迅捷技术进行准确适时的信息披露是资金管理类信托维护客户信任关系的基石。

优化客户充分知情的重要举措是借助于微信服务号，帮助客户实现实时的账户信息查询。就现金管理类信托产品而言，具体包括最新收益、累计收益、交易明细以及不同时段的收益率表现等核心信息。中航信托的微信资管服务号已经针对其现金管理类的旗舰产品设计开发并实现了上述功能，并且为下一步即将实现的网上交易奠定了基础。

其四，进一步就客户与产品及服务的关系而言，如果说始于信任源于客户对既有品牌的认知，那么终于信任则在于不断提升的客户体验。相对于产品设计而言，客户体验是一种基于信任的软文化构建，需要更多的互动与关怀。在现金管理类信托中，这种与客户的互动以及对客户的关怀体现在产品介绍、申购、赎回、信息查询等各个环节。互联网移动终端的用户友好与便捷特性能够为优化现金管理类信托的客户体验提供切实助力，在为客户实现资金保值增值目的的基础上，创造体验式的沟通，加强与客户联系的纽带。

培养互联网思维、植入互联网基因是金融服务供应商应对互联网金融的必选路径，不断涌现的互联网因素必然会逐步渗透到金融产品与服务的各个层面。与其消极应对，不如积极拥抱。中航信托从现金管理类信托切入，以拥抱互联网、立足金融服务的整合思维，不断优化客户服务，为客户提供以需求为导向的金融服务。

作者：袁田（中航信托）　文章来源：《金融时报》

信托业应拥抱互联网

2015-7-8

随着移动互联网和物联网的兴起，社会生活发生了深刻变化，传统行业面临被重塑，新兴行业不断被催生。有人说，以实现万物互联为己任的互联网，就像蒸汽机和电能发明发现一样，将会发挥划时代的巨大作用。无论你是否情愿，都将被以开放、平等、互动、低价、高效、信息透明、客户需求导向、重视用户体验、随时随地提供服务为主要特征的互联网大潮所包围和改变。面对席卷而来的"互联网+"浪潮，相比银行、证券、保险等金融机构积极尝试的态度，素以触觉灵敏、决策果断、行动迅速著称的信托业，却只有少数几家公司勇于探索，大多数公司的表现显得过于持重。这固然与信托产品的高端私募定位和客户群体年龄结构偏大有关，但互联网思维尚未真正进入很多信托公司决策者的视野和头脑中，也是重要的原因。奋起直追，时犹未晚，信托业应审时度势，燃起热情，主动拥抱互联网。

信托公司层面：积极推进"信托+互联网"

近年来，随着信托业的迅猛发展，尤其是证券信托业务的推进，一批信托公司的IT建设大有改观。但是，由于缺乏对互联网认知程度较高的高级管理人员和关键人才，在与互联网深度融合的进程上，信托公司相对保守。目前，只有少数几家信托公司有实质性动作，如长安信托、四川信托、中江信托、平安信托开始发布互联网金融岗位的招聘信息，招募相关管理、技术和推广岗位的人才。在这种情况下，信托公司不妨以现有业务和产品为基础来"互联网+"，第一步，先接触互联网，了解互联网；第二步，熟悉互联网，掌握互联网，借助互联网的工具和技术，使信托公司的运营效率和服务品质得到显著提升。

首先，信托公司可以借助互联网进行品牌传播。目前，由于信托公司不能在各地设立分支机构，知道信托公司、了解信托业务、购买信托产品的主要是直辖市和省会城市等信托公司注册地的居民和企业。互联网的一大特征是能够极大地突破地域的限制，信托公司运用微信平台的推广功能，建立自己的微信订阅号，将行业新闻、公司新闻、业务内容、产品信息推送给订户，有助于让更多的人了解信托业和信托公司，发现其感兴趣的业务和产品。比如中航信托推出了包括中航财富、中航资管、中航研究在内的多个微信公众号，构建中航信托的线上品牌。但是，普遍而言，信托公司的微信订阅号存在庄重有余、活泼不足，缺乏策划和创新，内容千篇一律，转发他人文章较多等毛病，对受众的吸引力不强，阅读量也不够高。若要在数不胜数的微信订阅号中脱颖而出，信托公司尚须下更大的功夫。

其次，信托公司可以利用互联网组织精准营销。借助互联网与客户互动，进行大数据的采集和挖掘，从而掌握投资者的风险收益特征。一方面，信托公司可将成熟的信托产品主动推送给事先认定为有潜在需求的投资者，做到精准营销；另一方面，在研发出新产品（尤其是收费型投资类产品）后，可以在现有客户中识别出有投资意向的群体，面向他们进行有选择的推广，避免营销资源的浪费和无效营销。

再次，信托公司可以运用互联网提升客户服务水平，改善客户体验。例如，信托公司可以为客户（可细分为不同等级的客户）提供信托产品预订服务，帮助他们预先锁定投资机会，可以为客户提供网上支付服务，使其能使用移动终端划付信托资金，省去现场刷卡之劳，可以为客户提供网上信息查询服务，使其能随时随地了解所购买产品的信息和信托项目的运行情况。此外，借助互联网，信托公司可以快捷地处理客户提出的意见、建议和投诉，迅速响应客户的诉求。这些高效的沟通方式和符合现代人使用习惯的业务办理方式，将给客户带来良好的体验，显著增强客户的黏性，提高客户的忠诚度。

最后，信托公司可以运用大数据服务提高风险管理水平。例如，信托公司面对的融资客户来自全国各地和各行各业，既有企业也有个人，常规的尽职调查手段比较单薄，很难透彻地掌握交易对手的各方面情况。现在已经有互联网企业利用公开信息，收集海量的企业和个人数据，包括公司法人、市场主体、招中标数据、行业平均财务指标、产业政策、法律法规、商标数据、专利数据等，以此为基础提供大数据服务，挖掘目标公司的完整关联方，并以图形方式展示目标企业族谱，帮助信托公司全面深入地获取企业和个人信息，勾勒出交易对手的全貌，发现隐蔽的风险点，避开埋在其间的"地雷"。

子公司层面：大胆探索"互联网+信托"

在逐步了解、熟悉互联网后，信托公司可与互联网公司开展战略合作，构建信托子公司，在互联网的平台上运营业务，运用互联网思维开发产品，利用互联网工具提供金融服务，使用大数据技术进行风险管理，实现"互联网+信托"。在这方面，中信信托走在业内的最前沿。在以消费信托试水互联网金融之后，2015年5月初，中信信托与网易、顺丰快递三方合作，率先成立了互联网金融业务运作平台——深圳中顺易金融服务有限公司，中信信托全资子公司中信聚信为第一大股东。据了解，中顺易将致力于互联网金融，同时还将构建产业、金融紧密结合的互联网经济发展框架，并开展网上商城相关业务。

虽然信托子公司在"互联网+"方面的探索才刚刚开始，尚未积累下丰富的实践案例，但结合信托与互联网的特点，我们仍可以展望未来，描摹出"互联网+信托"的诱人前景。

一是成为P2P（网络借贷）、众筹等互联网金融正规化的途径。从"一法两规"出台后信托业的发展历程来看，它在客观上起到了推动民间金融正规化的良好作用。社会上有很大部分原本打算参与民间金融活动的资金转向投入信托，信托业的严格监管、信托公司的尽责履职，使人们不仅享受了较高的投资收益，还获得了很高的安全性，从而大大降低了我国金融市场的整体风险；而一些原本需要支付高额贷款利息的民营企业，取得了成本合理的信托融资，也大大减轻了经营负担，实体经济发展由此得到了有力支持。目前，P2P、众筹等互联网金融，经过一段时期的自由生长后，陆续暴露出了一些风险，其原因是缺少监管约束和行业标准，信用体系尚不健全，特别是不少互联网金融的创业企业缺乏风险意识和风险管理的技术手段。信托子公司大力开展P2P、众筹等互联网金融业务，以其规范的内控体系、严格的风控标准、丰富的风控手段、自觉的责任意识，既可为互联网金融行业树立起较高的展业标准，提升行业形象，又有利于推广以切实履行忠实义务和谨慎义务为核心的信托文化，建设和谐有序的互联网金融生态。

二是构建信托产品以及其他金融产品的网上交易平台。信托产品的长项是高安全性和高收益性，短板是流动性差，这是制约机构投资和发行较长期限信托产品的主要因素。信托子公司利用互联网技术构建网上交易平台，协助投资者转让信托产品，或者进行受益权质押回购融资（这可以对接 P2P 业务），既有利于期限较长的投资类产品的发行，也有利于信托产品的风险在不同的投资者之间进行分散和分担，增强信托产品的市场竞争力。

三是拓展风险控制的深度和广度。例如，针对信托公司融资客户分布较广、缺少业务人员驻守现场的现状，信托子公司可以开发一套经营管理软件提供给融资企业使用，并将该软件通过互联网接入信托子公司的监测平台，从而运用大数据技术实时汇集、分析、预警企业经营状况，一旦发现有异常变化，便可及时采取措施。又如，对异地企业的抵押物（特别是流动资产），运用物联网技术不间断地实时监控，可及时发现异常情况并予以制止。

四是运用 O2O（offline to online，线下线上电子商务模式）开发消费信托产品。消费信托的目的是消费服务权益增值而非资金增值。据了解，中信信托与不同机构合作，已推出酒店居住类消费信托产品——"一千零一夜"，电影类消费信托产品——"黄金时代"，以及养老类、黄金饰品类消费信托产品，近期还将推出家电、教育、图书、通信等多款消费信托产品。

五是借助互联网金融支付的灵活便利性开发公益信托和现金管理类信托产品。随着社会进步，人们参与公益事业的热情不断提高。但是，当前各类基金会运作的公益项目存在参与不够便捷、信息不够透明、可信度不足、运营成本高等弊端，而公益信托本身具有制度严明、监管严格、管理规范、信息透明、成本低廉（信托公司出于履行社会责任和提高自身形象的考虑，初期还可提供免费服务）等优点，配以互联网技术，一方面可以方便人们随时随地捐赠公益信托项目，另一方面可以方便捐赠者实时了解公益项目的实施进度和效果，并可与受益对象建立在线联系，使人们能够更好地全程参与公益项目，而不仅限于捐款的一刻，这将极大地提高人们参与公益项目的兴趣和积极性。此外，现金管理类信托产品也非常契合互联网金融的特点，在互联网平台上大有用武之地。

监管层面：制度创新促进"互联网+信托"

与国家鼓励互联网金融发展的态度相一致，对于信托公司开展互联网信托业务，监管机构应该是乐见其成。但是，由于现有法规将信托公司的主要产品——

集合资金信托计划定位为为少数合格投资者（高净值人士）服务的高端私募金融产品，无形中在互联网信托的发展道路上竖起了很高的壁垒。在互联网思维下，是时候进行监管制度创新，适当改变过去曾经行之有效的规则了。

实事求是地看，过高的信托投资门槛，过小的合格投资者范围，的确与平等、共享、分散、小额参与的互联网精神相去较远。事实上，当初确定只允许家庭资产或年收入达到一定标准的少数人士成为享受信托服务的合格投资者，本意是为了控制风险，杜绝那些因资产不足而无力承担风险的群体涉足风险高于银行存款的信托领域。但是，在实践中，却时常出现一些家庭倾全家之力甚至数家之力，汇集到足够的金额参与信托投资的情况，导致该类投资者的投资风险过于集中，同时也使信托公司承担了不能承受之重，难以按照市场规律和合同约定打破刚性兑付，并且还因吸纳的单笔资金规模要求较大，不得不支付给投资者较高的收益率。这样做，实际上是增大了信托领域的风险。如果我们换一种思路，借鉴众筹的做法，针对单个产品，规定投资者单笔投资的上限而不是下限，大大降低投资者对单一产品的投资集中度，无疑也将分散其风险，有助于打破刚性兑付，同时也有利于信托公司降低筹资成本，促进信托资金进入更广泛的实体经济特别是新兴经济领域。而对于公益信托，参与的门槛应该设置得更低，比如人们愿意投入10元、20元，也应该热情欢迎，毕竟爱心无别、情义无价。

与此同时，在互联网金融时代，既然可以将信托投资的单笔金额大幅度降低，也就有条件破除参与信托投资的人数限制，让大众都有机会享受信托服务，从而使普惠金融在信托领域落到实处。

作者：陈赤（中铁信托）　文章来源：《中国金融》

消费信托搭上互联网、物流巨头中融金服 专解"流动性"症结

2015-7-24

互联网信托的探路之旅

传统信托产品非标、私募的特性使其与互联网"流量为王"的优势并不契合，相对其他金融行业来讲，信托与互联网的结合似乎"慢半拍"，不过在转型压力与互联网金融的冲击下，信托公司基于互联网开发产品的案例也在逐渐增多，并衍生出诸多特色鲜明的新生态。

消费信托如何"O2O" 中信、网易、顺丰三家合谋

作为近年来新兴的信托创新产品，目前已有中信信托、西藏信托、长安信托、北京信托等多家信托公司推出消费信托相关产品。

事实上，以记者从部分信托公司了解的情况来看，消费信托与信托公司打造的基于集合信托产品特性的开发、销售体系并不契合，目前仍处于尝试阶段，尚不满足大规模开展的条件。

作为消费信托首倡者的中信信托已将消费信托作为其布局互联网金融的切口。2014年9月，中信信托与百度百发合作，推出挂钩电影"黄金时代"的消费信托产品，利用互联网"大数据"进行了票房等指标的预测，开启了互联网信托先河。

中信信托副总经理李峰曾对记者称，消费信托必须是O2O的过程：线上是一个虚拟世界，在这里消费信托要完成信息流和资金流的交换，但是需要有线下人流和物流的配合，人流是服务，物流是物的到达，只有这四者完美结合，才能提供消费信托最完备的服务。消费信托背后是一个很长的服务链条，需要金融与产业方合作进行开发，而服务链条的搭建是长期的系统工程。

目前，中信信托负责互联网金融、消费信托业务的子公司也已成立，并拉上了互联网及物流巨头。根据工商资料显示，2015年5月，中信信托联合顺丰、网易在深圳前海成立深圳中顺易金融服务有限公司（以下简称中顺易）。中顺易注

册资本为10亿元，其中，中信信托子公司中信聚信（北京）资本管理有限公司出资4亿元，杭州网易投资有限公司以及深圳市顺丰投资有限公司分别出资3亿元。其名为"我+"的官网已初步搭建，后续发展值得关注。

除中信信托以外，百瑞信托博士后科研工作站研究员陶斐斐对《证券日报》记者表示，百瑞信托始终关注互联网金融业务模式的研究，也与多家互联网机构建立了战略合作关系，目前正积极推动"消费信托+众筹"等互联网金融创新项目。

开放式平台 平安、川信探路

对于信托如何发展"互联网+"业务，《中国信托业发展报告2014—2015》提出的路径之一是寻找第三方，构建金融超市。在各类金融机构中，信托公司素有"金融百货商店"之称，因而具有特别的优势。

目前包括平安信托、四川信托、陆家嘴信托等都有尝试。

其中，四川信托旗下锦绣财富定位为：不仅仅销售四川信托的产品，还将引入外部产品，搭建开放的产品平台，客户在该平台上，不仅可以获得各信托公司发行的优质信托产品资讯，还可获取证券公司资产管理计划产品、基金子公司资产管理计划产品、银行理财产品及私募股权投资产品等各类产品资讯。

而目前普遍认为发展较快的，则是平安集团2014年11月推出的平安财富宝，其主要依托移动客户端平台，集中多种投融资服务。目前该平台累计用户数近70万人，平台交易量近450亿元，交易客户户均资产达15万元。

不过，对于大部分信托公司来讲，推行类似的开放式平台仍面临较大阻力：平安财富宝有平安集团的支撑，其推出的面向不同需求的投资品种能吸引到流量，而其他平台则难以获得类似支持，此外还存在同业竞争、企业支持力度不足、内部认同等问题。

除上述信托公司以外，还有信托公司推出O2O性质的互联网平台，如山西信托的"托富盈"，通过该平台为该地中小企业提供资金支持，同时为中小投资人提供风险系数低、收益适中、保障性高的理财产品。

求解"流动性"症结 中融金服尝试金融产品增信

信托产品登记制度的缺失，信托产品的流动性一直是困扰信托发展的一个症结。而包括信托公司、互联网平台企业等均通过多种方式求解信托产品流动性。

其中，中融信托旗下的中融金服或是信托业内第一家专注金融产品受益权转让市场机会的互联网平台。该平台的借款人均为合法购买金融产品的高净值客户（自然人或机构），并以其持有的信托计划受益权作为增信措施进行融资。

资料显示，中融金服运营方深圳中融融易通互联网金融服务有限公司的控股方为北京中融鼎新投资管理有限公司，是中融国际信托旗下专业从事股权投资的全资子公司。中融金服是中融信托转型的主要方向之一。

记者浏览中融金服网站，其目前"金融产品增信项目"已推出五期并全部售罄，用于增信的信托计划均属中融信托，不过据中融信托有关人士透露，在条件成熟后将会逐步扩大标的范围。

作者：徐天晓　王东君　文章来源：《证券日报》

互联网信托之制度增益与挑战

2015-9-28

古老而灵活的信托制度如何面对"互联网+"时代显然是一个开放的新命题，信托制度的发展历史证明，作为"一项优秀的财产转移与财产管理制度"，信托制度具有充分的制度弹性与能力应对创新和变革。当互联网携新思维、新技术、新业态席卷而至，会为信托制度带来增益空间，对信托制度的核心要素即委托人、受托人及信托文化提供制度改善及结构优化机遇，但也会对既有规则造成冲击挑战。对于前者，信托执业者需要立足制度本质，主动发挥信托制度优势；对于后者则要防范金融底线，审慎捕获创新机遇。

互联网思维植入信托制度：委托人需求增益与投资者范围挑战

按照信托制度原理，信托目的以满足委托人需求为宗旨，委托人的意愿贯穿信托制度运行的始终，具有导向性和持续性，是衡量信托制度价值实现的核心标准。虽然业界对互联网思维尚未形成通识定义，互联网思维中"用户至上"的理念以及对用户体验的极致追求，与信托制度对委托人意愿的尊重与维护具有内在契合性。无论是谷歌将"以用户为中心"作为十大信条之首，还是阿里巴巴将"客户第一"置于核心价值观首位，抑或是奇虎360将"体验为王"作为实践互联网方法论的重中之重，在互联网行业翘楚的视野中，需求端得到最大程度的渲染，产品及服务从供给端向需求端近乎垂直地倾斜是互联网思维中用户思维的最佳诠释。

（一）互联网思维有益于强化委托人需求导向

互联网思维对深度发掘并满足信托客户需求具有强劲驱动力。追溯历史发展脉络，我国信托业发展起始于商事信托，从"类银行"补充业务逐步形成独立金融业态。产品端的资金投向需求通常先于客户端的资金来源需求，信托产品供给先于客户需求在一定程度上是信托业发展的历史情结，信托资金投向的统计数据指标目前仍然是呈现信托行业发展规模的核心方式。

在此背景下，互联网思维的植入会激发信托公司从创造客户需求、对接客户需求向寻找客户需求、尊重客户需求转化。例如，为了满足信托客户对期限灵活、资金投向标准化的投资需求，近两年诸如上海信托、华宝信托、中航信托等大型信托公司陆续推出现金管理类产品，以弥合传统信托产品期限长、投向非标准化的产品线短板。同时，受启于"宝宝"类互联网金融产品的线上策略，信托公司通常将现金管理类产品与网上信托联袂推出，除了实现产品预约、账户信息、投资收益在线查询等基本功能外，还积极拓展网上交易模式，不断提升客户体验，拉近产品供给与客户需求的线上距离，增强客户感知公司为其提供长期持续服务的存在感。

（二）开展互联网信托业务不应必然降低投资者门槛

在代表普惠金融的互联网视野中，代表高端理财的信托客户是"小众"而私募的，因为《信托公司集合资金信托计划管理办法》对合格投资者及信托计划的推介方式作出了严格界定，投资者的范围无疑被限缩了。因此，降低合格投资者门槛似乎成为信托执业者开展互联网信托业务顺理成章的诉求。

对此问题不能一概而论。合格投资者的设置依据在于针对特定资本市场的特定类型金融产品，基于风险认知与承受能力的考虑，对交易主体资格的保护性限制，也是维护市场秩序的有效手段。因此，公募基金、私募基金、股指期货等不同交易场所和投资品种具有不同的合格投资者认定标准。合格投资者的制度设置具有充分合理性，只要存在特定资本市场条件与特定金融产品类型，且其投资风险与压力不是普通公众所能认知和承受的，就应该设置相应的资质标准。

互联网信托业务本身也是针对金融产品的投资，互联网思维虽然能够改善需求端获客能力和范围，但是并不意味着可以提升客户风险认知水平及能力，或者降低投资端的风险，这也就解释了网上"百元信托"的违法性，这种拆分法实质降低了客户端门槛，但是没有降低产品端的投资风险。反之，如果互联网信托业务产品端的投资风险与交易结构发生了变化，例如上述现金管理类信托，资金投向为低风险、高流动性、标准化的投资产品，那么相应合格投资者界定就需要调整与之匹配，"一刀切"的合格投资者认定标准同样不具有妥适性。

不同于资本市场其他领域的金融产品，信托产品交易结构与风险收益具有复杂性，针对不同风险等级的产品设置相应合格投资者标准具有现实性和迫切性。可以说，在一定程度上互联网思维触发了信托执业者对合格投资者改善既有认定规则的诉求，但是互联网本身并不构成降低投资者门槛的合理性依据，合格投资者认定标准的差别化应当取决于投资金融产品的差别化以及投资者自身能力的差别化，这是投资金融产品的底线，不应因为互联网思维而改变。

互联网技术切入信托公司治理：受托人创新业务模式增益与受托人受信义务标准提升

如果将互联网定义为一种通用目的技术（general purpose technology），那么就意味着：一方面，互联网不会仅停留在概念与思维层面，而是会像蒸汽机技术一样会对人类社会生活产生全方位影响，具有颠覆性的技术价值；另一方面，互联网从技术应用或技术投资转化为成熟生产力通常需要较高的时间成本，也就伴随相应的投资风险。根据阿里研究院的界定，互联网技术依托的要素基础可以区分为信息技术（information technology，IT）与数据技术（data technology，DT）两种工具。前者以控制节点为出发点，集中体现为"软件+硬件"；后者以激活生产力为目的，依托于"云计算+大数据"。相对而言，信息技术以自动化、具象化为基础，具有静态化特征，可以作为处理内部数据、实现信息控制管理的有效工具；而数据技术以海量、开放为依托，具有动态化特征，可以作为处理外部数据、实现商业模式开发的创新工具。

作为具有巨大体量规模的金融子业，信托行业2015年上半年管理的信托资产规模已经迈入15万亿元时代。信托行业本身就是一个巨型信息数据库，同时也是承载海量数据过往的金融平台。信息技术与数据技术对信托行业不可或缺。信托公司作为受托人对信息技术与数据技术的应用直接反映其审慎经营的风险治理水平以及创新业务开发的核心竞争力。

（一）受托人利用数据技术有利于信托业务模式创新

信托公司的外部数据主要指业务数据，数据技术的开发与处理能力具有主动性和商业价值。大数据应用是信托业务模式创新的有力武器，可以细分为传统产业的大数据与互联网经济的大数据两个范畴。

针对传统产业及行业开展的信托业务，大数据可以作为优化和变革业务模式的有效手段。例如，信托公司在参与供应链金融业务过程中，从关注企业主体信用的传统定点融资向聚焦企业交易过程的动态融资转变，关键在于对全产业链数据及信息的获取与分析能力；又比如，在资产证券化业务中，基于投资需求寻找可证券化的基础资产，将其进行结构化分层定价并实现稳定的现金流管理是衡量信托机构主动管理能力的核心。尽管信托公司可以与数据提供商及服务机构通过外包或者合作形式实现对上述外部数据的应用，但是信托公司自身对数据的解读与判断能力是业务模式创新的核心所在。

这种能力针对互联网经济的大数据运用更是如此。在流量决定流行、场景控制产品的互联网经济中，数据本身即资产。投资互联网经济本质上可以说就是投资数据。鉴于互联网经济尚处于新型经济业态的生成阶段，基于数据的风险投资能力是信托公司作为金融服务商的核心能力，也在相当程度上决定了投资互联网商业模式的成败。由此，受托人履行谨慎投资义务的判断标准也应相应提升，以切实保护信托受益人利益。

（二）受托人运用信息技术是衡量受信义务的从严标准

相对于外部业务数据的开放性和动态化，信托公司的内部数据主要是指经营数据，信息技术处理应是以安全审慎为原则，是受托人尽职履行受信义务的应有之义。如前所述，海量的外部业务数据以及规模日益庞大的内部经营数据对信托公司履行信息处理义务的尽责标准提出了更高要求。传统信托法原理下的受托人对信托财产分别管理的义务以及具体账簿管理方式面对当下的信息处理需求显得过于笼统和简单，在义务履行层面应体现更审慎的尽责标准。鉴于信托公司的金融机构属性，信托公司的经营数据受到严格的金融监管，须纳入金融监管机构及行业自律组织对信托行业监管及监测的风险管理体系。因此，信托公司有关信息处理的受信义务标准应由监管机构纳入统一的规范体系评价。

2014年8月，银监会下发《信托公司监管评级与分类监管指引》，确立了评价信托公司治理水平的政策原则，但鉴于目前监管部门尚没有推出具体配套执行的风险评级指标，各信托公司基础经营数据信息的采集、分析、评价尚需进一步的标准化、规范化指引。建议监管机构尽快制定并推出完善的行业风险评级指标体系，将信托公司的信息处理系统作为统一的行业基础设施构建，以作为实现信托行业统一评级体系的基础依据。

综上所述，以信息技术与数据技术为表征的互联网技术为信托公司的业务模式创新提供了机遇与工具，同时也提升了受托人履行受信义务的标准。信托公司业务创新与内部运营的数据化管理水平会成为评价信托公司治理水平的新要素。

互联网生态融入信托文化：信任共同体增益与信任成本挑战

腾讯CEO马化腾先生对"互联网+"国家战略行动解读时指出，连接一切是"互联网+"的本质，并提出了建设连接一切互联网生态的构想。在互联网生态中，连接一切的基石在于信任与信用。鉴于信托制度所依托的信任机制与其具有同质性追求，互联网生态的运行对于信托文化培育具有借鉴意义。

（一）互联网生态可以作为培育信托文化的途径与方式

在互联网构建的扁平世界中，信息不对称问题在一定程度上得以解决。正如美国学者在探讨互联网革命的著述中所揭示的："在社交媒体时代，胜利者和失败者之间的差别非常简单。成功不再是精美的包装和被严格控制的信息，每个人都能看到你在做什么，最重要的价值就是透明、诚实和可信。"在由陌生人组成的现代社会，信任与不信任交替存在。委托人与受托人之间的信托文化作为一种社会文化需要漫长、复杂的成长过程。但在互联网生态的作用下，现代社会已经变得不再那么"陌生"，委托人与受托人的信托机制也增添了多样化的表达方式和实现手段。

以客户与产品的互融生态为视角，信托客户线上账户管理体系的建立旨在以丰富的产品线提高客户黏性，博得客户持久信任，闭合客户资源，形成客户与产品互融的生态圈。以委托人与受托人的互动生态为视角，受托人通过各种媒体及自媒体方式，如微信、微博、官网等方式展示公司及产品，连接线上、线下活动，增进委托人对受托人的了解和信任。由此可见，多样化的网络互联可以帮助委托人更深入地了解信托知识和信托文化，也是受托人开展投资者教育和了解客户需求的便利、有效方式。

（二）互联网生态对构建信托文化的信任成本带来新冲击

不同于一般的社会信任关系，金融文化中的信任基础不是亲情与友情的信任，而是基于信用和信息的信任，信息安全以及信用征信是构建金融生态的必要信任成本。具有私募性质的信托文化尤为重视客户信息的私密性，保护客户信息安全也是受托人的应尽义务。特别是在家族信托业务中，面对高净值和超高净值客户，个性化服务的前提是客户信息的透明化，受托人对客户信息的采集与利用须严格受制于信息安全的制约。信息安全同样也是互联网生态健康发展的核心所在，只有安全基础上的分享和共享才是可持续的信任基础。因此，在互联网信托业务背景下，对委托人信息安全的尊重与维护不仅是信托从业者与信托公司之间签署保密协议的合同范畴，更是信托从业者代表信托公司履行受信义务的信托范畴。

就构建信托文化的信用成本而言，互联网数据技术的出现与成熟使得金融行为数据采集与分析成为可能。征信标准也从以往静态的资产标准和主体标准向动态的行为标准和场景标准转化，但是多样化的评价标准对控制信用风险具有多面性，征信标准及方式的多样化并不能改变金融风险本身，而是改变了评价金融风险的视角。

随着国家对个人征信牌照的放开，征信机构主体的多元化与征信市场的商业化运作会导致征信标准的多样化，如何在不同的评级标准和评价方式中选择需要征信需求方的评价判断。由此，当信托公司作为征信需求方面对交易对手时，不仅要履行尽职征信的注意义务，还要履行避免与征信机构发生道德风险及逆向选择的忠实义务。通过合规、妥适的征信标准构建与交易对手的信任关系，进而维护受益人利益，融入信托文化的整合信任体系。

小结

互联网信托是信托制度融入互联网时代和互联网生态的接口，是信托公司借助互联网思维、互联网技术、互联网经济开展信托业务的方式或业态。一方面，互联网信托可以成为完善并增益信托制度价值的助力，有待信托行业及信托公司凭借主动性和创造力进一步发挥信托制度优势实现；另一方面，信托业的金融本质并不会因为互联网信托业务开展而改变，受托人遵循信托目的，为受益人利益管理风险的信托义务也不会改变，反而应当在互联网的洗礼下恪守底线。只有依托于完善的互联网金融及互联网信托法律制度构建、统一的监管机构、规范的监管规则，互联网信托才能在互联网金融格局中有据有序地健康发展。

作者：袁田（中航信托）　文章来源：《当代金融家》

"信托互联网化"之中融金服样本：两大交易结构对接受益权转让

2015－10－1

"触网"热潮正在席卷整个金融行业，一向"高冷"的信托业也不例外。一方面互联网公司纷纷涉足信托，另一方面中信、平安、中融等公司也开始积极探索信托互联网化路径。

2015年6月，一家名为中融金服的互联网金融平台宣布正式上线，运营方为深圳中融融易通互联网金融服务有限公司，其控股方为北京中融鼎新投资管理有限公司，正是中融信托旗下专业从事股权投资的全资子公司。

之前曾有媒体报道称，中融金服提供的产品是基于信托等金融产品的受益权转让，对此，中融金服副总监韩家铭日前在接受《21世纪经济报道》独家专访时表示："这是一种误解，中融金服并未对信托受益权进行'转让'、'拆分'，而是将金融产品作为客户融资的增信手段，是公司特有的一种创新。"

中融互联网信托模式拆解

目前，主要的信托互联网化路径有两种，即较多依赖和互联网平台合作或自己运营，从此前的实践成果来看，中信主要选择了前者，平安、中融则选择了后者。

在韩家铭看来同样是自己做产品，中融有其自身的差异化。据了解，目前中融金服官网上有增信和理财两款产品，起投金额为5000元或10000元。韩家铭称，这两款产品均基于客户持有的存量信托受益权，"客户有了流动性需求找到我们，我们会帮其融资"。目前，为了满足信托存量客户的不同流动性需求，中融金服分别设计了"金融产品增信项目"与理财计划。其中，"金融产品增信项目"是为了满足客户对所持信托产品进行部分"转让"的需求；其理财计划是为了满足客户对所持信托产品进行全部"转让"的需求。

所谓"增信"类产品的设计则是基于客户部分流动性的需求。"为了保证投资者利益，需要确保资金首先分配给投资人，再分配给信托持有人，而通过其他方式很难达到这个目的，"韩家铭称，"因为信托公司只认持有信托的人，要想实现这个目的就必须确权。"

然而因为缺乏相应的登记机构，目前信托受益权确权存在现实障碍。据介绍，为了解决这个问题，中融信托的方案是，在原来的信托计划上架设一个事务管理型信托。

例如，客户持有一只500万元的信托产品，但目前有100万元流动资金需求，通过架设财产管理型信托之后，投资人即是债权人，并且借款人用全部信托资产的受益权作为补充还款来源，将平台上的投资人设为第一顺位的受益人，通过这种严谨的受法律保护的架构保证投资人的资金安全。韩家铭称，这样设计后，信托公司有一个完整的登记，它知道资金还给谁，这样资金安全就不再停留在平台信誉保证层面了。

而如果客户希望将500万元全部盘活，理财产品就更加合适。其设置的交易流程大致为，首先由交易所发行一个理财产品，投资人可以去中融金服平台上申购，理财产品完成资金汇集后再去认购资管，由资管最后整体受让信托受益权。

以融粤2号理财产品为例，它是中融金服联合广东金融高新区股权交易中心（广交所）与首创证券推出的固定收益类理财计划。投资人在中融金服平台上充值后，资金首先归集到广交所推出的理财产品，资金足额后再去认购首创证券推出的资管计划，最后这一资管计划的资金再对接信托持有人转让的信托，这样融粤2号理财产品的交易流程才算完成。

韩家铭认为，之所以这样设计流程，主要涉及两方面，一方面中融金服目前没有发行理财产品的资质，另一方面信托转让流程中设计资管计划，会让整个资金流和法律关系更清楚。因为资管账户的管理能力和账户隔离能力更强，一期托管账户就会对应一个信托，能够把每一期产品清晰隔离，这样能把风险隔离得比较清晰，这样产品将具备交易所在产品发行方面的优势和资管产品在资产隔离、法律关系处理上的优势。

"如果信托登记制度开始运作，此类产品架构将会更加简化、明晰。"韩家铭表示。

互联网信托刚起步

9月16日，中融金服的第一款产品兑付，比计划到期日提前12天。

据《21世纪经济报道》记者统计，目前在中融金服交易平台上线的有两款产品，预期年化收益率普遍在8%~9%，期限在半年到一年以上，上述所有项目都已经募资完毕。9月23日，平台上新上线融粤3号理财计划一期和二期，而在该产品发行前一段时间，平台已无产品在售。

"前面发布的产品都被抢光，发布进度不受我们控制。"韩家铭坦言，如果客户手上有一个收益9%的信托，但是否有其他较好的投资机会让他们愿意把这9%的信托卖出去？目前受限于股市、宏观环境不太好，投资机会比较少，客户流动性需求比较少。

此外，只售中融信托产品也是目前平台上产品"供不应求"的重要原因之一。韩家铭表示："因为我们对母公司的风控体系更清楚，如果是外部信托，则需要考虑投向、抵押、质押、担保措施，不过以后会考虑扩大合作范围。"

信托产品是中融金服的"自留地"，销售信托产品顺理成章，但这并不是中融金服最后的归宿，谈及未来中融金服的走向，韩家铭对《21世纪经济报道》记者表示："未来我们希望能满足客户所有投资理财需求，成为家庭理财入口，活期、一年期、五年期都会有，可能还有家庭投资教育板块等，根据客户个人信息设计一套资产配置建议，然后据此为客户推荐相应的产品。"

这意味着，中融金服或将成为理财平台。而目前做金融平台的企业不在少数，如何才能突出重围？韩家铭坦言，流量确实比不上 BAT、360、京东，但互联网公司做金融平台更多是将之看成是一个工具，它不知道资产背后是什么、如何构成，而信托的优势是专业的风控系统。

"我们的战略定位是中高端客户，他们会很在乎资金安全，而这正是我们擅长的。"

对于与平安"财富宝"可能存在的竞争，韩家铭表示，还谈不上竞争，现在市场很大，一方面传统金融机构利率较低，另一方面宏观经济状况并不好，难于寻找到优质的投资标的，很多人手上有钱不知道往哪儿投，"现在阿里、京东、平安都在做，但其实还没有形成竞争，如果走下来大家都活到了最后，比拼的只有两点：客户体验和安全性"。

据《21世纪经济报道》记者不完全统计，仅2015年下半年，至少有6家信托公司在各大招聘网站、微信号及官网上发布互联网信托相关岗位的招聘信息，如北京信托、长安信托、平安信托、万向信托、四川信托、中江信托等。

信托公司互联网化探索，正在起步。

作者：张奇　文章来源：《21世纪经济报道》

六、消费信托的探索与创新

"精品店"里看消费信托

2015-1-23

这是一个全民理财的时代，方便到你只需点点手指；这也是一个消费升级的时代，也只需点点手指，钱就花出去了。为减少"钱到用时方恨少"的遗憾，不少人理财是为了更好地生活，提高生活品质。随着互联网和大数据技术的发展，信托公司推出了"理财+消费"的模式，就是消费信托，曾经"高富帅"的信托开始变得越来越亲民。消费信托能有如其"兄弟"般的高收益吗，是不是风险也挺大？

消费权益增值是关键

消费信托原本是信托公司一个摸石头过河的"试水"项目，如今变成了一个系列化运作的产品集合，作为一个创新产品，其与人们传统认知中的理财信托有很大区别。

"最为重要的区别就是，消费信托最终获取的不是资金回报，而是消费权益的增值。"中信信托创新一部副总经理陈仲接受《经济日报》记者采访时说。简而言之，消费信托就是为消费而进行的投资理财。而且，"作为单一事务管理类信托，消费信托的门槛也没有集合理财信托那么高"。

举个例子，以某信托公司的一款消费信托产品为例，认购价格为每份1001元，其中包括298元的会籍费和703元的保证金。其中，298元的会籍费部分对应获取的消费权益，即指定旅游城市（昆明、西双版纳、丽江、三亚）的四星级以上酒店一晚的住宿服务，保证金部分则在到期时退还。

既然最终获得的不是资金回报，那么，投资者关注的重点就不是获取多少收益，在观念上需要有所转变。某信托公司人士表示，在购买消费信托时需要弄清楚这到底是投资行为，还是消费行为。虽然消费信托因为信托公司的介入，并通过一定的资金运作会带来一些收益，但这更多是附带的，不是消费信托的主要职能。从这一点而言，购买消费信托可能更多是一种消费行为。

据了解，在信托公司对于消费信托的设计中，也是从消费需求出发，通过发行信托产品，让投资者在购买信托产品的同时获得消费权益，直接连接投资者和提供消费产品和服务的产业方，从而将投资者的理财需求和消费需求整合起来，达到实现消费权益增值的目的。

"人们习惯于用一个什么率来衡量产品，投资产品用收益率，消费用折扣率。对于消费权益增值的水平，信托公司提出了一个消费收益率的概念。消费收益率包括消费折扣率，另外还有预收资金低风险运作的收益率，但并不是所有的消费信托产品都有资金沉淀收益。"陈仲调侃地说，有的就当作"意外之喜"吧，最重要的还是消费权益的实现。

PK团购和会员卡

消费权益的增值在日常生活中其实也有很多途径，比如，团购就可以获得比平时更优惠的价格购买商品或服务，而办理会员卡成为"VIP"之后，优惠、打折、积分换购也随之而来，还有各种各样的消费券……那又何必选择消费信托呢？

不知道大家有没有团购或办理会员卡被坑的经历。在一家保险公司工作的小陆就曾有不太愉快的办理会员卡的经历。几年前，小陆在住所附近的一家连锁餐馆办了一张会员卡。可没等小陆享受几次优惠，就发现餐馆搬家了，其他连锁店距离还挺远，于是这张会员卡就被束之高阁。"专门去那么远的地方吃饭不值当的，时间长了，几乎忘了还有这么一张会员卡。"小陆感觉挺无奈。

在台湾，针对延迟消费商业模式的企业预收款，如各种礼券、各种消费卡（公用事业、健身、美容、餐饮）等，通过法律法规的形式，将其交付给信托，由信托作为独立第三方增信、管理并监督资金运用，预防收款方因经营不善破产倒闭或发生信用风险损害公众利益。

"信托公司在消费信托中也能够发挥类似作用。一是可以优选提供产品或服务的产业方；二是可以监督产品或服务质量，保障资金安全。因为很多消费行为是长期持续的，有可能遇到价格波动和产品质量风险，消费信托能对产业方、消费端提供长时间的权益监督和服务。"陈仲表示,"相对于某些电商'大卖场'的形式,消费信托想要打造的是有一定质量水平和保障的'精品店'。"

选择基于是否需要

目前,市场上的消费信托产品已经涉及电影、旅游以及养老等,未来将扩展至家电、珠宝、教育、图书、通信等领域。

业内人士表示,消费信托的交易结构、模式都比较超前,目前还处于初始阶段,对于投资者而言主要还是看自己是不是需要消费信托提供的产品或服务。而且,消费信托的产品效果目前还较难评估。

据了解,购买消费信托有线上和线下两种渠道,线上渠道为信托公司消费信托微信公众号等网络渠道,线下为信托公司以及合作产业方的销售渠道。

"消费信托目前还处于试验阶段,基于人员以及产业方的遴选等方面的考虑,现在消费信托产品推出的周期还比较长,一般在两三周左右会有一款新品推出。"陈仲说,"有的消费信托产品不限数量,而有的则有发售份数限制。这主要由产业方能够提供的产品或服务的能力来决定。"

业内人士表示,购买消费信托风险在于消费权益能否实现,实现时是否达到了预期的质量,还有就是信托公司的管理能力问题,比如其能否对产业方进行有效监督,消费信托产品的设计、开发能力如何等。这就需要在考察消费信托时,不仅关注产品本身的各项条款,比如,如果到期没有消费,会籍费用是否能够退回,如何消费、消费时间等是否有限制,等等,也要了解相关信托公司以及产品或服务提供方的实力和口碑。

"消费信托未来具备较大发展空间,但现在还处于摸索前行过程中,会有很多不确定性,且目前消费信托能够提供的产品或服务还比较少。"上述信托公司人士说。

作者:常艳军 文章来源:《经济日报》

西藏信托推出"买信托送宝马"
消费信托跨界屡出奇招

2015-5-22

近期中信信托以及北国投投资养老产业的消费信托依次落地,消费信托这盘棋看似不易琢磨透,但是2015年以来,越来越多的信托公司以实际行动探索消费信托的发展模式。

除中信信托外,截至目前,包括长安信托、北国投、西藏信托等都推出了跨界消费信托产品。其中,近期西藏信托推出的"买信托送宝马"更是十分惹眼。

消费信托是信托践行金融普惠的"排头兵",随着各家机构对消费信托研究的逐步深入,消费信托的盈利模式也日渐清晰。

西藏信托联姻汽车消费

近日,西藏信托在官网和微信公众号里推出一款名为"BMW X1"的信托方案分外惹眼。

目前市面上已发行的消费信托产品多集中在旅行、电影、电子产品等相对小额的消费领域。而此次,西藏信托的产品则跨界连接汽车消费这一居民资产非常重要的配置领域。

该信托方案显示,投资人认购一款金额为150万元的3年期信托产品,可以免费获得一台市场价39.8万元的宝马X1 20i line轿车。3年期满后,客户可以收回150万元本金,同时赋予了投资人消费选择权:继续使用车辆,或者由万宝行(中国)融资租赁公司以15万元回购车辆。

若客户暂无上牌指标,西藏信托和万宝行(中国)融资租赁有限公司(以下简称万宝行)将另行提供融资租赁方案为客户解决车辆上牌问题。该租赁方案中客户仅需支付车辆购置税、每月1500元租金和每年1万元(预估)车险。3年内,若客户摇到上牌指标即可选择提前终止融资租赁合同;若3年到期仍未摇到上牌指标可以续租。

对于这一理财方式，西藏信托还与"自行购车理财"进行了比较：除了宝马车的使用权这两种理财方式最终都会拥有的"收益"外。投资西藏信托这一信托产品，3 年后的信托资金收益为"0"；而如果投资者选择"自行购车理财"，假设投资者共有 150 万元资金，39.8 万元用于购买一台 BMW X1 20i line，剩余资金自行投资理财（假设年收益率为 9%），则 3 年后信托本金为 110.2 万元（150 万元中扣除了汽车的购置款），信托收益为 29.754 万元，计算下来，净收益为 -10.046 万元。

先赚吆喝后赚钱 未来市场前景可期

此前，消费信托盈利模式被业界认为不明晰，使得许多信托公司要么浅尝辄止，要么望而却步。对于信托公司而言，信托产品创新的推动力主要来源于该信托产品是否能够持续带来盈利。

这或许是为什么消费信托自中信信托首创以来，一段时间内并未像其他信托创新产品一样产生涟漪。不过，截至目前，包括长安信托、北国投、西藏信托等都推出了跨界消费信托产品，且各家玩法均不同。

长安信托日前推出的"长安信托·中国电信消费信托"则显得更加"接地气"。投资者花费 5000 元获得一部 iPhone6 手机，每个月存入 319 元话费，获得 399 元的电话套餐，2 年合约到期后，信托返还投资人 5000 元本金，此外还会向投资人提供消费选择权，即 1200 元的话费或 600 元现金的收益，供投资者选择。相比于三大运营商提供的合约机，长安信托这款消费信托计划无论是价格，还是套餐选择上都显得更具优势。

而在信托公司一直看好的养老消费信托领域，中信信托和北国投近期均有项目落地。

用益信托工作室研究员廖鹤凯对《证券日报》记者表示，消费信托严格来说也是信贷的一种形式，信托公司赚取的还是管理费用。类似于看电影、买手机的消费信托，目前来看宣传作用更大一些。而养老消费信托是和其他一些机构合作的养老地产项目，额度比较大。信托公司推出消费信托计划是其转型的一种尝试，虽然现在可能收益并不多，但是这种模式的可持续性更强，如果把规模做大也可能成为一个新的利润增长点。

150

四川信托研发部陈文也曾撰文指出，信托公司开拓消费信托业务的盈利可以分为直接带来的利润和间接带来的利润两大类。消费信托的直接盈利主要来自消费信托管理费、资金收益两大部分。而间接盈利有可能不是直接的现金收益，而是成本的节约或者其他业务的收益增加而带来整体收益的增加。具体而言，消费信托的间接盈利主要由信托公司深入产业端带来的盈利、服务平台或者系统的盈利和信托业务协同带来的盈利三个部分组成。"消费信托产生于消费时代和互联网、移动互联网时代来临的背景下，未来伴随着人们差异化消费需求的增长以及财富管理需求的持续增加，消费信托将大有可为。开展消费信托的意义已经远远超过其本身，更多的是基于客户需求出发，促使信托公司从一个全新的高度对业务战略进行重新定位。"

作者：吕江涛 文章来源：《证券日报》

消费信托盈利模式之探：两条资金链孵化两个盈利点

2015-5-29

自消费信托推出以来，盈利模式一直为市场普遍关注。《21世纪经济报道》记者分析了多只相关产品交易结构后发现，与一般信托计划不同，消费信托募集到的资金通常会分为两部分运作。

而这两条资金链对应的两个盈利点，加上信托管理费，就构成信托公司通过现行消费信托项目能够获得的直接主要利润。

两条资金链对应两个盈利点

从已发行产品的设计结构来看，消费信托项目募集的资金将被分为两部分：一部分用于购买约定产品的消费权益，另一部分则将归集到信托公司，由公司进行沉淀资金投资运作。

四川信托研究部分析：第一条资金链主要由投资者委托给信托公司，然后信托公司利用该笔资金向消费权益供应商购买约定的产品或者服务。第二条资金链需要经过沉淀、投资和到期分配三个阶段，这部分也为该业务再创新提供无限可能。

"相比某一产品或者服务的单独购买市价，通过消费信托统一购买，信托公司就产生了集中采购优势，有了一定的议价权。"一家在做消费信托业务布局的信托公司内部人士表示。

议价权使得信托公司可能在第一条资金链的购买过程中获得部分价差收益，而在第二条资金链中，信托公司拥有更大的自主权。

以最近发行的西藏信托"BMW X1消费信托"为例，信托推介材料显示，该信托的认购本金为150万元，存续期限3年，投资者在认购产品后可获得市价为39.8万元的BMW X1汽车使用权，并在3年期满后收回150万元本金。同时，在信托到期后，投资者可以进行消费权选择，继续使用车辆或者由万宝行（中国）融资租赁公司以15万元价格回购。

假设以市价计算，并且信托公司在产品成立初期即全额付款给销售商，则理论上每信托份额将有110.2万元进入第二条资金链。

另据一位熟悉该类产品的人士分析，在项目中信托公司有可能协议先付款50%，或者全额约定十3年后付款，这样则会有更多资金进入投资运作阶段。

下沉资金收益之考

中信信托业务总监曾在接受《21世纪经济报道》记者针对其推出的钻石消费信托产品采访时表示，信托机构运作此类产品，实际上最核心的操作重点，就是利用资金归集来实现金融化运作。信托计划结束后除了实现消费目的，也可以给予投资者更高现金收益，信托公司也可以在报酬方面获得利润分享。

而对于上述汽车消费信托，前述信托人士则提出："实际上只体现了消费权一端，资金150万元的具体投向及收益都没有体现，这就隐含了信托的兜底保障。"

若按照110.2万元进入第二条资金链投资计算，信托公司至少需要获得年化12%的收益才能在到期时将本金返还给投资者。

相比西藏信托的产品，其余几只消费信托产品在剩余资金投资收益部分都作出一定说明。

如北京信托"养老消费2014001号集合资金信托计划"产品披露，资金运用方面分为两部分，其中60%～100%投向债权、股权、权益等在内的预期固定收益金融产品，0～40%运用于养老领域项目。

投资者收益则涵盖"养老消费权益"，以及以"基准收益+浮动收益"作为安排的"货币收益"。

北方地区某信托公司高层认为，现在消费信托规模太小，加之人力等固有成本，公司还很难通过这一资金链获得有效利润。如果未来规模足够大，这部分沉淀资金或会带来更大的想象力。

未来可能性

"现在利润低为什么还要做？这是接触客户的一个过程，平时接触到100万元以下客户的机会较少，所以通过消费信托是个很好的方式。接下来公司可能会探索小额的互联网理财等，提前做客户群积累。"上述高层人士称。

无独有偶，2015年以来，信托公司进入互联网金融领域的步伐加快。

5月初，中信信托率先成立互联网金融业务运作平台——深圳中顺易金融服务有限公司，该公司由中信信托、网易、顺丰三方合作发起，其中中信信托全资子公司中信聚信为第一大股东，占比40%，顺丰和网易各持股30%。据悉其业务将定位为互联网金融和消费信托。

实际上，消费信托本身也是信托和互联网的一个连接点。如长安信托"中国电信消费服务"便主要通过互联网进行销售付款。2014年12月中信信托也专门为消费信托上线了互联网销售平台"中信宝"。

消费信托多以事务管理类的形式出现，使得该类信托可以不受100万元资金门槛限制，贴近更多投资者，当门槛下降，作为消费信托的商品便能够通过互联网电商平台进行销售，投资者通过网络即可购买。

此外，四川信托研究部还分析，消费信托还可能获得间接盈利。具体而言，消费信托的间接盈利主要包括三大服务平台（消费服务平台、权益流转平台和数据库）或者生态系统的盈利、信托公司深入产业端带来的盈利，以及信托业务协同带来的盈利等。

作者：王俊丹 文章来源：《21世纪经济报道》

消费信托延伸至白酒业　基础模式成型启动"品类繁殖"

2015-8-7

继旅游、珠宝、汽车、家电等诸多品种后，消费信托又再涉白酒领域。

据了解，中航信托一款挂钩白酒的消费信托日前正在推介当中，消费品供应商为洋河酒厂。

洋河50L梦之蓝封坛酒消费信托计划的单位面值33万元，期限18个月，募集资金用以向苏酒贸易采购其合法持有的不超过50坛2015版68度梦之蓝封坛酒的使用权。

作为一款消费信托，认购者的回报将以"实物消费+现金收益"的形式落地。其中的"消费"部分，就是获得一坛市价约46万元的50L封坛酒，及对应的免费窖藏、分装、配送、个性化定制等增值服务，"现金收益"部分为预期最高6%/年的利息，约2.97万元。

除此之外，因为挂钩白酒，洋河酒厂还承诺封坛酒每年有预计不低于10%的提价，使其在某种程度上也具备一定的收藏价值。

事实上，这种类型的消费信托与此前的白酒信托有一定的相似之处。但相比而言，白酒消费信托的"实物+现金收益"更侧重"消费功能"，货币回报只占据较小比例。而此前的白酒信托，大部分产品模式为投资者可自由选择的现金和实物行权，换言之就是附带实物分配选择权的固定收益产品，增加实物提取交易设置的目的，是为投资者获取收益增加另一种多样化的渠道方式。

例如，中粮信托曾经推出挂钩酒类的集合信托，募集资金全部用于投资特定资产——歌德盈香中国陈年白酒珍藏套装，并作结构化设计，发行总规模4000万元。其中优先级受益人最高收益率：9%/年，同时享有提取标的特定资产单位（实物行权）的权利。一般级受益人以其交付的信托资金为限保障优先级受益人的信托资金和信托收益，不可实物行权。现金收益来源为项目到期后由歌德盈香股份有限公司溢价回购。

而在消费信托领域，从目前的公开信息来看，仍为首次尝试涉水白酒领域，但实际交易结构与此前行业内已落地项目基本趋同。消费信托类产品经过近两年时间的孵化，已成为一种趋于常态化的业务模式，逐渐被多家机构密集复制至不同消费领域。

仅从公开信息来看，涉水机构就已包括中信信托、长安信托、北京信托、西藏信托等，覆盖领域涵盖旅游、养老、珠宝、汽车、通信、图书等诸多领域。

从目前已经落地项目来看，主流交易结构大致趋同，大多为消费实物或消费权益+货币回报模式。对应而言，此类项目募集的资金也通常被分为两部分：一部分用于购买约定产品的消费权益，另一部分则将归集到信托公司，由公司进行沉淀资金投资运作。

其中前一部分是这类消费信托运作原理的基础，相比某产品或者服务的单独购买市价，信托公司具备集中采购带来的价格优势和资源协调带来的品质优势，这部分一方面可为产品带来购买吸引力，另一方面使信托公司可以在其中获得部分价差收益。

而更加具有想象空间的则在于第二部分，信托机构运作此类产品，可以利用资金归集来实现金融化运作。不但可以给予投资者更高的现金收益，信托公司也可以在报酬方面获得利润分享。

作者：冀欣　文章来源：《21世纪经济报道》

寻求新常态下的动力源：旅游信托产品的创新

2015-9-21

当前，我国已经进入国民旅游休闲消费的黄金发展期，旅游消费是新常态下扩大消费的重要动力源。信托创新应该随着社会需求的变化不断在更多的领域发挥作用，多元化信托产品创新将极大活跃旅游产业市场，具有巨大的市场潜力。因此，笔者提出运用信托机制开发旅游信托产品的一些创新构想，以促进信托公司开拓新的业务领域，形成新的业务增长点。

第一，基于产业集群的整合开发。我国旅游资源非常丰富，但缺乏系统规划，旅游业没有形成合力。随着旅游消费需求的复杂、特殊和个性化，旅游产业集聚的现象更为普遍。随着集团化与集群化经营的发展，加之旅游产业本身特性，各旅游业企业的服务经营过程被划分为一系列有关联的环节，分工与交易的复杂化使得如何联结不同的分工与交易活动成为日益突出的问题。

旅游产业的发展推进，尤其要重视旅游产业链的链接问题。可借鉴墨西哥国家旅游信托开发基金会将坎昆开发为世界著名的旅游度假胜地的经验，由信托公司组建旅游信托开发基金，与区域政府合作，整合区域内的优势旅游资源，构建大都市、大区域旅游圈，有选择、有重点地开发有影响力的旅游项目，实现旅游市场一体化，对区域旅游资源进行基于产业集群的整合开发，有利于满足客户需求，提高服务品质，产生外部规模经济，集群内的企业可以共同利用各种基础设施、服务设施、公共信息资源和市场网络，共同利用某些辅助的服务机构，从而节约成本，推动旅游产业的进步。

第二，与实力企业合作开发旅游产品。国外利用信托机制发展分时度假产品的经验值得借鉴。分时度假(timeshare)是以会员制、协议、租赁或出租合同、使用许可证、使用权合同或其他方式作出的交易设计和项目安排。在国外销售分时度假产品的规范化做法中，要求房地产开发商在销售之前，将分时度假产品的使用权交付给信誉高的信托公司，由信托公司代表分时度假产品的购买者对分时度假产品的使用权加以监督。具体的做法是：把按照分时度假方式销售的分时度假信托给信托公司，由信托公司按照委托人的意愿，以信托公司的名义进行分时度假销售，信托公司委托有良好声誉的代理销售公司进行销售，在为分时度假开发商谋取最大利益的同时，也保护了分时度假购买者的利益。

国内的信托公司可探索与大型企业集团、跨国公司等实力企业合作开发旅游产品，参照国外分时度假的经验，可以打造集养生度假、休闲、修学、娱乐、拓展训练、康体于一体的综合性旅游区，也可以促进旅游资源的重新组合，建立完整的医疗、居住、休闲居住、异地养老等设施，打造国际养老养生生态基地，大型企业集团、跨国公司等实力企业可通过会员制租赁或向符合条件的员工发放信托受益凭证等方式，进行信托产品创新。

第三，利用稳定的门票收入发行资产证券化产品。从理论上说，只要未来能产生稳定现金流的资产都可以证券化。在当前政策环境、以往操作经验基础上，信托公司可开发资产证券化产品，以旅游景区门票收入（可预见的、稳定的现金流）为基础发行证券，充分整合旅游资源，进行资产证券化，促进旅游产品及旅游市场开发建设的长足发展。可选择资产质量较好、信用级别较高的优质旅游资产作为资产证券化试点，及时总结试点经验，进而将其推广，扩大证券化的范围。可利用稳定的门票收入发行资产证券化产品，为景区旅游资源的开发提供资金支持，以促进旅游资源的广度和深度开发。

第四，选择具有优势和市场前景的项目发行集合信托产品。目前各地政府都把旅游业作为国民经济的支柱产业加以培育，主动寻求在发展规划、资源开发、旅游交通等方面的合作机会，出台一系列促进旅游业发展的政策措施，鼓励发展文娱、休闲类旅游新业态，推动旅游要素优化组合，实现区域旅游联动发展。信托公司可充分挖掘优越的自然资源，选择门票收入、景点净收入等项目效益良好、游客规模人次大、投资增值前景较好、与时尚理念和市场需求符合的旅游项目，发行集合信托产品，采用措施得当的风险控制，打造旅游产业的新聚焦点。

第五，定制个性化的旅游消费信托产品。信托公司通过多年信托业务的发展，积累相当数量的忠诚客户，拥有大量优质的客户资源。信托公司可以通过与公司项目相结合的个性化的旅游产品定制等增值服务，精心维护高端客户的关系，建立牢固的客户关系，提高客户对公司的忠诚度，并拓展潜在客户资源。可针对客户不同需求定制个性化的旅游消费信托产品，提供或高端或亲民的品质生活。

第六，选定有发展前景的在线旅游市场等进行PE投资。信托公司可关注在线旅游市场等企业间的投融资、并购活动。旅游行业进入壁垒较低，市场参与者众多，为优势企业进行低成本扩张创造了有利条件。信托公司可选择时机进行PE投资，开拓新的旅游模式，寻找新的盈利空间。

作者：刘向东（光大兴陇信托）　文章来源：《金融时报》

七、公益慈善信托的探索与创新

公益信托有望成信托公司主业

2015-3-9

长期以来"叫好不叫座"的公益信托将迎来发展曙光。据媒体报道，近期全国人大财经委员会同意了中国银监会启动修订《信托法》的建议，修订的《信托法》将涉及信托登记、信托税收和公益信托等内容。

业内人士表示，随着《信托法》的修订及相关配套制度的完善，目前在实际操作中制约公益信托发展的不能开具捐赠发票、投资领域狭窄、登记制度缺乏三大问题将得到解决，国内有望出现以公益信托为主营业务的信托公司。

三大操作难题待解

受监管鼓励及信托公司转型需要，2014年以来，公益信托频频现身。据《中国证券报》记者不完全统计，2014年下半年以来，已有包括万向信托、国元信托、湖南信托、国民信托在内的多家信托公司发行了公益信托计划，而在此之前，除2008年汶川地震后发行的2只公益信托计划外，近年来行业内已鲜有该类产品出现。

根据《信托法》，所谓公益信托，即以救济贫困，救助灾民，扶助残疾人，发展教育、科技、文化、艺术、体育事业，发展医疗卫生事业，发展环境保护事业，维护生态环境，发展其他社会公益事业等公共利益为目的而设立的信托。

中国人民大学信托与基金研究所执行所长邢成认为，公益信托将在信托转型中扮演重要角色。他表示，在当前形势下，公益目的作为信托与生俱来的功能定位，必将在我国未来构建和谐社会、缩小贫富差距、扶助弱势群体以及缓解社会矛盾等诸多方面发挥不可替代的作用。在公益信托得以大力拓展的同时，信托公司乃至整个信托业的社会公信力、市场信誉、公司形象都会得到巨大的、实质性的提升与传播，对行业和公司长远发展所形成的正面影响力、推动力和战略意义都是难以估量的。

尽管目前公益信托开始以"加速度"发展，但在实际操作过程中一些制度性难题仍制约着该业务的发展。长期致力于公益信托研发的百瑞信托博士后科研工作站研究员程磊认为，以下三个问题亟待解决：一是公益信托不能开具捐赠发票。根据相关规定，公益信托不具备法人资格，且不属于社会团体，无法申请公益性捐赠税前扣除资格，因此，个人和企业通过公益信托进行捐赠目前还不能直接取得公益事业捐赠票据。二是目前信托公司管理的公益信托财产及其收益只能投资于流动性好、变现能力强的国债，政策性金融债及中国银监会允许投资的其他低风险金融产品，所以公益信托财产的投资范围相对狭窄。三是在实际操作中，由于信托财产登记制度缺失，委托人将其持有的股权和不动产设立信托时，尚无凭借信托合同办理过户登记的先例。

公益信托可成主业

值得注意的是，《信托法》的修订将为解决上述难题带来希望。据媒体报道，全国人大财经委员会同意了中国银监会启动修订《信托法》的建议。中国银监会在建议中认为，《信托法》配套的信托登记、信托税收和公益信托等制度缺位，营业信托规则和《信托法》司法解释也相对滞后，制约了信托财产独立性和安全性的功能发挥，因此希望尽快启动《信托法》修订工作。

据知情人士透露，中国银监会此前为修订《信托法》进行了必要的准备，就信托立法和实践中遇到的问题开展了相关课题研究。业内人士认为，本次银监会开始着手修订《信托法》，有望解决目前公益信托面临的上述问题，极大地推动公益信托发展。

中国银监会也在完善相关配套制度。据知情人士透露，银监会正在制定《信托登记管理办法》。根据新的《信托登记管理办法》规定，信托公司将可以直接向公益信托委托人开具捐赠发票。程磊认为，这对于目前我国公益信托所面临最大的障碍之一——税收问题的解决将具有积极意义。她表示，随着公益信托法律制度体系的不断完善和优化，我国有望出现以公益信托作为主营业务的信托公司。

作者：刘夏村　文章来源：《中国证券报》

公益信托"沉睡"十余年将被激活

2015-11-16

不久前初次提请全国人大常委会审议的《慈善法（草案）》，设立了专门章节对慈善信托作出规定。

作为发展慈善事业的另一路径，慈善信托的独立成章，彰显了其对发展慈善事业的重要作用。多位专家在接受《法制日报》记者采访时指出，草案这一选择，开创了慈善公益事业新纪元，目的在于拓展支持手段，打开金融通道，以金融资本的方式促进慈善事业可持续发展。

为慈善事业注入活力

何谓慈善信托？《慈善法（草案）》第四十六条规定，慈善信托是委托人依法将其财产委托给受托人，由受托人按照委托人意愿以受托人名义进行管理和处分，开展慈善活动的行为。

清华大学NGO研究所副教授贾西津介绍，简单来说，慈善信托就是建立一套契约，再用法律保障契约的实施。"有制度约束就能在法律上寻求保护。"贾西津说。这是从制度上完善公益市场，也符合我国的法治精神。

中国劳动关系学院公共管理系教授杨思斌指出，与法人型慈善组织相比，慈善信托具有设立简便、灵活，运行管理效率较高，无起始资金限制等特点，在设立审批、财产独立、专业运作等方面具有独特优势。

在杨思斌看来，《慈善法》中专章规定慈善信托，还有利于打开金融服务于慈善的通道，从而使慈善事业能够运用金融杠杆以增强可持续发展能力。

北京师范大学中国公益研究院院长王振耀也认为，慈善信托能够很好地运用金融杠杆，发展慈善事业。部分慈善家族或者富人在进行慈善活动时，存在诸多不便。建立慈善信托进行管理，不仅为慈善事业注入了活力，还给企业家们带来很多方便，打通了一个很好的渠道。

"随着我国经济的不断发展，一大批资源拥有者可能会面临资产的有效管理问题，慈善信托使他们避免了不少潜在的经济纠纷以及家族矛盾，可以更好地帮助他们管理所拥有的资源，给他们提供多元的选择途径。同时，慈善信托可以指定受益群体，将资金作为推动慈善发展的保障，实现双赢。"贾西津充分肯定道。

厘清与公益信托关系

有观点认为，慈善信托的前世，应该可以追溯到2001年10月1日生效的《信托法》中提到的"公益信托"。

"当时是考虑公益信托具有信托基本关系不能完全包含的特殊性，所以对其专门设立一章作特别规定。"在全国人大常委会会议上审议慈善法草案时，李盛霖委员作出说明。他同时指出，《慈善法（草案）》又专门设立慈善信托专章，那么慈善信托与公益信托两者是什么关系，还需作进一步解释和说明。

"厘清《慈善法（草案）》中的慈善信托与《信托法》中公益信托之间的关系很重要。"贾西津说，因为法律是需要落实的。适用哪一部法律才正确，它们之间又有什么联系、有什么区别，这些问题将在今后的具体操作中显现出来，也会影响慈善信托的发展。

严以新委员认为，《慈善法（草案）》中的慈善信托相当于信托法中的公益信托，两者内容有不少相同之处。他建议应在慈善信托专章中明确慈善信托与《信托法》的关系，以确保慈善信托在信托财产的独立性原则等方面可适用信托法相关规定。同时，明确慈善信托未规定的适用《信托法》相关规定。

杨思斌也将慈善信托与公益信托视为同等。他说："我国信托法虽有公益信托的规定，但公益信托对于主要调整商事信托的《信托法》来说是个例外规定，而对于《慈善法》来说却是必要的内容。缺少慈善信托制度的《慈善法》是不完整的，不符合《慈善法》的基本法和综合法的立法定位。"

杨思斌指出，《信托法》的既有规定不会成为《慈善法》规范慈善信托的障碍，立法处理好两者的适用关系即可。

公益信托缺管理机构

虽然对慈善信托是否等同公益信托的观点不一，但专家认为，《慈善法（草案）》中对慈善信托的规定，无疑将有力推动公益信托的落地。

在全国人大常委会会议上审议慈善法草案时，郑功成委员指出，《信托法》里虽然有一章关于公益信托的规定，但实际上并没有被激活。"虽然《信托法》已颁布施行多年，但基本上公益信托在我国没有出现，或是没办法出现。因为国内现行法律法规并没有为其落地创造条件，所以部分民营企业家到国外设立了慈善信托。"他说。

贾西津也指出，《信托法》中对公益信托作出专章规定，但是却没有很好得到实施，致使公益信托因缺乏落地途径到现在都没有实现。"如果《慈善法》在实施中能够实现公益信托制度落地，那将是这部法非常有意义的贡献。"贾西津说。

对于公益信托无法落地，有观点认为，究其原因，关键是当时关于公益信托的审批机构和公益事业管理机构的界定含糊不清，《信托法》并没有明确公益信托的主管部门到底是民政一家统一管理，还是教科文卫体归口管理。这样导致的后果就是无人担责、互相推诿，致使公益信托难以落地。

吴晓灵委员在全国人大常委会会议上审议《慈善法（草案）》时也提出相似观点。她指出，《信托法》第六十二条规定，公益信托的设立和确立其信托人，应当经有关公益事业的管理机构批准。多年以来除华侨公益捐赠有明确的管理机构以外，其他的教育、卫生、体育等公益信托并没有法律明确的管理机构，导致公益信托无法真正落实。

"《慈善法（草案）》规定的慈善信托范围与公益信托在很多规定上有所重叠，但是《草案》明确，在民政部门备案的慈善信托受托人可以做慈善信托，使慈善信托变得可以操作。"吴晓灵说，使公益信托变得切实可行，成为这部法律草案的一大亮点。

作者：张媛　朱琳　文章来源：《法制日报》

"信托式"公益新期待：嫁接互联网 慈善信托寻求税收优惠

2015-12-4

2014年以来，包括"99号文"在内的多项文件鼓励信托公司开展公益信托，信托亦因灵活性较强、独立透明等因素被认为是最适合开展公益事业的主体，信托公司在公益领域的尝试逐步增多，但是，由于税收优惠缺失以及相关制度尚未健全等因素，公益信托在整个信托规模中的占比仍然很小。

不过，《慈善法（草案）》中对慈善信托的专门规定唤起了业内对信托参与公益的新期待。同时，互联网也被认为是今后公益信托可以借力的新方向。

税收优惠缺失

根据信托业协会发布的《2014中国信托业社会责任报告》，2014年，信托业共开展公益、慈善信托项目47个，涉及信托资产规模达18.6亿元。这与信托业当下约15.6万亿元的管理资产规模相比差距明显。

万向信托研究部负责人李元龙博士在接受《证券日报》记者采访时指出，目前税收优惠缺失是阻碍公益信托发展壮大的主要因素。国内公益信托委托人捐赠财产无法享受税收优惠待遇，从我们近年来公益信托的实践来看，机构委托人都提出过希望开具税前抵扣发票的要求，少数自然人委托人也提出过类似要求。因目前信托公司没有开具税前抵扣发票的资格，委托人虽有意愿但财务安排上不会向公益信托捐赠大额资金。这也是为什么公益信托通常规模不大。

从目前国内信托公司成立的公益信托来看，规模多数在几十万元到数百万元。

此外，审批问题也是公益信托面临的困境之一。按照《信托法》的规定，公益信托应经公益事业管理机构批准，但并没有更详细的规定。

"主管主体虽然在信托法中并没有明确规定，但在实践中其实还是比较明确的，通常公益信托会寻求当地民政部门作为主管机构。只是目前民政部门的行政审批事项中没有纳入公益信托的审批，民政部门并不是不认可公益信托，他们也有在标准行政流程操作上的难处。我们在设立公益信托前会取得地方民政部门和银监部门的认可和支持。"李元龙称。

互联网带来新机遇

不过，信托公司对公益类项目正投入越来越多的热情，其原因在于：树立形象，履行社会责任，这也是监管评级的考核指标之一；希望在公益慈善领域积累一定的业务熟知度，参考国外的一些经验，公益信托很可能将是信托公司的一个业务领域；信托公司在特定领域的资产管理正在提升广度和深度，向着综合化和专业化的方向发展，参与公益类项目可以为信托项目进行更高层次的功能补充。

在具体业务形式上，有业内人士指出，互联网将是未来公益信托发展的主要方向。

"公益信托可以公开募集，不设定投资门槛或投资门槛很低，不设投资人数限制等，这些都是在互联网金融中，传统信托业务所不能匹敌的优势。"东部一信托公司有关人士指出。

李元龙也对记者表示，互联网与公益结合会是互联网信托的一个重要方向。"公益信托与互联网结合是我们正在推进的一个技术问题，相关的尝试已经展开。在公益慈善领域现行制度下，一些公益募集的互联网平台对公益信托也不熟悉，没有对接的框架和准入标准，所以在法律关系、操作方式上我们还在磨合。"

近日公布的《慈善法（草案）》，也让业内对公益类信托多了新的期待。

从《慈善法（草案）》中对慈善信托的规定来看，与《信托法》中的公益信托相比，慈善信托受托人不局限于信托公司，可以包括金融机构、慈善组织或是自然人。这一做法接近于国外信托受托人的多元化特征。

慈善信托采取备案制度，且为依据"信托文件约定"事后"备案"，将有利于慈善信托的设立。公益信托按规定需要向公益事业主管部门进行审批登记。《慈善法（草案）》第四十七条规定："信托文件要求备案的，受托人应当将信托文件向县级以上人民政府民政部门备案。"

慈善信托不强制要求设置监察人。《慈善法（草案）》第五十一条规定"慈善信托根据需要可以由信托文件规定设信托监察人"。公益信托目前强制要求设立监察人。

李元龙博士表示，从上面几点来看，慈善信托设立的便利性大大高于公益信托，促进作用更大，会给信托公司带来一些机会。享受公益性捐赠税前扣除的待遇，一般机构委托人都有此需求，目前国内公益信托委托人捐赠财产却无法享受，这已是阻碍公益信托落地的主要问题。如果慈善信托也不能获得公益性捐赠税前扣除资格，则其推出后的实际操作能否落地仍与公益信托一样令人堪忧。

作者：李亦欣　徐天晓　文章来源：《证券日报》

八、信托风控的探索与创新

"泛资产管理时代"信托公司更重风险控制

2015-1-12

当前银行理财、保险、券商、期货、资产管理公司、基金公司等大规模进入资管业务领域，纷纷推出类信托产品，金融机构之间的业务界限逐渐模糊，各类业务相互交叉和跨界。面对当前的金融生态，信托公司面临哪些跨市场业务、交叉金融产品的风险和问题？信托公司该如何有效管控这些风险？记者就上述问题采访了英大国际信托有限责任公司总经理张传良。

记者：在金融混业趋势下，更多的业务在金融"创新"的引领下相互渗透、融合。这对信托公司来说意味着什么？

张传良："泛资产管理时代"改变了原有的金融生态，投资者有了更多的渠道和产品的选择，金融机构的竞争能力也显著提升。与此同时，混业经营加大了相关企业的竞争压力，特别是随着利率市场化的推进，居民对高收益金融产品的需求会持续增加，储蓄转移、金融脱媒速度加快，进入资管行业的机构队伍会持续增大。这些理财机构凭借规模、渠道、产品、研究、机制等优势，向信托公司传统业务发起挑战，信托公司目前除了极少量的公益信托外，绝大部分业务与其他金融机构存在大量交叉，传统业务专属领地日益萎缩，导致信托业务竞争压力空前加剧，信托公司若墨守成规，凭借传统盈利模式维持高增长已经难以为继，转型的紧迫性已成为行业共识。

在泛资管大背景下，由于各类理财机构分属不同的监管机构，遵从的业务规则也不尽相同，监管的标准差异较大。与其他资管机构所面对的相对宽松甚至没有监管的环境相比较，信托公司面临的是更为严格的监管环境。这种不对称监管模式可能会损害信托公司在泛资管时代的竞争力，但反过来也可能促使信托公司发展更具竞争力的产品和服务。

信托公司为了改变不利的竞争地位，进行了多方探索，诸如通过控股基金公司、基金子公司构建与其他理财机构的战略联盟等形式掌握了越来越多的渠道，对监管规则、业务规则的选择性明显增强。这些变革丰富了信托公司的渠道，增强了业务的主动权，初步扭转了对其他理财机构的不利竞争地位。

记者：信托公司面临哪些跨市场业务、交叉金融产品的风险？

张传良：对信托公司而言，当一笔业务可以通过多渠道甚至多种业务嫁接来突破现有监管约束时，信托公司在享受监管套利所带来便利的同时，也增大了其潜在风险。

信托公司对于跨市场业务，由于缺乏对不同市场、行业运作规律的认知，对相关业务流程和产品不熟悉，导致难以准确评估其他市场的风险分布和产品风险水准，对可能出现的市场变化缺乏相应的风险处置措施，被迫承担着较大的跨市场风险。

在多渠道跨市场交叉销售资管产品的背景下，由于资管产品存在结构过于复杂、合同约定责任不清等风险，再加上信息沟通管道不畅、分工协调不到位等因素，导致信托公司既无法评估、控制交由其他渠道代销的产品由于服务水准、专业知识、法律缺陷所引发的风险和纠纷，也无法预知自己渠道代销的其他理财机构的产品可能隐藏的风险。这种出跨市场、跨机构交叉销售引发的交叉金融产品的风险，在现有信托公司业务和渠道相对狭窄的背景下无法有效规避。

记者：信托公司该如何有效管控这些风险？在监管政策方面有何建议？

张传良：首先，信托公司要做好流程管控。信托公司应该就其参股、控股以及参与产品分销所涉及的代理、合作的上下游企业产业链进行调研和梳理，建立跨市场金融预警指标，评估产业链及其关键节点的风险及其管控状态，就其可能的风险点进行提前管控和规避。

其次，应做好产品研发和风控研究。与其被动挨打，不如主动出击，积极应战。信托公司应基于泛资管的背景，拓展发展思路，拓宽业务领域，深耕行业需求，通过市场调研和大数据分析，掌控市场需求和风险状况；基于产业链金融的视野，细分市场，挖掘客户需求，整合客户资源，提升客户服务能力；通过有效的机制、资源整合，进行专业化、精细化、特色化和系列化产品设计，丰富多层次的产品线，并同步设计风控审查标准与流程控制措施。

泛资管时代，监管政策也应适应混业经营的大趋势进行相应调整。

首先，要统一监管机构和监管制度。鉴于现在从事泛资管业务的机构横跨银行、保险、证券等多个领域，所受到的监管标准和风险理念差异较大，没有一家监管机构能够承担起对一笔资管业务进行全流程的风险监管的职能，存在监管缺位、重复监管、监管标准不统一等问题，难以发现跨市场的交叉金融风险。要提升泛资管时代监管的有效性，克服监管套利的弊端，应加强相关监管机构的监管协调，实行联合监管，并逐步整合现有的监管机构为统一的监管机构，以提升监管效率；从法律法规上明确资管业务的监管法理依据，统一规范资管市场；基于公司全流程系统风险的视野，构建覆盖全产业链的统一风险监管标准，统一对资管业务进行全流程的监管。

其次，鉴于泛资管业务种类繁多，应对理财机构按规模和风险状况实行分级监管，不同级别的理财机构实行差别化的分级监管政策。监管机构主要依据资本充足率和风险状况，实行总量控制。对成熟的通用类型资管产品，没有必要进行逐一审查，基于风险自负的原则放开销售，把审查权交给公司和市场判断，以强化股东和投资者的责任意识、风险意识和约束机制、退出机制。可通过强化公正、透明的信息披露机制，辅之以中介机构风险揭示和评级机制，确保投资者的知情权、决策权；通过完善项目责任者的奖惩机制强化自我约束能力。建立项目跟踪机制，完善风险处置措施。对于研发能力强、风控到位的信托公司，在履行必要的报备程序后，监管机构基于鼓励竞争与创新的原则，允许先行先试，放开产品设计与销售；对风险评估分歧较大的产品，可在规模限额下开展试销，以积累风险评估与控制经验。

最后，仿照存款保险体系，建立资管保障体系。该体系由相关理财机构自愿，承担对报备的资管产品的风险监控与处置职能，以应付个别机构的个别产品无法兑付所引发的金融动荡局面，降低资管业务出现系统性金融风险的概率。

作者：胡萍　文章来源：《金融时报》

解读信托产品第三方禁销

2015-4-2

银监会于 2014 年 4 月下发了《关于信托公司风险监管的指导意见》（银监办发〔2014〕99 号），重申了关于禁止第三方理财机构直接或间接代理销售信托产品，相关实施细则对该问题予以进一步细化。一年时间过去了，当前金融同业及财经媒体就此问题探讨依旧颇多，究竟如何理解监管机构关于禁止第三方财富管埋机构代理销售信托产品的问题呢？

第三方代销明危害

在讨论监管机构严格禁止第三方理财推介信托计划之前，首先需要明确一个问题——监管机构出台相关政策的目的和原因是什么？

首先，第三方理财机构代理销售信托产品，曾发生过大量违规推介行为。由于第三方理财机构缺乏有效市场监管，在推介和销售信托产品过程中存在大量承诺保底、返佣回扣等违规行为，不利于投资者正确认识信托投资风险，不利于信托投资市场的长期发展。

其次，第三方理财机构代销信托产品在一定程度上使信托公司异化了"受人之托，代人理财"的业务本质。如信托公司长期不注重自主开发投资者，而简单偏重于信托投资资产的回报，将弱化信托公司以投资者利益为本的服务本质，从而异化信托业务本质。同时，委托第三方理财机构销售信托产品，在很大程度上加大了信托公司的项目和管理成本，刺激了信托公司寻找高成本高风险项目，从而忽视对投资者利益的维护。

最后，扭曲信托行业正常的市场竞争，蕴含了更高的项目风险。当前市场上大量第三方销售的信托产品收益率高于其他同类产品，且普遍带有1~2个点的返佣或者回扣，在第三方理财机构销售收取2个点左右销售费用的情形下，实则通过第三方理财机构销售的产品，相比信托公司直销的同类产品对应的融资方，承担了3~4个点的融资成本，进而信托计划对应更高的项目风险。而返佣等违规销售行为在一定程度上扰乱了正常市场秩序，在信托产品销售过程中产生了"劣币驱逐良币的"扭曲现象。

优胜劣汰促转型

那么，禁止第三方理财机构代理销售信托产品，对信托行业而言到底意味着什么。

首先，禁止第三方销售在一定程度上催进了信托公司转型。从2007年新"一法两规"颁布以来信托行业的发展经验来看，第三方理财机构代理销售信托产品，是信托公司在分支机构设置受限及业务发展初期的必然现象，而近年来越来越多的信托公司开始关注信托产品直销，且部分信托公司已取得了不错效果。因而不应对此顺应行业发展潮流的监管促进作出过多负面解读。对于信托行业而言，部分信托公司或存在短期阵痛，但从长远来看有利于持续发展。对于信托公司而言，与其关注监管政策带来的不利影响，毋宁关注于自身产品销售能力和客户服务体系的建设。

其次，禁止第三方理财机构代销信托产品实则维护了正常的信托行业竞争秩序，实现行业内部的优胜劣汰，加速行业分化。第三方理财机构代理销售信托产品最直接的后果是，导致一批高风险信托产品流入市场，在高收益、承诺保底收益、返佣等违规行为刺激下，扰乱了正常的市场竞争，在支持部分经营能力较弱的信托公司业务存续的同时，支持了部分业务风格激进的信托公司非理性发展，扭曲了信托行业内部的市场竞争规律，禁止之后将在一定程度上限制上述项目的生存空间。如禁止第三方理财机构销售信托产品的监管政策得到有效执行，将在很大程度上限制上述信托公司的发展，而管理规范风险控制能力较强、自身产品销售能力较强、本身已摆脱对第三方理财机构销售依赖并主动舍弃高成本、高风险项目的信托公司，将在此轮市场竞争中获得发展先机。

作者：王苗军（中建投信托）　文章来源：《财富管理》

"隐性负债"尽调方法还原：管窥"民间借贷"藏匿财技

2015-5-9

实务过程中，"隐性负债"最需要关注的其实包括两部分，一是"民间借贷"，二是"对外担保"。

一般而言，财务报表、银行交易流水以及贷款卡信息是整个核查过程的基础起点，但"隐性负债"之所以被称为"隐性"，就是因为大多数情况下，它不可能在报表中简单显露于表面，但结合经验数据和企业的历史沿革仔细检查，依旧可能发现部分"民间借贷"和"对外担保"的蛛丝马迹。在此之后，更重要的工作在于进一步通过查验详细原始凭证来对"疑点"进行解释和佐证，才算完成这一路径的调查流程。

"隐性负债"是个旋涡，暗流始终潜在，对于和企业信贷往来的金融机构而言，更是如剑在悬。

之所以言其"隐性"，是因为这类债务常常通过老板的个人账户进出公司运营体系，通过报表等各种表面信息渠道难以寻迹，以致根本无法查验真实数据。

而说它"危险"，则是现实生活中，被其拖至绝境的明星企业已不胜枚举，在非理性的高杠杆作用下，加之原本的经营状况不佳，"隐性负债"越来越多扮演着"压垮骆驼的最后一根稻草"。一旦企业出现重大经营性问题难以偿债，其还会在清算执行过程中占用原本就已十分有限的可分割资产。

实务过程中，"隐性负债"最需要关注的其实包括两部分，一是"民间借贷"，二是"对外担保"。

常理而言，掌握企业整体真实负债情况并估算其偿债能力，应是金融机构给予其资金的前提和主要决策依据。但所有接受采访的业内人士均认为，即使通过各种方式抽丝剥茧试图还原"隐性负债"的全部情况，也存在极大的技术和现实难度。

更令人遗憾的是，在业绩考核压力驱动下，也有部分业务人士对即使能够掌握的"隐性负债"情况也不愿深究，在"乐观"的侥幸心理下，忽视了债权可能陷入的危险。

对此，《21世纪经济报道》记者采访了近20位银行及信托对公业务人士、风控负责人以及资深律师、审计人士等，以求对目前可供寻迹的"隐性负债"的方法加以整理还原，抛砖引玉。

三大细节管窥财务报表

大部分接受采访的业务人士均认为，对于"隐性负债"的识别，即便通过多种手段来全方位核查，也基本不可能还原出真实的负债规模数据，但依然可以借助发掘出的一些隐蔽信号，来对是否继续开展信贷合作提供决策依据。

一般而言，财务报表、银行交易流水以及贷款卡信息是整个核查过程的基础起点，但"隐性负债"之所以被称为"隐性"，就是因为在大多数情况下，它不可能在报表中简单显露于表面，但结合经验数据和企业的历史沿革仔细检查，依旧可能发现部分"民间借贷"和"对外担保"的蛛丝马迹。在此之后，更重要的工作在于进一步通过查验详细原始凭证来对"疑点"进行解释和佐证，才算完成这一路径的调查流程。

首先，北京某信托公司业务部负责人透露，"隐性负债"在财务报表中往往隐匿于其他应收账款、其他应付账款两个科目，且通常情况下以"其他应付账款"的甄别为主。

往来明细中的几个观察重点包括"是否全为企业上下游客户"、"客户群体分布是否与合同相符"以及"是否存在自然人的大额往来款挂账"等。

类似的方式也同样适用于核查企业的银行交易流水，应对其资金往来与日常经营情况进行对照，并发现其中存在的异常。

华东某金融业人士表示，自己曾接触到一个地产公司，在其银行流水中出现了对另外一家毫无关联也不可能有业务合作的地产公司的打款，后来证实其为民间借贷。

据业内人士介绍，对于不合理的应付账款，部分企业会解释为资金来源于集团调拨等，此时应进一步要求核查其母公司的合并报表，看是否能够"出"、"入"平账，如果不能，则怀疑为民间借贷或其他资金来源。

北京某会计师事务所人士还特别提出，应关注报表中是否有不合理的账期和大额整数进出款项，有所怀疑的部分，应该要求交易对手提供相关凭证、合同和财务明细，直至落实款项的真实来源和去向为止。

"在企业明细账和银行对账单中，正常经营往来的资金款项整数情况比较少，而民间借贷往往以整数大笔金额形式出现，若有这种情况，则可作为一项非绝对但可供观察的敏感信号。"

其次，"销售收入"也是重要的观察窗口。如果报表中企业的销售收入前后出现可疑的不合理变动，也可能有"隐性负债"藏身其中。

据了解，部分房地产企业为了美化报表，常常会将社会集资采用另类的方式进行"包装"。比如通过签订购房合同，甚至可能只是签订所谓意向型的认购协议，实际都是虚假销售，真实的目的是融资，利息也可在协议中以其他名目进行约定。类似的模式如今已并不鲜见，因此考察房地产企业的"隐性负债"也应与销售收入的真实性结合分析。

再次，通过报表对"隐性负债"的核查还应将财务费用部分与已披露负债进行比较，看利息水平能否匹配，异常的财务成本往往也是民间借贷隐匿的信号。

除了民间借贷，另一项需要重点关注的"隐性负债"即企业的对外担保。

南方某小型信托公司业务部负责人认为，对外担保过多的企业应高度警惕，被担保拉下水的企业案例已经数不胜数，其中又以无任何关联关系，且行业没有相关度的对外担保风险最大，而这部分企业常常也会对金融机构进行隐瞒，可以采用的查验方法主要包括两点。第一，是尽可能利用报表、银行流水、贷款卡信息等，尽量还原交易对手的关联公司布局，了解相关情况；第二，应关注企业自身的贷款取得方式，如果大比例为担保，鉴于"互保"规则盛行，有可能也存在诸多对外担保。该人士也表明，此论证并非绝对，单方担保的情况也不在少数，只能作为其中一项发掘迹象的方法做参考，若要获得具体情况仍有赖于其他途径的辅助调查。

上述人士表示："财务报表确实有一些蛛丝马迹可循，涉及这类'隐性负债'的一般是民营公司，它们本身就普遍存在财务不规范的情况，使通过报表查验民间借贷的方法存在天然难度。地方上常常会接触到部分中小企业，法律意识极为淡薄，为了拿贷款编制虚假财务报表的事早已不鲜见，对于其隐性债务的了解就更是难上加难。"

事半功倍的"本地效应"

多位银行业及信托业人士表示，相对具有一定技术难度的报表核验，一些简单基础性的调查方法，在实务过程中也常常能发挥事半功倍的效果。

首先，是对行业和地域的整体把控，对"深水区"谨慎进入。

某信托公司风控部负责人表示，规模化涉足民间借贷的行业通常具有一些典型特点，比如行业经营特征使其普遍具有旺盛的短期垫资、周转需求等。另外行业整体波动性较大的公司，也需要高度关注，企业经营可能出现销售资金回笼困难，利润减少甚至亏损，使用民间借贷概率较高，房地产和矿产都是个"雷区"。

除此之外，一些民间高利贷氛围浓重的地域同样需要高度关注，除了浙江温州和诸暨、山西昌梁、内蒙古鄂尔多斯、山东邹平等地区，很多其他区域也不容小觑，这就需要深入当地了解更多背景情况。

其次，是充分利用"本地"信息源。

这其中既包括企业内部职工、上下游客户、政府部门，也包括当地金融机构及担保公司，应尽可能充分地了解企业及实际控制人的全部情况，不仅企业真实的经营情况、民间借贷情况，实际控制人的口碑，甚至是否存在不良嗜好都应包含在内。

对于小型民营机构而言，实际控制人对于企业未来走向具有决定性影响。有时尽管企业运营状况尚属正常，但实际控制人涉案或卷入隐蔽的政商关系旋涡，都有可能对公司造成致命性打击，而通过当地走访，便可较为容易地获得"避雷"信息。

"地方金融机构往往对当地企业的情况都了解得非常充分，通过它们来获取真实信息通常效率很高，而且民间借贷资金来源一般也不会在外地。除此之外，也可借助当地的会计师事务所和律所对企业进行深入调查。很多时候，绊倒外地机构的风险隐患，在本地几乎是众所周知的公开秘密。"某信托公司风控部负责人表示。

北京某银行一位对公业务人士告诉《21世纪经济报道》记者，几年前其经手的一个项目，通过该企业曾经的下游客户了解到，实际控制人嗜赌成性，频繁往返澳门，斟酌再三他放弃了该项目。而实际情况证明，这家公司之后最终陷入泥沼，与该企业控制人密切相关。

最后，也是目前通用的常规做法，就是通过法院执行、裁判文书之类信息网站对交易对手进行查询，看其是否涉及民间借贷诉讼纠纷或其他问题。

"合理性判断"疑点挖掘

除了针对负债问题本身的查验方法，多位接受采访的业务人士表示，对于企业一些关键性整体指标作出"合理性判断"，也能为隐性负债的甄别和交易对手的选定提供一定参考。

企业资产与负债的差额，也就是传统意义上的权益，通常情况可作为一家企业"历史积累"的反映指标。

"可以通过权益指标，追溯企业的经营历史、经营规模，匡算合理的利润率水平，考察企业是否存在不合常理的历史积累。如果与企业提供的报表等情况难以匹配，则需要考虑其报表及主业交易背景的真实性。"华东某金融业人士表示，"这也需要业务人员对于交易对手所处行业有着深刻了解和尽调经验。"

北京某信托公司风控人士也认为，需要关注权益的历史变动，如股权经过数次变更，需判断背后真实的交易背景，识别可能存在股权不实以及或有负债等问题。

除此之外，北京某信托公司业务部负责人表示，还应关注企业资本公积的形成，如资本公积数额过大，则应关注组成来源，拆包还原以判断是否存在民间借贷的可能性。

也有业内人士提出另一种查验方法，即把企业成立以来现金流量表的净额和资产总额作出比较，如果存在差额，即存在民间借贷。但因为其中还涉及例如资产重新估值等问题，被认为实务过程非常复杂，难于操作。

而另一个维度的考量则是关于"需求"与"源头"的合理性考量，如果某企业本身已经维持较高的负债水平及较大的资金链压力，但近一段时间以来如若其资金需求的旺盛程度并未有明显变化迹象，但从正规金融机构获得的贷款不断减少，则可看作需要考察民间借贷的重要信号，毕竟民营企业解决资金来源的主要方法，除了销售变现和正规融资，其余很大比例来自民间借贷。

作者：冀欣　文章来源：《21世纪经济报道》

不良资产规模上升　信托风险仍整体可控

2015-11-23

近年来，受我国宏观经济下行的影响，信托项目风险事件屡见报端，尤其是2014年，全行业兑付总规模达1.27万亿元，同比增长超过40%，全行业风险项目规模也达到创纪录的781亿元，环比增长24.77%。信托业不良资产在累积，信托公司源头风险控制能力引起行业内外关注。

经分析，2014年信托不良资产呈现以下特征：一是不良业务资产涉案金额较大。从披露的诉讼案件可以看出，2014年新增重大诉讼事项（包括未决诉讼事项和已决诉讼事项）达到近40起，涉案总金额（包括申请执行）达到15亿元。二是不良资产行业集中度较高，年初，监管部门摸底信托公司风险存量的结果显示，90%的信托项目风险集中于房地产、地方政府融资平台、矿产能源以及艺术品、红酒类信托；而最近的摸底结果则显示风险仍集中在能源及房地产领域，经过半年左右的调整后，信托公司在这两个领域的风险仍然没有得到较好的化解。三是信托不良资产表现形式多样化，不良业务包括融资类业务、股权投资类业务、资金池业务、财产收益权类业务、通道类业务以及事务管理类业务等多个类别。截至2014年末，信托行业共有369个项目存在风险隐患，涉及金额781亿元，占管理信托资产规模的0.56%。

信托警报已响起？

有些人可能会担心，我国信托行业是否还有更多的风险项目一直隐藏于全行业近年来靓丽的经营业绩后面，并最终会引发行业系统性风险？

我们认为，我国信托业风险整体是可控的。

首先从信托不良率来说。据权威机构披露，目前信托行业不良资产规模和不良率总体相对较低，行业平均不良资产规模5996.51万元，行业固有资产不良率平均为3%。不良资产规模较大的十家信托公司占行业总体不良资产的82.87%。2014年年报中，共有23家信托公司披露了重大诉讼事项，共涉及案件60多起，从披露重大诉讼事项的信托公司数量和案件总数来看，与2013年并无太大变化。但是从新增诉讼案件数量和具体案件类型来看，诉讼事项无论是数量，还是规模均较以往年度有较大增加，同时信托项目的风险处置方式也更加市场化。当前，信托公司开始通过并购、重组、法律追索、处置等不同方式，对信托项目风险进行市场化化解，这样既能提升主动管理能力，又能逐步弱化"刚性兑付"，从而大大降低了行业发生系统性风险的可能性。

其次从拨备、净资产对不良资产的覆盖以及信托行业注资情况来看。近年来，由于监管部门对信托业实行信托赔偿准备金和净资本约束制度，使得我国信托业的风险抵御能力得到持续增强。截至2014年末，全行业计提的信托赔偿准备金已达到120.91亿元，如果行业问题信托项目规模按照600亿元测算，仅信托赔偿准备金即可覆盖全部问题资产的近20%；同时，全行业净资产已达到3196.22亿元，较2014年增加了641.04亿元，同比增长25.09%。因此，充足的拨备和净资产将成为抵御系统性风险的有力防线。由于监管机构从风险防范和开展业务角度对信托公司注册资本有新要求，多数信托公司通过定向增发、利润转增和引入新股东等多种手段提升净资本水平，以提升风险抵御能力，实现对业务风险的更好覆盖，并对未来业务进行提前布局。截至目前，已有15家信托公司注册资本超过30亿元。2014年，披露净资本风险指标的38家信托公司，净资本/各项业务风险资本之和的均值为208%，实现了对业务风险的完全覆盖。

整体风险可控

另外，从信托公司风险防控能力来看。整体而言，我国经济的复杂程度在上升，市场对更复杂融资的需求也在上升。在此形势下，信托公司一方面会针对宏观调控政策和行业发展形势，进一步提升客户准入标准，同时加强对客户的尽职调查，通过法律、风险等部门的审核，以及集体决策的形式，保证项目审批的有效性，并借助于项目巡查、风险预警体系的建立和完善来加强对项目的后期管理，致力于打造可以涵盖事前、事中、事后全流程各个关键环节的全面风控体系；另一方面，2014年以来，银监会大力推进信托业"八项机制"建设，其着眼点就在于提升信托公司的整体风控能力，特别是以 "信托业保障基金"及其管理公司成立为标志的"行业稳定机制"的建立，更是将信托业的风险控制机制从公司层面提升到了行业层面，可以更有效地防范信托业的系统性风险。同时，作为未来监管布局的重要组成部分，国务院正在组织起草《信托公司条例》，监管当局也正在加紧研究推出《信托登记管理办法》、《信托公司信托业务尽职指引》等相关文件，并调整信托公司净资本计算标准，通过全方位、立体化的监管"组合拳"，以期全面提升行业抗风险能力并建立信托业的长效发展机制。

最后，再来看一下信托公司经营模式的变化。2014年以来，我国信托业充分发挥行业和制度优势，积极拓展创新业务，不少公司开始积极拓展养老地产、土地流转、消费信托、医疗信托以及资产证券化等新领域，其中一些实力较强的信托公司已在上述领域实现项目落地，并在专业人才储备、对员工的激励等方面进行了积极的探索和尝试。目前，国内整个资产管理行业有两个大趋势，即从通道类业务转向主动管理类业务和从借贷类业务转向权益类业务，这将有力推动信托业务走向多元化。同时随着投资者的理财意识觉醒和理财观念更新，我国会逐步具备消费信托、家族信托和公益信托发展的土壤。随着信托公司转型升级逐步完成和在新的业务领域不断开疆拓土，在传统业务领域累计的项目风险也有望逐步得到化解。

综合来看，相对于我国银行业金融机构2014年末1.64%的不良贷款率，我国信托业0.56%的资产不良率对行业发展的影响有限，整体风险可控，更不必担心近期会出现行业性系统风险。但就目前而言，压在信托公司肩上的转型升级和防控风险的担子依然沉重，在日益加剧的竞争环境中，如何积极顺应监管政策以及市场的变化，在风险可控的前提下创新图变，找到适合自己的可持续发展模式，整个信托行业还有很长的路要走。

作者：蔡华（百瑞信托）　文章来源：《上海证券报》

信托业着力构筑全方位安全防线

2015-12-1

工商企业和房地产领域风险项目呈上升趋势

由于经济下行压力较大、企业经营不善以及信托公司风控流程仍待完善等，2015年以来信托业兑付风险频发。工商企业和房地产领域是信托项目风险暴露的高发区域。信托公司需搭建起完善的前中后风险控制平台，并逐步压缩传统融资业务，重点拓展低风险及创新业务。

2015年以来，信托业风险项目数量和规模处于上升趋势。云南煤化工集团有限公司日前发布部分债务逾期公告，其中涉及信托融资6亿多元。此前，也已有信托公司被曝项目兑付危机。中国信托业协会的数据显示：2015年第一季度末信托公司全行业风险项目数为425个，规模为974.47亿元；第二季度末风险项目数为450个，规模为1034亿元；第三季度末风险项目有506个，规模达到1083亿元。为何信托业风险项目数量和规模会持续上升？其风控压力到底有多大？该如何应对呢？

双重压力下的风险暴露

"在经济新常态背景下，经济结构调整向纵深发展，房地产业、传统制造业等遭遇转型阵痛，同时随着金融体制改革和利率市场化进程的不断深化和推进，金融同业之间的竞争日趋激烈，信托业又恰遇转型攻坚期，风险个案项目有所增加在意料之中。"西南财经大学信托与理财研究所所长翟立宏表示。

对于2015年以来信托业兑付风险频发的原因，翟立宏将其归结为经济下行压力较大，企业经营不善以及信托公司的风控流程仍待完善。

信托出现风险项目并不是什么新鲜事，但因为刚性兑付的客观存在，信托风险具有一定的隐蔽性。"信托公司继续刚性兑付的压力越来越大，开始选择将风险逐步暴露出来，这也是一个风险缓释的思路。"翟立宏说，信托行业目前处在转型升级的关键期，面临传统业务萎缩和新业务艰难探索的双重压力，前期存量项目可能仍会有风险个案爆出。

虽然，信托业风险项目数量和规模上升，但相对全行业管理的信托资产规模而言不良率仍处于低位，截至第三季度末为0.69%。在风控压力上升的同时，信托业抵御风险的能力也在不断增强。

2015年上半年信托公司密集增资扩股，通过利润转增、引入新股东等手段提升净资本水平，第三季度该趋势仍在延续。"这既可以使得信托公司实现对业务风险更好的覆盖，也有利于其对未来业务进行提前布局。"百瑞信托博士后科研工作站研究员蔡华说。近年来，监管层对信托业实行信托赔偿准备金和净资本约束制度，从历年的发展情况来看，信托赔偿准备和未分配利润总体呈上升趋势，充足的拨备和净资产将成为抵御风险的有力防线。同时，以信托业保障基金及其管理公司成立为标志的行业稳定机制的建立，将信托业的风控机制从公司层面提升到了行业层面。

处置方式更加市场化

从目前信托资金配置的领域分析，翟立宏认为，工商企业和房地产领域是信托项目风险暴露的高发区域，也是信托公司风控压力较大的领域。"制造业和房地产业是经济下行压力传导最充分的领域，资金链压力较大。"格上理财研究中心研究员王燕娱也认为，房地产信托总体而言风控压力大一些。

"目前信托项目的风险处置方式也更为市场化。"蔡华表示。据了解，信托业广泛使用的信托风险处置方法主要有延长信托项目期限、提前终止信托项目、以自有资金进行兑付、寻找新的接盘者或通过资金置换方式解决等。

上述信托风险处置方法适用范围各有不同。据翟立宏介绍，提前终止信托项目适合于风险尚未完全暴露或者未来可能出现风险的信托项目。延长信托项目期限、信托公司自有资金兑付、寻找新的接盘者等适用于信托项目尚未到期但已表现出无法偿付的情况。"外部资金或者接盘者更偏好于接盘暂时流动性紧张但是项目质量较好的信托项目"。

"如果信托公司需要拍卖信托项目抵押物等，可能需要通过法律诉讼程序确权，这需要经历复杂的法律程序。"翟立宏表示。当前，为使得这些风险处置手段更好地发挥作用，需要在业务流程等方面为其充分运用创造条件，如界定清楚风险处置手段运用的条件，丰富和扩大风险处置参与主体范围，优化和提高法律程序效率等。

完善风控机制

目前，信托公司风控压力依然较为沉重。翟立宏表示，信托公司需将风险控制贯穿于产品设立、项目尽职调查、产品销售、后续管理、信息披露、信托终止等各个环节，搭建起完善的前中后风险控制平台。并逐步压缩传统融资业务，重点拓展低风险及创新业务，大力发展同业合作、资产管理和财富管理业务等，打造专业化、规范化的综合金融服务平台。

翟立宏说，信托公司要做好流程管控，就参股、控股公司以及参与产品分销所涉及的代理、合作的上下游链条中可能的风险点进行提前管控和规避；同时，做好产品研发和风控研究，比如，可提升交易对手准入标准，加强项目排查力度等。

目前，从通道类业务转向主动管理类业务、从借贷类业务转向权益类业务是国内资管行业的两个趋势。"从各信托公司近一年的业绩上看，创新业务虽然还不能成为核心业务，但也初见成效。比如土地流转信托、资产证券化、PPP模式等，有着广阔的发展前景。"王燕娱说。

蔡华表示，随着信托公司转型升级的推进以及不断开辟新的业务模式，传统业务领域累计的项目风险也有望逐步得到化解。

作者：常艳军　文章来源：《经济日报》

④ 信托人说

——建言践行、知行合一谈发展

经历了五次大规模清理整顿的信托业不仅没有被历史淘汰，而且早已完成涅槃重生，连续多年位居金融第二子行业的位置。无可置疑，信托业的存在和发展最根本的原因是监管部门对行业的引领和扶持。同时，难以否认的是，众多信托人为信托业的生存殚精竭虑，奋斗不止。特别是在目前经济发展新常态下，各信托公司管理层和信托业的专家学者对信托业的下一步转型和创新倾注了不少心血。本章关注"信托人说"，通过建言践行、知行合一谈发展。

本章分为两部分：信托业发展方向和机构，主要内容包括资产管理与财富管理双轮驱动，未来转型为资本中介和财富管家、业务分化中的机会以及信托业适应多层次资本市场需求等。

一、信托业发展方向

> ### 专访陈赤：信托业曲折突围 资管、财富管理双轮驱动

2015-2-15

自 1913 年信托传入我国，至今已有百年历史；而从 1979 年中国国际信托投资公司设立到现在，信托重新恢复发展也走过了 35 年的历程。无论是在旧中国的萌芽和成长，还是在改革开放后的恢复与发展，信托业的道路蜿蜒曲折，山重水复，历经苦难，如今方才呈现出兴旺发达的气象。近日，记者专访了知名信托专家、西南财经大学兼职教授陈赤博士，回顾信托过往的发展过程，展望未来的发展前景，信托在我国分阶段发展的图景逐渐清晰。

在陈赤看来，信托在我国的发展可以分为三个阶段：第一个阶段是信托的初级阶段，起止时间大致是 1979—2014 年，其基本特征是信托业以融资类业务为主营业务模式，信托业是一辆独轮车。第二个阶段是信托的中级阶段，其基本特征是融资类业务虽然继续存在，但占比显著下降；资产管理业务将成为信托业的一个新的主营业务，信托业升级为一辆两轮车；与此同时，财富管理业务开始萌芽并逐渐成长。这一阶段的时间大概从 2015 年、2016 年开始，可能需要五六年的时间。

展望中国信托业的未来，有望在 2020 年逐渐进入第三个阶段，也就是信托的高级阶段，其基本特征是资产管理业务继续茁壮发展，财富管理业务则取代债权融资类业务而普遍开展，信托业新的双轮演变为资产管理业务和财富管理业务，债权融资类业务成为非主流的附属业务。

起势：信托突围矛盾困境

记者：能否请您简要回顾一下信托在我国的发展历程？

陈赤：信托在我国近现代的成长史无疑是相当曲折的。

信托在我国萌芽于 20 世纪 10 年代，在 20 世纪 20 年代的"信交风潮"中大起

大落，经历了抗战前的快速发展和抗战时期的"畸形繁荣"，最终在战后的统制经济中走到了尽头。在这一演进过程中，有三个问题一直制约着信托业的进步：其一，行业地位不高。与银行、钱庄、保险等其他金融行业相比，信托业兴起的时间较迟，规模、影响力相对薄弱，始终处于金融业中的次要地位。其二，从一开始经营就偏离了主业。由于当时国人没有信托观念，信托需求不足，加之金融市场环境动荡，信托机构为了生存，经营偏重于银行业务，投机性强，信托主业薄弱。其三，信托制度建设的滞后。近代信托业始终没有建立一个完整的制度体系，原因是政府没有发挥主导作用，尽管业内人士也曾努力推动行业建设，但收效甚微。

新中国成立后，随着社会主义改造任务完成，我国开始推行高度集中统一的计划经济体制，信用集中于国家银行，金融机构的形式趋于单一化，原有信托业务消失，信托业在中国的存在和发展告一段落。

信托在我国的重新出现，是改革开放的产物。1979 年 10 月，中国国际信托投资公司成立，标志着信托业的恢复。改革开放后，再次设立信托机构，恢复信托业，是国家适应经济体制改革的需要在金融体制方面实施的一个重要改革内容。但是，我国恢复信托业，是在并没有任何相关法律制度准备，甚至决策层、理论界和实务界均不甚明了信托的本质为何物的情况下，国家出于对高度集中的传统金融体制进行改革的需要，把信托机构植入当时的金融体系。因此，我国信托业的重新出现，并非因为实体经济对信托作为一项优良的财产转移和财产管理制度产生了需求，而是因为改革开放的需要、作为国家银行的补充机构引入的，因此，这一制度供给所对应的制度需求难免具有脆弱性和短期性的特点。所以，从 1979—2013 年，这三十多年来信托业始终处于发展的初级阶段。

记者：信托初级阶段这一过程的时间不算短，可否再细说一下？

陈赤：初级阶段的信托，其发展又可细分为三期。

初级阶段的第一期，是从 1979 年我国信托业恢复以来，到 2001 年的二十余年，属于信托业的探索时期。在探索时期，信托机构的初始功能定位首先是类同于银行的融资功能，显著区别于发达国家和地区对信托机构的基于财产管理的投资型金融机构的功能定位。当时无论是从指导思想、行业管理上，还是从实务经营上，都使用了办银行的方法办信托机构，用管信贷的方法管信托业务，使信托机构具有强烈的银行色彩，信托业务具有强烈的银行业务色彩。此时信托机构在金融体制改革中扮演的角色，是在传统僵化的国家银行系统之外的、较少受到计划约束的、更具灵活性和弹性的新型银行类机构，可以满足各方对资金的饥渴需求。

同时，在探索时期，信托机构还成为了混业经营的改革试验田。各种历史因素汇集到一起，客观上要求当时新成立的信托机构应当是全能型的，既要有银行的功能，可以从事存贷款业务，又要有实业投资的功能，这样才能实际地参与项目的建设，还要具备在国外发行债券的资格。由此，强化了信托机构"金融百货公司"的倾向，逐步确立了信托业以经营银行业务为主的混业经营模式的合法性。

事后分析，探索时期对信托业的功能定位偏离了信托本源业务，发生了错误。客观原因是，信托业作为改革工具和融资工具的政策取向，使之难以定位于信托本业；制度供给不足，难以支持信托本源业务开展；居民收入水平低下，也难以支撑信托本源业务开展。

在这一时期，由于种种矛盾困境，信托业普遍出现了违规作业现象，使信托机构常常成为一股无序的冲击力量，隐藏着巨大的风险，导致了在1982—1999年，监管部门先后多次对全行业开展清理整顿规范工作，其中以从1999年开始的第五次清理整顿工作最为彻底和有效。这一次根本性改革的历史意义在于，国家以在制度层面上重新定位信托业的基本功能、促使信托公司回归财产管理的本业为主要目标，力图通过强制性制度变迁，彻底打破信托业发展的路径依赖，从根本上解决信托业无序经营、没有自己独特功能和独特业务的问题，从而再塑信托业，使之真正成为金融业的支柱之一。而强制性制度变迁的主要内容，就是颁布实施信托的"一法两规"。"一法两规"的出台，标志着中国信托业从探索时期进入了初级阶段的第二期，即规范发展时期，起止时间是2002—2006年。

我国《信托法》和2002年中国人民银行颁布的《信托投资公司管理办法》、《信托投资公司资金信托管理暂行办法》，被称为信托的"一法两规"。在"一法两规"中，信托制度的基础是信托基本关系，《信托法》对这些基本关系进行了规范；利用信托制度进行营业活动的主体是信托公司，《信托投资公司管理办法》对信托公司经营活动进行了规范；资金信托是信托公司的主营业务，《信托投资公司资金信托管理暂行办法》对这项业务进行了规范。因此，"一法两规"

颁布实施，是中央政府为了打破信托业的路径依赖所作的强制性制度变迁，对于实现信托业回归本业，促进信托机构按照需求尾随型的金融发展模式走市场化道路，大力进行信托创新，发挥了基础性的、重要的规范和引导作用。

初级阶段的第三期，起止时间自 2007 年到现在，是信托业的高速增长时期。2007 年 3 月 1 日，中国银监会重新制定并颁发实施了《信托公司管理办法》和《集合资金信托计划管理办法》（以下简称"新两规"），取代了原有的《信托投资公司管理办法》和《信托投资公司资金信托管理暂行办法》。2008—2013 年，由于中国经济处于上行周期和人均 GDP 提高所带来的人们理财意识的觉醒，加上"新两规"一系列市场化改革措施的推行，有力地促进了信托业爆发式增长，信托业管理资产规模超过了保险业、证券业和基金业，在 2013 年一跃成为中国金融体系中第二大子行业。

"新两规"在信托业高速增长方面发挥了以下三个重要作用：一是确立了市场化监管的原则，解放了信托公司的生产力，使信托公司焕发了极大的活力；二是推动了信托公司以信托业务取代固有业务成为主营业务；三是放行了信托公司在全国展业，促成了信托公司由原来的地方性公司扩展为全国性的金融机构，有利于国内统一的信托融资市场的形成。

崛起：构建新融资渠道

记者：您认为应该如何评价近年来迅速崛起的信托业？

陈赤：首先，总体来看，"一法两规"实施以来，信托业在中国金融体系中扮演了一个积极有益的角色。概括而言，信托公司的主营业务是信托融资，而信托融资在我国的金融体系和金融市场中发挥了两个重要作用：一是作为比较僵化的国有银行体制的补充，通过高度市场化的运营方式，既为社会增加了新的融资渠道，帮助众多民营企业、中小企业获得信托资金支持，促进了融资难问题的解决，又为社会增加了新的便利的投资渠道，大幅度提升了投资者的收益，促进了利率市场化改革。二是作为民间金融正规化的一个行之有效的替代路径，一方面，与龙蛇混杂的民间金融活动相比，信托融资以其专业的风险管理能力和负责任的态度，极大地降低了投资者的风险；另一方面，信托融资以其接近于股份制商业银行收取的综合成本的合理收费标准，大大地降低了企业的融资成本。因此，可以肯定，信托融资的存在和壮大，在我国非均衡的金融制度下探寻出来一条新的金融路径，提高了我国金融体系的效率，在一定程度上起到了宏观调控的减震器和润滑剂的作用，成为稳定和促进增长的积极力量。

但是，信托业发展至今，尚远未完善。最为大家关注的，是信托产品的"刚性兑付"问题。目前在信托业，"刚性兑付"似乎是信托公司发行其主打产品——融资类集合资金信托计划的一个隐性承诺，无论信托到期时信托财产的收益状况如何，信托公司均要保证给投资者足额兑付本金和收益。"刚性兑付"隐性机制的成因，主要有三个。首先，与民事信托一般由委托人作为创设信托的发起方不同，信托计划作为一个金融产品，是由信托公司发起创设的，而信托公司的尽职调查和内部审查批准是一个信托计划发行的前提，这就在信托计划上附着了一定的信托公司的信用。一方面，信托公司的调查是否做到了尽职，受托人的职责是否得到切实履行，目前在实践中并无十分明确的标准和清晰的边界。因此，一旦出现风险，信托公司能否自证清白，不是一件容易的事情。另一方面，出于可持续性经营的考虑，信托公司对防范声誉风险十分重视，也有动力来维持"刚性兑付"。其次，目前对融资类信托计划投资者的风险教育和风险揭示还不到位，也没有现实的无法兑付的例子让投资者警醒，投资者自身承担风险的意愿和能力都不够强。最后，信托计划信息披露的透明度不够，加之缺乏流动性，没有风险分担机制，客观上加重了投资者对信托公司的依赖。此外，监管部门出于防范金融风险、维护社会稳定、促进行业长远发展等方面的综合考量，把保证融资类信托计划足额兑付作为监管的一个"底线"，则强化了刚性兑付机制，使之成为一种不成文的制度约束。因此，刚性兑付客观上使债权融资类信托计划从直接融资工具异化为间接融资工具，让信托公司成为信托计划到期兑付义务的承担者，阻隔了信托投资者与借款人之间本应存在的利益关系，信托计划从"类企业债"异化为"类金融债"。

可是，债权融资类信托计划并不必然具备到期足额兑付的能力。由于目前主流的"一对一"的信托计划仅直接对接一家企业的融资，加之信托期限的预先确定，从理论上讲，随着信托计划总体数量的增加，由于企业发生信用风险，从而导致信托计划不能按照预期收益率到期足额兑付给信托受益人，这类事件难以完全避免。这一矛盾既令许多人对信托风险产生了质疑和担忧，从长期来说也构成了影响信托融资业务健康可持续发展的障碍。

记者：按照您的介绍，近年来信托的发展，既扩大了影响，增强了实力，做出了贡献；又积累了风险，加剧了矛盾，面临着挑战，据您的判断，目前信托业处于一个怎样的发展时期呢？

陈赤：我认为，目前信托正处于一个消化存量风险，摆脱原有路径依赖，突破"初级阶段陷阱"，从初级阶段向中级阶段过渡的关键时期。

在整个初级阶段，无论是哪一个时期，总体而言，信托公司的主营业务模式都是债权融资类业务，信托业就像一辆独轮车。未来可行的路线图，是债权融资类业务占比下降，资产管理业务比重逐渐提高，从而形成这两大类业务并行的格局，进入信托发展的中级阶段。

记者：为什么说债权融资类业务的占比会下降？

陈赤：因为信托债权融资类业务快速增长的基础不再，极有可能逐步从正增长变为负增长。信托业发展到现在，一直有很严重的路径依赖，执着于债权融资类业务。究其原因，一是我国金融市场上缺乏固定收益类产品，债权融资类信托产品正好填补空白；二是大量成长中的企业有旺盛的债权融资需求得不到满足，求助于信托融资；三是债权融资类业务相对简单，容易为信托从业人员掌握；四是债权融资类业务方便设置保障措施，有利于信托资金的安全。

但是，随着2014年中国经济进入新常态后，信托公司传统的债权融资类业务面临了空前的挑战。一方面，优质企业、优质项目的融资业务，成为众多商业银行、券商资管、基金子公司竞相追逐的对象，信托公司倍感竞争激烈。激烈竞争的结果使信托公司收窄收益率，业务量被挤压。另一方面，经济下行、行业危机、地方经济塌陷、腐败案件等带来的企业信用风险，使信托公司需要付出更多心力才能应对"刚性兑付"的压力。为适应新常态下的新场景，信托公司通过反思认识到，依赖原有的路径，以企业融资需求为主要驱动力，一味地扩大风险型债权融资类业务，单向地从事卖方业务，无论从盈利空间考虑，还是从风险管理的角度着眼，已经不大具有长久的可持续性了。

不过，虽然信托的债权融资类业务增长乏力，但由于需求在短期内不会马上消失，因此，此类业务在进行创新升级之后，在相当长的时期内仍会是信托业主营业务的一部分。

记者：那应该如何对信托债权融资类业务进行创新升级？

陈赤：一个想法是进行制度创新，借鉴日本贷款信托的成功经验，按照信托公司自愿的原则，允许其为一定规模的债权融资类信托计划提供保本或保收益的承诺，使这部分信托计划的刚性兑付阳光化、制度化，同时配以事前审批、限制规模、提取拨备、规定一定期限、降低投资门槛等监管手段，把它的规模控制在一定范围内。这样做的好处：其一，通过把隐形的、不合规的刚性兑付，转换为制度上认可的、书面约定的本金补足（或收益补足）约定，有利于把外在的声誉风险约束转换为外在监管约束加内在内控的约束，把含混的、不可计量的风险转换为透明的、可计量、可监管的风险。其二，投资者得到书面的本金（或收益）保证后，安全性得以提高，相应降低期待的收益率，这有利于降低信托资金成本，扩大信托资金的运用范围，有效引导信托服务实体经济。其三，既然这类产品安全得到有效保障，就不妨大幅度降低投资门槛，让更多百姓获得信托理财服务，增加居民财产性收入，有利于居民收入倍增计划的实现。同时，如果单笔投资金额减少，也有利于投资者分散风险。

另一个想法是，将其他的适合一定条件的债权融资类信托计划转换为"附信托私募企业债"。我设想的附信托私募企业债，是指企业以非公开方式发行和转让，约定在一定期限还本付息的债券；在债券发行前，企业与受托人即信托公司签订信托合同，将担保物权设定给受托人，使受托人为全体企业债债权人的利益保管并行使担保物权，同时为债权人的利益履行其他法定义务和约定义务。在这一产品模式的设计中，信托公司所扮演的角色从信托计划的发行主体，转化为"投资银行+信托受托人"。这将还信托融资作为一种直接融资工具的本来面目，将信托制度优势与债券发行制度结合起来，改变目前由信托公司发行信托产品的业务模式，转换为由信托公司协助企业发行"附信托私募企业债"。虽然仍旧属于卖方业务，但这一类业务已由原来的风险型业务转换成了新的收费型的投行业务。

新兴：股权投资功能凸显

记者：传统业务的增长面临巨大的瓶颈，您是否同时也看见了信托业新的增长点？

陈赤：正如罗素所言，世界始终不偏不倚地正悬于希望与恐惧之间。在居民收入不断增长、财富不断积累的时代背景下，家庭部门的资产管理的巨大需求，有望成为支撑信托业发展的新的驱动力，支持信托业开展收费型的资产管理等买方业务。从西方发达国家、日本以及中国台湾的经验来看，当年均GDP超过7000美元时，资产管理需求将处于快速成长时期，中国的年人均GDP在2014年约为7485美元，国民财富快速增长将带来资产管理业务的快速成长。

资产管理业务所对应的资产运用，主要是对股权、证券等的投资活动。这正好发挥现有金融体制赋予信托公司的比较优势——股权投资功能。经济中蕴含着巨大的股权投资需求主要包括以下三个方面：其一，项目股权投资。我国尚处于资本形成的初级阶段，企业的资本实力偏弱，资产负债率居高不下，缺乏财务稳健性。这给了股权融资功能以用武之地。其二，私募股权投资（PE）。PE有利于完善金融体系，支持中小企业尤其是科技型创业企业融资，推进中小企业的成长，提升我国经济竞争力，增加就业机会。其三，并购投资。我国虽已有"世界工厂"的称号，但产业结构中存在行业集中度不高，具有国际竞争力的大企业不多的问题。在产业转型升级、转变发展方式的过程中，企业兼并重组是必由之路。在并购业务中，信托公司可通过股权投资的方式参与并购活动。

信托公司开展上述多样化的股权投资业务后，一方面，由于此类产品将不再设立预期收益率，并将设立可根据实际情况加以延长的弹性期限，有利于促进信托投资者行为模式转变为真正的自担风险的投资行为；另一方面，有利于改变信托业务较为集中于房地产和信政合作业务领域的现状，扩展进入更广阔的实体经济、战略性新兴行业的渠道。

此外，信托公司在阳光私募和结构化等证券投资信托业务方面已经具有丰富的实践经验，不必赘述。

因此，信托公司必须重新从制度上审视自己的长处和短处，积极进行业务模式的转换，发掘并运用自身所具有的比较优势，服务于快速增长的资产管理需求和股权投资需求。

记者：新兴的资产管理业务与传统的债权类融资业务的主要区别是什么？

陈赤：虽然资产管理业务的运行中，也需要将资金投入实体经济和资本市场，常常需要对接企业的融资，但它在本质上不同于传统债权类融资业务。债权类融资业务是卖方业务，出发点是满足企业的融资需求，收入来源于"利差"，同时，因为要承担"刚性兑付"的压力，因此属于风险型业务，信托公司开展此类业务收入高，但风险也大；资产管理业务是买方业务，出发点是满足投资者的理财需求，收入来源于佣金，不必"刚性兑付"，因此属于收费型业务，信托公司开展此类业务的收入不会太高，但自身风险也较小。

记者：在中级阶段，信托开展资产管理业务的主要产品形态是什么？在目前各类金融机构、非金融机构大力拓展此类业务的背景下，信托公司的竞争力将体现在何处？

陈赤：信托公司开展资产管理业务的产品形态是信托基金。信托基金的第一个特征是规模化。只有当一个信托产品达到一定规模的时候，才有可能通过组合投资来分散它的风险。基金化信托产品通过分散投资，可以在空间分布上把信托风险分散开来。信托基金的第二个特征是长期化，做到风险在时间分布上的分散，以应对经济周期、宏观调控对企业和项目的短期影响。信托基金的第三个特征是流通化。不难理解，信托基金需要有较强的流动性，才能够吸引规模化、长期化的资金加入。

作为资产管理的信托基金，与银行理财产品、券商资管计划、保险债权计划、公募基金、私募证券基金、私募股权基金、产业投资基金等资产管理产品相比，优势在于它能够做跨行业的大类财产配置，即资金可组合投资于证券市场、信贷市场、产业市场。基于此，构建理想化的信托基金的核心竞争力的方向可以是，加强对宏观经济变化的敏感性，站在整体把握金融市场的立场和角度，预测并确认经济周期转换、大类资产市场轮动、宏观经济金融政策调控的方向与力度，从而把握不同时期的重大业务机会，确定相应的重点投资品种。

展望：资管、财富管理双轮驱动

记者：信托从初级阶段迈向中级阶段，除了信托公司努力进行业务结构调整与优化、实现双轮并进外，还需要哪些外部条件？

陈赤：信托业从初级阶段发展到中级阶段，除了需要众多信托公司自身努力外，还需要有外在的良好制度环境。

一是需要加快信托市场基础设施制度建设，例如，信托财产登记制度的缺失，使《信托法》中有关信托登记的要求，虽有法可依，但无法可施，造成委托人的包括动产、不动产、股权等在内的非现金财产在实践中无法交付信托，这是导致目前信托业务局限于资金信托的一个主要原因，阻碍了资产管理、家族信托的蓬勃发展，亟待加以建设。二是需要加快建设公平的市场规则，例如，证券监管机构不愿接受存在信托持股企业的IPO申请，使信托公司的PE投资业务受困于退出通道的不畅，抑制了其PE业务的开展。需要相关机构本着公平对待的市场规则，对不合理的规定予以解禁。三是需要加快构建信托产品的流通市场。缺乏流动性是现有信托产品的一大短项。构建信托产品流通市场，有助于期限较长的信托基金的开发和发行，从而提高资产管理业务在业务结构中的占比；有助于形成风险分担机制，从而通过市场释放信托产品的风险；有助于借助市场监督的力量，提高信托产品的安全性。四是需要着手构建信托直接融资工具的发行市场。从目前可行的路径来看，建议监管机构推动区域性股权交易市场接纳信托直接融资工具的发行和流通，同时容许在未来建立的信托产品流通市场上发行和流通信托直接融资工具。

记者：您预测信托发展的中级阶段将会持续多长时间？此后又将如何发展？

陈赤：信托中级阶段的基本特征是融资类业务虽然继续存在，但占比显著下降；资产管理业务将成为信托业一个新的主营业务，信托业由"独轮车"升级为"一辆两轮马车"。信托从初级阶段升级到中级阶段，2014年是信托业在思想认识上的准备期，顺利的话，2015年、2016年可成为过渡期，2017—2019年则成为稳定期，中级阶段可能需要五六年的时间。到2020年以后，信托有可能开始从中级阶段向高级阶段过渡。

作出这一初步判断的主要依据是，随着利率市场化和多层次资本市场的建立，企业部门的融资渠道将趋于多元和通畅，对于信托债权融资的需求会持续减少。

在这方面，以债权融资业务起家并大行其道的日本信托的演变轨迹，可资借鉴。日本信托银行在1952年开始发售贷款信托，很快就成为主力商品，受托资金量持续增长。1955—1965年，由于日本的钢铁、煤炭、重化工等基础产业的资金需求旺盛，信托银行以贷款信托为中心，作为资金供给者发挥了极其重要的作用，显著扩大了市场规模。1981年末，信托银行提供的设备贷款余额为14923亿日元，占全国银行设备贷款总额的22.6%。贷款信托于1992年、1993年达到顶峰，余额为57万亿日元，在全国拥有700万个家庭客户。但是，随着日本产业高度发展的成熟化，贷款信托创设时的目的到现在已逐渐褪色。由于企业贷款资金需求的不断减少，加上20世纪90年代开始实行低利息政策，使贷款信托的预期收益率随之降低，贷款信托的商品优势渐渐失去。在储蓄转向投资的浪潮中，许多以投资信托为中心的资产运用型商品不断涌现，导致贷款信托规模大幅减少，贷款信托余额从1993年的50兆日元降至2006年的3.2兆日元，一些信托银行中止受理贷款信托。至此，贷款信托不复昔日的辉煌。20世纪80年代以来，以往在日本被认为难以推进的信托种类，在此时期获得了急速的发展，其中较具代表性的有土地信托、证券信托（基金信托、特定金钱信托）以及资产证券化信托。这些信托产品的问世，是自《信托业法》制定以来，日本信托业界多年来的愿望。而这一夙愿的实现和信托的普及，有赖于个人和法人资产的形成，以及相关法律规制放松等原因。日本这些新生的信托业务，产生于高龄化、核家庭化、财产多样化等的需求，产生于希望委托具有财产管理专业能力的信托机构的需求，产生于希望利用信托破产隔离功能的需求。日本的信托制度，发展至今，达到了像美国一样以各种各样的财产，为实现不同目的而得到广泛运用的境界，取得了很大的成功。

而与此同时，家庭部门、社会事业对信托的需求则将日益扩展，成为支持信托发展的新的强大驱动力。其中，尤其值得期待的，是以家族信托为代表的财富管理业务，在信托的中级阶段的前半段时期牙牙学语、蹒跚学步，在中级阶段的后半段时期将不断成长，终成大树。

这样，预计在2020年以后，一方面，信托债权融资类业务将逐渐减少，占比持续下降；另一方面，那时我国人均GDP将超过10000美元达到中等发达国家收入水平，根据国外成熟经验，财富管理需求将迎来爆发式增长，财富管理业务则将随之蓬勃发展，蔚为大观。于是信托可望逐渐进入第三个阶段，也就是信托业的高级阶段，其基本特征是，资产管理业务继续茁壮发展，财富管理业务则取代债权融资类业务而普遍开展，信托业新的双轮演变为资产管理业务和财富管理业务，债权融资类业务退出主角的位子，成为非主流的附属业务。

记者：您认为家族信托为代表的财富管理业务兴起的原因是什么？

陈赤：首先，财富传承的需求正在悄然形成。据招商银行与贝恩管理顾问公司发布的《2013中国私人财富报告》介绍，我国已经形成了规模可观的高净值人群。2012年，高净值人群数量超过70万人，其中，超高净值人群规模现已超过4万人，可投资资产5000万元以上人士共约10万人。2012年中国高净值人群共持有22万亿元的可投资资产，人均持有可投资资产约3100万元。调研显示，中国高净值人群的首要财富目标，从之前的"创造更多财富"开始转向"财富保障"，且提及率高达30%。许多高净值人士已更加看重如何更好地保障自己和家人今后的生活。与此同时，一些高净值人士开始进入财富传承阶段，有关财富传承的需求开始彰显，超高净值人士对此需求尤为强烈。目前中国高净值人群的年龄层比较集中，约70%的受访者年龄处于40～60岁。随着事业逐步进入巅峰期和稳定期，部分高净值人士的子女即将成年，"财富传承"的需求开始显现。调研数据表明，在全部高净值人群中，约有1/3的人开始考虑财富传承，而超高净值人群的这一比例更高，达到近50%。遗产税政策信号刺激、财富保障、子女成年以及家族企业进入移交阶段是促使高净值人群开始考虑财富传承的主要原因。从产品需求角度看，家族信托位于首位，提及率接近40%。在超高净值人群中，家族信托的需求更加旺盛，提及率超过50%，并且有超过15%的受访超高净值人士已经开始尝试接触家族信托。

目前，家族信托在我国的实践已经拉开了帷幕。2013年初，平安信托设立了国内第一只家族信托——平安财富·鸿承世家系列单一万全资金信托；此后，招商银行与外贸信托合作成立的家族信托据称已逾50例；北京信托与北京银行合作推出了家业恒昌系列家族信托系列产品；中信信托则与信诚人寿合作，创新推出了国内第一单人寿保险信托；上海信托、中融信托、紫金信托等一批信托公司也纷纷开设了自己的家族信托业务。

记者：未来信托在财富管理方面可以发挥哪些独特的优势？需要哪些无形的公共产品制度予以支持？

陈赤：信托作为一种优良的财产转移和财产管理制度，从在中世纪的英国诞生之后到现在，历经数百年而不曾消亡，并且流传到世界各地，发挥着巨大而独特的功用。家族信托能够为人们营造安全的财富保管空间，能够很好地帮助人们实现其自由意志，家族信托能够给人们带来财产管理和保障的高效率。

在我国，家族信托目前是"小荷才露尖尖角"，要在今后得到健康快速发展，尚有不少问题需要解决。首先，虽然《信托法》给家族信托提供了坚实的制度基础，但是，由于没有相关的实施细则和司法案例，使人们对家族信托在安全性方面的实践效用存在不小的疑虑。其次，信托财产登记制度迄今为止迟迟没有出台，严重限制了家族信托的财产类型。目前，家族信托中的信托财产以货币资金为主，大量的股权、不动产还无法作为信托财产顺利"委托给"受托人，导致家族信托运用的范围受到很大的限制。再次，由于信托公司的国际化业务刚刚起步，在将家族信托中的信托财产运用于国际金融市场的经验还颇有不足，这也在很大程度上局限了分散投资、防范某一国家系统性风险的能力。最后，要让人们放心地将自己辛苦累积的财产在相当长的时间内委托给信托公司，需要委托人对受托人抱有莫大的信任。这需要以忠实义务和注意义务为核心的信托文化在我国落地生根、光大弘扬，需要信托知识和信托观念得到较大程度的普及。

记者：最后，请您总结一下信托发展的阶段论。

陈赤：按照以上分析和预测，信托在我国的发展，可以分为三个阶段：第一个阶段是信托的初级阶段，起止时间是1979—2014年，其基本特征是信托业以融资类业务为主营业务模式，信托业是一辆独轮车。第二个阶段是信托的中级阶段，其基本特征是融资类业务虽然继续存在，但占比显著下降；资产管理业务将成为信托业的一个新的主营业务，信托业升级为"一辆两轮车"；与此同时，财富管理业务开始萌芽并逐渐成长。这一阶段的时间大概从2015年、2016年开始，可能需要五六年的时间。也许从2020年左右开始，信托有望逐渐进入第三个阶段，也就是信托的高级阶段，其基本特征是资产管理业务继续茁壮发展，财富管理业务则取代债权融资类业务而普遍开展，信托业新的双轮演变为资产管理业务和财富管理业务，债权融资类业务成为非主流的附属业务。

作者：苏雪燕 廖佳 文章来源：新华网

李民吉：信托未来应转型为资本中介、财富管家

2015-6-18

在大资管背景下，规模突破14万亿元的信托业不得不重新审视自己的定位。北京信托董事长李民吉在由上海证券报社主办的"2015中国信托业峰会"上指出，信托业转型目标：一是成为更强大的资本中介，二是成为更全面的财富管家。

李民吉透露，北京信托和波士顿咨询研究发现，在不考虑设立信托业保障基金的影响情况下，未来五年信托行业资产规模年均增长率可能放缓至11%～18%，随着利率市场化程度的提高，存贷款利率向均衡靠拢，银行未来在投资端将开放更多的权限。券商、基金、保险等金融部门，可通过资产管理计划或子公司等方式与信托业形成正面竞争，信托制度红利有可能演化为普惠而非信托业独享。

因此，信托业转型是大势所趋，人们经常把信托公司称为私募投行、实业投行或者广义投行。李民吉表示，考察国际领先的投资银行，大体存在全能巨人型（如UBS、摩根士丹利等）、对冲基金型、高级订制型、关系专家型、顾问专家型和通用服务提供商六种业务模式，信托公司应根据规模大小和价值来源在这六种模式中作出选择和组合选择。

"信托公司转型的目标，第一是成为更强大的资本中介，强化结构性融资实力，逐步建立更广泛的投资银行能力，提供综合化融资解决方案；第二是成为更全面的'财富管家'，夯实高端客户基础，成为超高净值客户首选的财富管理专家。"李民吉说道。

目前，监管当局正在着手制定《信托公司条例》（以下简称《条例》）和《信托公司行政许可办法》（以下简称《许可》），有关转型的讨论意见基本上反映在征求意见稿中，包括一些新的重大利好，包括设立专业子公司、证券承销业务、股指期货业务、受托境外理财业务、房地产信托投资基金业务、建立信托产品登记制度、建立信托产品流通市场、发行金融债券和次级债券、固有资产投资

和租赁业务、同业拆解业务以及许可信托公司IPO、"新三板"和买壳上市。

李民吉认为，这些长期困扰信托公司发展的制度规范和经营权限有望在《条例》和《许可》中得到落实，信托公司容易明确转型的方向和定位。

诸如信托产品登记和流通制度对化解和缓释刚性兑付有重大帮助；同业拆借和发行金融债、次级债对解决信托公司流动性和二级资本来源找到了出路；恢复固有资产投资权限有助于信托公司更好地开展股权类业务并且为以盈利补充资本来源增添新的渠道；受理境外非准化理财业务更适合发挥信托公司资产管理和财富管理优势，帮助国内高净值客户配置境外资产和实现中国资本有序输出。而允许信托公司上市更能激发信托行业做大做强，充实资本实力，提高抗风险能力，在提高信托公司透明度的同时，借助市场力量进一步确认信托公司的盈利模式。

"举例来说，现在一些业务中信托公司只扮演通道的角色，我认为这是贬低信托公司自有价值，信托公司应该发挥信托行业本身的优势，我们的优势一定不在标准化产品上，标准化产品是非市场化的，信托的优势在非标产品上，非标产品有大量的市场需求，信托公司灵活的制度优势和资源更擅长于做非标产品。"李民吉说道。

作者：裴文斐　文章来源：中国证券网

差异化经营构建企业核心竞争力
——访中建投信托董事长杨金龙

2015-8-10

近年来，信托公司创新频频，在绿色信托、PPP、互联网金融等领域均有所发力。中建投信托董事长杨金龙在接受本报记者采访时表示，当前信托公司创新业务层出不穷，各家都在积极探索稳定的盈利模式，并且已经呈现出较为清晰的差异化经营思路。在行业转型的大背景下，信托公司经营的差异化将不断深化。

记者：您认为这种差异化的转型原因何在？

杨金龙：信托公司差异化转型存在多种原因，一方面各家公司会根据自身资源禀赋和比较优势，逐步确立个性化的市场定位；另一方面，各家公司的发展战略、行业认知以及对外部经济环境的判断都存在很大差异，这也是信托创新业务分化的主要原因。此外，信托在从事传统融资类业务时，自身所积累的投资能力也各不相同，这对创新业务也将产生一定的影响。

记者：近年的信托公司转型背景与以往有何不同？

杨金龙：2015年行业的外部环境发生了很大变化，这种变化的深度和广度是信托行业过去发展中所未曾经历的，主要表现在以下几个方面。

一是宏观经济将在较长时期内经历一个去杠杆和去产能的过程。过去我国所依赖的政府主导式高投资增长模式面临转型，高杠杆率已经成为中国经济发展的一大障碍，企业债务率偏高，财务风险上升；地方政府融资平台债务压力加大，面临资本金不足难题。为了降低杠杆，管理层积极倡导引入民营资本，推行混合所有制改革，促进不同所有制企业优势互补。从资本市场来看，最典型的表现是并购重组市场的兴起和多层次资本市场的完善。2014年以来，中建投信托持续加大了对并购重组、"新三板"等与经济结构调整与产能优化、去杠杆及多层次资本市场完善大背景密切相关的业务。

二是利率市场化进程不断加快，对信托公司业务模式产生了很大影响。信托公司作为利率市场化改革的先行者，在利率市场化大背景下具有先发优势；同时，随着利率市场化改革的不断深入，信托公司传统的贷款利差模式受到了严峻挑战。无风险利率不断下行，而风险收益的相对优势更加明显。因此，中建投信托提出了从传统的融资驱动型业务向融资驱动与投资驱动并重的方向转变。

三是国家加大对战略性新兴产业发展的支持力度，为信托转型提供了绝佳契机。监管层将进一步促进科技与产业深度融合，将战略性新兴产业培育发展为先导性、支柱性产业。信托公司一直是实体经济的有力支持者，在相关产业政策的支持下，信托公司将充分把握新兴产业发展契机，发挥自身灵活的制度优势，积极发掘产业发展新机遇。

记者：2015年以来，信托行业的政策密集出台，经过前面较长时间的酝酿准备，预计下半年信托行业相关政策出台频率将进一步提高。您认为信托公司该如何适应政策的密集出台？

杨金龙：相关政策的出台，其本质是为行业持续深入发展构建一个更加稳定的环境，对信托公司而言，根本的出路在于构建自身的核心竞争力，这种核心竞争力主要表现在以下几个方面：一是继续探索信托业务创新和产品转型，发掘升级和创新的方向，找到可持续的健康发展路径；二是信托业务创新要与市场相结合，不可生搬硬套，应当加强市场需求研究，准确把握市场需求脉搏，提供符合市场需求的各类信托服务，实现业务的多元化；三是增强信托公司主动管理能力，在具体业务中，信托公司不仅要起到融资桥梁作用，更要在项目筛选、尽职调查、投资决策、项目管理等方面承担管理职责，大力拓展主动资产管理业务，打造核心竞争力；四是加强风险管理，风险控制是信托公司持续发展的灵魂，也是信托公司适应监管环境变化的核心所在。

记者：刚才谈到了很多对行业发展的观察和思考，能否谈一下当前中建投信托的发展状况以及未来的发展规划？

杨金龙：从2015年上半年的经营情况来看，一是公司经营业绩取得了较快发展，2015年上半年公司实现营业收入7.2亿元、净利润3.85亿元，分别同比增长53%和56%。二是公司信托资产质量不断优化，风险管理能力持续提升。从信托资金来源看，截至2015年6月30日，公司受托管理的集合信托规模为530亿元，占比达到51.51%，2015年上半年新增规模中集合信托占比达到80%；从资金投向来看，以传统的基础设施和房地产项目为例，政府平台项目公开评级在AA级以上的项目占比超过80%，房地产交易对手资产规模在500亿元以上的大型房企信托规模占比超过50%。三是创新业务初显成效，公司在2015年上半年加大了对"新三板"及清洁能源领域的投入力度，先后成立了8款"新三板"投资信托；发行了行业首单碳排放信托；与协鑫新能源、海润光伏、振发新能源等光伏发电领域领先企业深入开展合作，预计到年末受托管理的绿色新能源领域信托资产规模将达到80亿元。

未来公司将积极利用和发挥信托制度优势，整合内外部金融资源，打造一流的资产管理平台，为客户提供全方位的金融解决方案。从传统的私募投行业务为主，转向以资产管理平台为依托、财富管理与私募投行为两翼的业务体系。在业务发展模式上，实现从融资驱动型业务为主向投资驱动型业务与融资驱动型业务并重的转变，从单纯的信托产品销售向综合性财富管理业务的转变，为财富管理客户提供多元化、个性化的综合金融理财服务，为私募投行客户提供融资服务、投资服务、财务顾问服务等一揽子金融服务。

作者：胡萍　文章来源：《金融时报》

信托公司：业务分化或成大势所趋

——访四川信托总裁刘景峰

2015-8-24

在新形势下，信托公司都在谋求转型创新，而基于各自资源禀赋的不同，各家信托公司都有自身的特色。信托公司对于转型带来的变化有何体会？信托公司该如何适应经济新常态？对此，记者日前采访了四川信托总裁刘景峰。

记者：您认为未来信托公司是否会出现差异化分工？这种差异化分工的内因、外因是什么？是否是大势所趋？

刘景峰：信托公司业务出现分化应当是大势所趋，这是由信托公司当前的内外部环境特点所决定的。

从外部环境分析，我国宏观经济环境正在出现结构性调整。在过去的经济环境下，行业同质化业务较多，不同公司的业务都比较容易复制，相对缺乏独自的特色。但在经济新常态背景下，外部环境的改变将导致信托公司的业务逐渐出现分化。信托公司为适应新环境，自身的资源禀赋优势将会更多发挥出来。如果在新的背景下缺乏调整改变，业务发展可能会遇到较大阻力。

从内部环境来看，信托公司基于自身的资源禀赋进行业务创新是一种与生俱来的能力。不同的信托公司可以基于自身业务发展方向、地理区域、管理团队、社会资源等差异化背景优势进行业务创新。

展望未来，信托公司的业务体系将不断升级完善。一方面，信托公司仍可积极挖掘信托制度资产隔离的特点，并充分发挥跨界资源整合的优势，推进产品和服务的迭代更新。比如，信托公司可以积极拓展家族财富管理、资产证券化等业务，并尝试在资本市场、债券市场、互联网金融等不同领域进行布局。另一方面，信托公司也可利用自身的资源禀赋开发独有的特色业务。例如，可以结合自身特点尝试在新能源建设、国企改革与重组、现代农业建设、区域市场改革、消费金融等细分领域深入发展，逐步打造出具有特色的业务品牌。

记者：从历史脉络观察，信托公司行业转型有无规律可循？转型对信托公司带来的有利和不利影响有哪些？

刘景峰：信托行业转型有一定规律可循，主要是在遵循经济发展规律的基础上，挖掘市场变化中潜在的业务机遇。与以往不同的是，本轮转型背景更多是大势所趋的长期变化，而非周期性的短暂调整。首先，经济较难保持过去高速增长的状态，部分实体经济行业出现了经营困难。其次，理财市场参与的机构越来越多。除了传统的银行和信托理财外，现在金融行业中券商、保险和基金等机构都在从事理财。除此之外，还有诸多非金融机构主体通过P2P、股权众筹、私募基金等形式参与理财市场，与信托形成了较为激烈的竞争关系。再次，客户的需求正在出现转变。过去客户以金融产品为导向，主要关注投资产品的收益高低。但现在以及未来，越来越多的客户开始关注个性化的资产配置服务与多样化的高端财富管理解决方案。最后，互联网技术的迅速发展创造出不少更具活力的金融服务模式。信托公司如果不能加快推进互联网技术与思维的运用，就有可能被更具竞争力的市场主体所替代。

在这样的转型背景下，对信托公司不利的影响是，如果不加快转型发展，现有传统业务较难支撑自身长期稳定的发展，以后想要转变可能会更加困难。

不过，在转型背景下，信托行业未来的机遇远大于挑战。首先，中国经济增速虽然放缓，但仍高于全球平均水平。中国经济仍处于上升阶段，经济结构调整期间的业务机会空间很大。其次，资产管理市场竞争加剧的同时也给信托公司带来了更多的跨市场业务合作机会。同时，中国的高净值客户群体正在快速发展，高品质、定制化的财富管理服务存在巨大的市场需求。最后，在互联网信息时代，互联网信托与信托互联网化将有利于推动信托业务升级发展。

总而言之，如果可以充分挖掘自身优势，紧跟市场变化，顺势而为，信托公司未来的市场前景仍然广阔。

记者：您刚才提到互联网带来的变化，对信托而言意味着什么？贵公司是否已经开始有所布局？

刘景峰：信托公司进行"互联网+"战略布局，可以分为互联网信托与信托互联网化两个层面。在第一个层面，信托公司通过打造互联网平台，有利于加强与客户互动交流、促进产品的流动转让。在第二个层面，更多的是信托公司灵活应用互联网思维与技术进行业务体系的重塑与升级，这更多是理念的革新。

四川信托目前已经开始推动互联网金融体系建设。公司以信息系统建设为突破口，初步构建了具有市场竞争力的金融平台，并对官网、微信等线上端口进行全面升级，致力于打造线上线下为一体的开放式资产管理平台。未来四川信托将不断完善产品与服务体系，加强与互联网企业合作，通过互联网平台更好地与各行各业进行跨界融合，推动信托业务的优化与创新。

记者：在信托业转型中，监管体系的重塑是内容之一。您认为信托公司应该怎样适应这样的新变化？

刘景峰：近年来，监管政策密集出台表明了监管部门对于行业发展的高度重视。监管部门通过顶层设计为促进行业健康发展提供了更多的制度保障，同时也为信托行业指明了创新转型的方向。在这样的监管体系之中，信托公司过去的高速发展可能会受到一定限制，但是更有利于行业的长期发展，更有利于得到更多投资者的信任，而投资者的信任正是信托公司未来发展的基石。

在这样的监管背景下，四川信托采取了多种手段促进转型升级发展。首先，公司促进非标业务向标准化资产业务转型，2015年成立了资本市场部、固定收益部、股权投资部等新部门推动业务创新发展。其次，公司于2015年进行了风险管理体系改革，并专门成立了独立的合规管理部，确保公司的各项业务与日常经营管理风险可控、合法合规。最后，公司推出了"锦绣财富"品牌，致力于以客户需求为导向，通过搭建跨界资源整合平台，为客户提供专业化、多元化、定制化的财富管理解决方案。

作者：胡萍　文章来源：《金融时报》

从"工作会议"看信托业机会

2015-12-29

中央经济工作会议以及中央城市工作会议明确了当前和今后一个时期中国经济发展的大逻辑，信托业应当加大创新力度，主动适应供给侧结构改革思路，谋篇布局。

2016年是启动"十三五"规划、全面建成小康社会决胜阶段的开局之年。2015年12月18日至21日召开的中央经济工作会议，以及12月20日至21日召开的中央城市工作会议，既为2016年经济发展工作的总体定调，也明确了当前和今后一个时期中国经济发展的大逻辑。中国信托业经过前些年的高速发展，当前正处于转型升级的关键阶段。在新的发展形势下，2016年信托业仍需要紧紧围绕服务实体经济的根本出发点，加大信托功能创新力度，主动适应供给侧结构改革思路的转变，抓住机遇，谋划信托业务的新布局。

稳增长、城镇化带动下的基础设施信托业务

虽然中央经济工作会议淡化了经济增长这一目标，但结合《中共中央关于制定国民经济和社会发展第十三个五年规划的建议》和"适度扩大总需求"的提法，未来几年中国经济增长的底线仍将保持6.5%以上。在经济结构转型期和全球经济增长低迷的背景下，传统拉动中国经济的"三驾马车"中，增长动力核心在于城镇化和城市发展带动下的基建投资。根据《国家新型城镇化规划（2014—2020）》，未来五年内城镇化率提高5%，实现1亿人左右农业转移人口和其他常住人口在城镇落户，由此将衍生大量的基建投资业务机会。

一直以来，基建类投融资业务是信托公司的业务重点领域之一。根据信托业协会数据，截至2015年第三季度末，投资于基建领域的资金信托规模达2.70万亿元，在全部资金信托中占比为18.79%。由于基建投资通常有政府作后盾，在资金获取方面较一般工商企业更加便利，但在"去杠杆"和地方政府债务清理规范进

程中融资需求依然十分旺盛，信托有着广阔的参与空间。一是重点关注与城市升级有关的地上地下基础设施（包括城市地下管廊、城际轨道交通等）、易地扶贫搬迁、现代农业基础设施、互联网基础设施、旅游基础设施、农村电网改造等投资重点的业务机会。二是积极参与政府和社会资本合作（PPP）的信政合作新模式的探索和实践。三是关注地方政府债务置换、存量债务清理过程中的阶段性介入机会。四是关注地方政府在盘活存量基础设施、国有企业股权改革中的市场机遇。

去库存和分化发展格局下的房地产信托业务

中国人口通过红利拐点后，房地产投资在经济增长中的拉动作用逐步下降，未来房地产行业将呈现周期性、趋势性的缓慢下行，城市分化、行业分化进一步加剧。2015年以来，以"930"新政为契机，在取消限购、降低房贷等政策刺激下，全国商品房销售额高速增长。但是，由于城市分化格局的延续，库存压力仍在积累。截至2015年10月末，全国待售商品房面积约6.9亿平方米，创历史新高。其中，三四线城市地产库存尤其高，部分中小房地产企业资金链紧张甚至断裂，积聚了金融风险，去库存刻不容缓。中央经济工作会议部署去库存的重要任务时，提出了加快农民工市民化、建立购租并举的住房制度、鼓励房地产开发企业降价和并购重组、取消过时的限制性措施等重要举措。从潜力来看，目前中国常住人口城镇化率已接近55%，户籍人口城镇化率仅40%，农民工市民化潜力巨大，但短期仍受到购买力、就业机会、公共服务保障等因素制约。

虽然自2014年以来信托公司的房地产信托业务占比持续下降，截至2015年第三季度末存量规模为1.29万亿元，但由于房地产与金融高度融合的特性，以及良好的收益水平，未来仍将是信托公司业务的重心之一。一是市场区域选择上，除北京、上海、广州、深圳等一线城市外，要重点关注东部城市群、中西部城市群中的核心重点城市在此轮城镇化中涌现的投资机遇，继续回避其他库存压力大、人口净流出、经济增长缓慢的城市区域。二是交易对手选择上，加强与大中型房地产企业的战略合作，以信托模式参与房地产市场并购整合业务，适度控制小型房地产企业的业务合作。三是产品模式上，逐步向基金化模式过渡，关注房地产产业链条上的价值增值、价值修复等机会型业务机遇。四是关注房地产金融化大趋势，加强机构合作，促进互联网金融融合，灵活满足房地产业不同链条、环节的资金需求。五是关注存量住房的租赁市场政策动向，适时推动 REITS 等产品创新。

金融改革深化和去杠杆中崛起的资本市场信托业务

以资本市场为核心的股权投资市场正迎来发展的黄金契机，将成为中央经济工作会议供给侧结构调整改革中去杠杆、去产能重要任务的重要抓手，而且也正在快速成长的居民财富配置中扮演越发重要的角色。中央经济工作会议明确提出供给侧结构改革要重点抓好"去产能、去库存、去杠杆、降成本、补短板"五大任务。"去产能"的重心在于加快企业兼并重组，在保持社会稳定、金融稳定的前提下有效出清过剩产能，资本市场无疑是促进优胜劣汰的资源配置最有效平台。"去杠杆"的重心在于有效化解地方政府、非金融企业部门债务风险。地方政府债务需要进一步"开前门、堵后门"，通过财政与金融的结合，利用多种直接融资工具置换存量债务；企业层面则需要通过多层次资本市场的完善，提升股权融资和直接融资比重，逐步调整和优化杠杆率水平。2016年将启动上海证券交易所战略新兴板、推动"新三板"转板、注册制改革等重大举措。

2015年资本市场的起落无法改变长期向好的趋势，也无法撼动资产配置中股权类投资比重不断提升的态势。截至2015年第三季度末，信托公司的证券投资信托规模为2.67万亿元，占比为18.57%，仍为第三大配置领域。未来信托公司必须抓住资本市场快速发展的大趋势，加大资本市场业务布局。一是围绕并购重组、国企改革等重大主题，深入研究挖掘投资机会，加强机构合作发展定增、融资等相关信托业务；二是搭建专业子公司平台，发起设立创投、天使投资等私募基金；三是以TOT、MOM等模式为重点搭建不同投资策略、偏好的二级市场证券投资信托产品；四是参与股权激励、资产整合等资本运作相关的信托服务运作。当然，资本市场信托业务的健康发展还需要监管协调支持，营造相对宽松，更加有利公平竞争的市场环境。

"盘活存量"与资产证券化业务

在经济增速放缓、总体货币环境宽松、利率仍处于下行通道的大趋势下，在"去库存"、"去杠杆"等政策驱动下，盘活存量资产，由资产负债表的右端重心转向左端成为趋势，资产证券化业务有着广阔的发展空间。除了传统已经开展的银行信贷资产证券化等以外，未来重点可以关注：一是基础设施资产证券化，在2015年12月23日国务院常务会议部署提升金融服务实体经济的工作中，明确提出"推进基础设施资产证券化试点"，盘活地方政府资产，拓宽投融资渠道。二是不良资产证券化，无论是金融机构，还是企业，其不良资产规模均面临历史性爆发高峰，其中，2015年第三季度末中国商业银行不良贷款余额已近1.2万亿元，不良率为1.59%，且仍在持续上升。三是房地产相关资产的证券化，包括购房尾款资产证券化、物业费证券化、不动产收益权证券化，以及基于租赁住房的资产证券化、公积金贷款证券化等。

稳中求进，高度重视风险防控

中央经济工作会议中强调要防范化解金融风险，坚决守住不发生系统性和区域性风险的底线，在经济结构调整过程中可能引发的地方政府、产能过剩企业、房地产企业等信用违约、风险暴露问题将十分突出。2015年以来不仅是银行等金融机构不良资产持续上升，债券市场、信托等资管产品的市场违约事件已经频频发生，预计2016年及今后一段时期内仍处于风险高发时期。2015年第三季度末信托行业风险项目有506个，规模达到1083亿元，相比全行业管理的信托资产规模不良率0.69%，仍处于相对低位，但增长较快，风险压力仍在加大。2016年信托公司仍需要继续坚持稳健审慎的理念，稳中求进，在业务发展中高度重视风险，加强风险监测预警，妥善处置风险，保护投资者和公司利益，维护行业平稳发展。

此外，信托公司在人民币国际化、跨境资产配置、互联网金融创新融合等方面也有众多的业务机遇。各机构需要依托自身的资源优势，坚持差异化发展战略，形成百花齐放、百家争鸣的创新格局，在服务经济社会发展中更好地发挥信托特有作用。

作者：王玉国（中诚信托） 文章来源：财新网

二、机构转型

继续做好金融改革先锋
——访山东信托董事长相开进

2015-4-16

回望2014年，我国宏观经济继续承压，社会经济改革提速，外部经营环境的变化逐步传导到信托业。信托业进入新一轮调整周期，越来越多的信托公司开启了转型之路，试水创新业务。山东省国际信托有限公司（以下简称山东信托）也不例外，一手抓传统优势业务的巩固发展，一手抓转型创新业务的探索尝试，并取得阶段性成果。

近日，鲁信集团、山东信托董事长相开进先生接受了《上海证券报》记者的专访，为我们勾勒出一幅山东信托转型创新发展的全景图。

公司近30年的发展始终离不开创新

记者：山东信托近年来的业务规模增速可观，经营发展稳健有力，备受社会各界的关注与认可。在您看来，公司发展的核心驱动力是什么？

相开进：说到核心驱动力，我想，山东信托近30年的发展始终离不开创新。从远期说，山东信托是国内第一个按国际BOT方式投资电力项目的公司，是山东省第一家获准设立证券营业部和获得证券承销业务资格的公司，更是山东省第一家在国际资本市场上发行债券募集境外资金的公司。从近期看，先后推出了国内第一只外汇资金信托计划、第一只结构化证券信托产品、第一只参与柜台市场的管理型PE信托产品、第一只面向小微企业的小额信贷资产收益权集合资金信托计划，等等。

正是这种善于创新和持续创新的能力，促进公司不断发展壮大。根据公司的初步统计，2014年，山东信托实现利润总额10.52亿元，实现信托报酬收入10.17亿元，均同比再创新高，全年新增信托业务规模1873.63亿元，安全兑付信托本金 1601.64 亿元，分配收益 237.74 亿元。

业务结构较为合理

记者：信托业近几年的快速发展，与房地产业、基础设施建设领域的资金需求有关。山东信托这方面的业务规模如何？

相开进：截至 2014 年末，山东信托房地产信托占公司业务规模的 16.74%，业务结构较为合理。在房地产项目上，山东信托加强与国内一线房地产企业合作的同时，还不断拓展保障房信托业务。公司发行了青岛保障房信托计划，该项目受到国务院保障性住房考察组的高度评价，并作为保障房建设范本加以推广。

我们的基础设施信托，也多围绕民生领域开展，如济南旧城改造、潍坊高新区污水管网改扩建等项目。这不仅加深了政信合作，也是公司积极履行社会责任的体现。

不仅是房地产信托、基础设施信托，山东信托目前的产品种类丰富，结构优化，涵盖工商企业信托、证券投资信托、上市公司综合金融服务信托、股权投资类信托以及以名家书画、钻石、葡萄酒为标的产品的另类信托等。

记者：据了解，山东信托还受托管理山东省基本建设基金，目前运营情况如何？

相开进：谈及山东省基建基金，就得提到公司初创期的定位。1987 年，山东信托作为山东省政府投融资主体而成立。公司一方面利用其融资功能开展对外融资，一度累计融入外汇资金近 65 亿美元，支持全省 1000 多个建设项目；另一方面，就是以省基建基金为平台，发挥政府资金的投资导向作用，在支持和带动省内外在山东投资 2000 多亿元的同时，实现了省基建基金的保值增值。截至 2014 年末，省基建基金规模 136.61 亿元，累计实现滚动增值 97.3 亿元，其中 2014 年增值 6.1 亿元，年内回收资金 12.03 亿元，圆满完成了省发展改革委年初制定的回收预算，实现管理费收入 2222.81 万元，同时在规范项目运作、盘活基金资产等方面取得了较好成效。

回归信托本源 进一步调整经营模式

记者：2014 中国信托业年会于 12 月 19 日在京召开，中国银监会主席助理杨家才在主题报告中说，信托业要想适应新常态、抓住新机遇，就必须练好信托内功，实现信托转型。在转型成为全行业共识之时，山东信托的转型方向与路径是什么？

相开进：目前，信托行业增速明显放缓、项目风险逐步显现、资产管理市场竞争日趋激烈，传统经营模式难以为继，都是信托业新的主要特征。转型大势所趋，信托公司未来要在激烈的市场竞争中赢得一席之地，就必须坚定不移地回归信托本源，必须进一步调整经营模式。只有真正摆脱对传统盈利模式的路径依赖，实现结构调整、业务转型与产品升级，打造能够赢得未来市场的核心竞争力。

譬如上市，信托公司"受人之托，代人理财"，背后是广大的社会投资者，更需要通过上市来进一步增强透明度和信息披露。在年会上，杨家才主席助理明确表示鼓励信托公司上市做大资本，证监会对信托公司上市也很支持，将来IPO实行注册制了，信托公司更可以上市。相信信托上市融冰之旅将提速，越来越多的信托公司通过上市来充实资本金、壮大实力，为更多的投资者提供更为专业的金融理财服务。这也是山东信托的一个努力方向。

在业务细分领域设立全资专业子公司，也是监管层鼓励的转型方向之一。在山东信托的转型创新发展规划中，重要一点即是在条件成熟的情况下探讨设立专业子公司，做专做精细分业务，如直投子公司、专业销售子公司等，优化自主营销体系，推动公司向投资业务转型。当然，这离不开政策制度上的支持和规范。

在此基础上，我们呼吁解禁信托公司设立分公司，改变信托总部经营现状。若现有的异地业务部门"升级"为异地分公司，或者允许设立营销分公司，将有力推动信托业务向纵深发展。

从长远角度看，推动行业标准化体系建设已迫在眉睫，进一步推行信托登记制度也是箭在弦上，这不仅可以解决信托财产独立性和受益人权益保护等问题，更是信托业规范、健康、持续发展的有力推手。

记者：围绕转型创新发展，山东信托做了哪些业务上的转型探索？

相开进：基于"转型创新发展"的总体思路，山东信托在巩固传统业务优势的同时，不断加大对创新业务的研究和创新，双轮驱动转型，目前已初见成效。

如最能体现回归信托本源的家族信托业务，山东信托2014年成立家族信托团队，开发设计符合客户个性化需求的产品，家族信托业务不断落地，目前已签署家族信托协议十余单，合同金额达3亿元以上，还有大量拟做家族信托业务的客户在洽谈。客户覆盖山东、广东、上海、江苏、江西、辽宁和福建等省市。

如"尊岳进取"系列产品，其主要定位于以资本市场为主的泛资产管理，公司目前已设立3只产品，管理规模突破2亿元。这是山东信托资本市场业务由平台通道类为主转向自主管理阶段的必然产物，今年，公司会继续瞄准时机，加大投入，做大做强该系列产品。

再如上市公司综合金融服务信托，山东信托不断拉长产品链条，在保持上市公司股权质押、定向增发、员工持股计划业务优势的基础上，目前开始深耕并购业务，为上市公司及其股东提供更为多元、灵活的专业化综合金融服务。

记者：您刚才提到，信托行业的项目风险逐步显现。山东信托是如何进行风险控制的？

相开进：作为一家经营风险的金融机构，山东信托高度重视风险的防控，在创新中严守风险底线，形成了以事前尽调、事中监控、事后督查为核心的风险防控机制，以三级评审为核心的信托项目决策机制和以信托业务操作标准化为核心的风险约束机制。

山东信托注重推动风控工作向项目一线延伸，明确每一名信托经理同时也是项目风险的第一责任人，力求将风险化解在项目尽调阶段。风险控制部门协助业务部门开展尽职调查，参与信托项目评审，编制风险管理报告，提示风险并提出防控建议；合规法律部门参与信托项目评审工作，为业务部门提供合规及法律咨询；业务督察部门则配合或独立于业务部室，负责信托项目贷后检查和后评价，同时参与信托项目现场检查和运行监控，如此形成对项目风险事前、事中、事后的全流程管控。近几年，特别注意流动性风险控制，重视民营企业负责人道德风险控制。公司逐步建立了符合自身特点的风险容忍办法机制。

记者：新的一年，山东信托将如何继续转型创新发展？

相开进：回顾信托业多年来的坎坷发展和不断壮大，信托公司积极地扮演着金融改革先锋官的角色：促进储蓄向投资转化，提升了金融体系的运作效率；推动产融结合，促进了全社会对创新、创造的投入，满足了实体经济的资金需求；丰富居民投资理财渠道，创造了可观的财产性收入；助力金融创新，优化了金融资源的整合和配置。

2015年，面对着挑战与机遇并存、竞争与合作共生、稳增长与谋转型交织的信托业新形势，山东信托将和众多业内同行一道，继续做好金融改革先锋官，以科学规范优质的服务为准绳，服务于大众，服务于社会。未来一段时期内，我们将紧紧围绕"做最好的财富管理机构"的发展定位，坚持以财富管理为中心，以市场需求为导向，加快业务转型，加强内部管理，为高净值个人客户和机构提供专业化、差异化、个性化的综合金融理财服务，为国家和地方经济发展提供优质投融资服务。

作者：朱剑平　文章来源：《上海证券报》

服务实体经济是信托公司立业之本
——访重庆信托董事长翁振杰

2015-9-18

重庆信托公司的地理位置并不优越，但其净利润几年来却连续"井喷"，并在2015年年中站上了信托公司净利润排名的顶点。值得注意的是，重庆信托并不仅仅是信托业内风格鲜明的金融股权投资商，其利润排名增长，更有赖于主营业务远超同业的造血能力。

而尝试了解重庆信托，无法绕开其现任董事长翁振杰，这位在员工眼中"将乐趣完全融入工作"的掌舵人，深谙时处变化的资管市场中，需"抓住一切市场机会"以求生存壮大。

净利润从2012年的全行业第九名，到2013年的第八名，到2014年的第二名，再到2015年上半年的第一名，重庆信托稳步前行。

而这只是重庆信托增速缩影的一面，根据56家信托公司在银行间市场披露的2015年上半年未经审计的财务报表，重庆信托实现营业收入34.77亿元，其中，信托业务收入16.3亿元，位居全行业第三名，同比增187.08%，位居第一名，增速不仅远高于已披露公司约6%的平均速度，更是甩出第二名118个百分点。

解构重庆信托的发展逻辑，或能为增长日趋乏力的信托业务带来新的启示。

近日，重庆信托董事长翁振杰接受了《证券日报》记者的专访，在翁振杰看来，重庆信托所取得的成绩是"十年磨一剑"，更是"抓住一切市场机会"、"服务实体经济"、"稳健发展"等原则的集中体现，实属必然。

与此同时，重庆信托资产管理的边界也进一步扩围：依托大股东中国人寿集团，拟全面布局海外；响应"互联网+"，与中国人寿等多家机构合作成立互联网市场交易平台；积极响应和支持国家战略，总规模300亿元的"长江经济带发展投资集合信托计划"已经起航，其第一期已通过PPP的形式投资高铁建设。

信托业务的四个支点

《证券日报》记者：重庆信托2015年上半年信托业务同比增187.08%，位居行业第一名，重庆信托如何实现主营业务收入高增长？

翁振杰：主要原因有四点：第一，坚持服务实体经济；第二，坚持抓优质核心资产；第三，坚持"宁可错过，不可做错"的风控原则；第四，坚持科学合理的激励机制和"讲风险，比贡献"的企业文化。

从具体数据上分析：第一，重庆信托管理资产规模增加带动了主营收入的增长。截至2015年6月末，重庆信托的信托资产规模为1469.24亿元，比2014年同期增加了约190亿元，增长了12%。第二，主动管理型业务占比较高。我们按照银监会的要求，积极转型主动管理，减少"通道"业务的比重，截至2014年末，主动管理资产占比为83%，远远高于行业46.68%的平均值。第三，集合信托占比较高。集合信托对信托公司管理能力要求较高，其为信托公司带来的收入也相对较高，重庆信托2014年下半年到2015年上半年，新增850亿元的信托计划，其中集合信托约为620亿元，占比为73%，这是重庆信托管理资产规模不高而信托业务收入较高的重要原因。第四，证券市场2015年上半年走势良好，信托资产投资证券市场的收益大幅提升，信托公司的收入分成增加。信托资产投资证券市场的比例，占公司全部资产（包括自营和信托）的比重，约为10%，但是单位信托资产提供的收入远高于其他资产类别。

《证券日报》记者：根据重庆信托2014年年报，重庆信托加权年化信托报酬率为1.32%，高于所有管理资产规模高于重庆信托的信托公司，在资管竞争日益加剧的背景下，重庆信托如何维持较高报酬率？有人认为，重庆信托还需更好地平衡自身利益与投资者收益，您怎么看？

翁振杰：重庆信托报酬率非常正常，其根本原因还是在于重庆信托主动管理信托资产占比极高，是行业平均值的1.78倍，提升了整体的报酬率。

事实上，加强主动管理也是重庆信托被动选择的结果：首先，无论是做"通道"业务还是纯粹的交易性的信托业务，相比兄弟公司而言，我们没有很好的地缘、渠道和人才优势，所以我们只能不断提高自主管理能力；其次，我们一直坚持要量力而行、稳健发展，坚定不移地服务实体经济。按照现在的管理能力，如果给我们1万亿元的资产，管理起来也会有很多困难。

而"如何平衡自身利益与投资者利益"这一问题，这是重庆信托"一流产品，一流定价"的市场化表现，要从几个不同的角度分析。

重庆信托恪守"受人之托，诚信第一，代人理财，赢利为本"的经营理念，从来都把投资者利益摆在第一位，如果不这样做，公司没有前途，更不会成为百年老店。2014年全行业清算项目实现的年化实际收益率是7.19%，重庆信托给投资者的收益是7.65%，比平均值高6.4%；信托公司需要有更好的家底，才能有更好的风险承受能力，也才能更好地服务投资者，重庆信托净资产一直名列行业前五名；从投资的角度来看，风险与收益是匹配的，维护投资者利益，不仅要看是否多给出0.5%的收益，更应对收益与风险进行综合考量。截至目前，重庆信托已发行1200多笔集合信托项目，累计募集近5000亿元的信托资金，为投资者创造收益超过300亿元，但是没有一单集合信托出现过不能按时足额兑付本息的情况，可以负责任地说，重庆信托的产品相当于最高信用等级的产品；重庆信托的产品实现"100%"直销，节省了中间费用，可以把更多的利益让渡给投资者。

"差异化发展不一定需要'金控'"

《证券日报》记者：根据媒体的报道，重庆信托近年来一直以金控平台作为发展方向，能否具体介绍战略扩张的路径及规划？

翁振杰：经过多年的发展，重庆信托投资的企业有银行、基金、证券，但这只是在监管允许的前提下，为更好地拓展公司服务社会、服务实体经济的空间，我们主动抓住市场机会进行投资。所有的机构都是独立经营，各展所长。重庆信托的金融投资行为形成了一个看似是"金控"的架构，但并非有意为之。差异化发展并不一定需要"金控"，只要把信托的工具用好了，服务社会的十八般武艺也就够了。

为顺应市场的发展，我们目前正在积极地按照国务院推进"互联网+"的指导意见，提高经营创新能力。目前重庆信托跟国寿投资等公司已经正式确定计划成立一家类似于"陆金所"的机构。此外，我们也正在积极筹备参与投资一家证券公司。

《证券日报》记者：第二大股东国寿投资代表的国寿集团对重庆信托给予了哪些支持？重庆信托拟从哪些方面深化与国寿的合作？

翁振杰：中国人寿是中国最大的商业保险集团，是受人尊重的大型国有金融机构，其入股重庆信托应是基于两方面：一是对重庆经济发展现在和未来的高度认可；二是对重庆信托经营水平和发展前景的认可，这对我们是重要的鼓励和鞭策。国寿投资几年前入股重庆信托，进一步壮大了公司的股东实力，使我们的股权结构更加合理，提升了我们在市场上的认可度，国寿集团在项目、资金、管理等多个方面具有优势，也给我们带来了宝贵的经验。

我们现在也已做好准备，拟在2016年全面出击海外市场，目前正在积极储备相关人才。海外市场对我们来说是全新的领域，但是国寿的海外投资成绩非常优秀，我们发展海外投资，领路人是中国人寿，我们会在投资过程中慢慢学习提高，这也是对股东优势的综合利用和国家财富的深度挖掘。

《证券日报》记者：国家统计局公布31省份上半年GPD数据，重庆市以11%的同比增速位居第一位。能否介绍一下重庆信托在重庆本地的投融资情况？如何配合重庆未来的经济发展规划？

翁振杰：目前我们的存续业务中投资重庆的规模还有近500亿元，占1/3以上。投资主要围绕国计民生的项目展开，如基础设施建设、危旧房改造、国企改革等。我们近年累计为重庆融资1230亿元，近5年合并纳税超过150亿元。

接下来我们将继续重点关注长江经济带的发展。重庆是长江经济带的龙头，2015年6月我们发起设立了"重庆信托·长江经济带发展投资集合信托（基金）

计划"（以下简称"长发信托计划"），规模300亿元，旨在募集资金用于长江经济带各省（市）的发展建设，持续推动经济提质增效升级，努力为打造中国经济新支撑带作出贡献，信托资金能够用于基础设施建设、城镇化建设、产业升级转型、综合立体交通建设等，涉及"PPP"模式投资、股权投资、债权投资、产业投资基金、资产受益权等多种方式。

（《证券日报》记者获悉，上述信托计划"长发信托计划"第一期——"成渝高铁荣昌服务区项目"已于2015年6月19日成立，信托规模2.5亿元，信托资金已以"PPP"模式投资于项目公司开发建设的成渝高铁荣昌站配套服务区项目。）

期待上市细则

《证券日报》记者：据我了解，重庆信托多年前便有上市的计划，能否透露重庆信托目前有关上市的规划？

翁振杰：在目前的环境下，信托公司既要防范风险，又要健康地发展，市场竞争极其惨烈，压力多重叠加。要防范风险，资本实力首先要丰厚，所以资本实力的补充是非常必要的。

在经济形势下行的时候，信托公司的资本积累会减缓，但这样又会不能适应为经济发展提供更为有力支持的要求，此时就需要拓宽融资渠道，建立一种有效的资本补充机制。

此外，公开发行股票对信托公司的意义不仅仅在于资本补充：一方面，信托公司可以做到更透明、更规范，有利于进一步提升经营能力，回归本业；另一方面，更能让社会大众更多地了解信托行业，了解这一管理资产规模超过15万亿元且在不断增长的金融行业能做什么，在做什么，为经济的发展做了哪些应有的贡献，为社会尽了哪些责任，这一点意义深远。

资本市场有一个很完善的资本补充管理机制，信托公司也理应成为这一市场的一员。

重庆信托的股东非常支持公司的发展，公司通过资本积累，截至2015年年中净资产已超过150亿元。我们也愿意走到"台前"，接受公众监督，将自身打造成真正服务投资者、服务实体经济的一流的资产管理机构。预计2015年10月，我们会完成公司股份制改造，为进一步补充资本做准备。我们当然也呼吁并期待政策的阳光能够早一点照到信托公司的面前。

作者：徐天晓　文章来源：《证券日报》

多层次资本市场给信托业带来重大机遇
——访中建投信托董事长杨金龙

2015-9-24

在68家信托公司中，中建投信托的规模体量与盈利能力并不很突出。但近年来，公司频频以创新之姿跃入公众视野：先后发行"新三板"信托、碳排放信托、土地流转信托等一系列创新信托产品。

在行业景气度下滑的背景下，中建投信托的创新之道有何不同？有哪些值得业内借鉴的经验？在《证券时报》记者日前对中建投信托董事长杨金龙的交流沟通中，读者不难找到答案。

新政为信托业务创新扫除障碍

《证券时报》记者：2014年以来，信托业面临的监管形势愈发严峻，你认为，《关于信托公司风险监管的指导意见》（银监办发〔2014〕99号）、《信托公司监管评级与分类监管指引》、《信托公司条例》等一系列新政对信托业将产生怎样的影响？

杨金龙：近几年陆续出台的各项新政对信托行业发展将产生深远影响。首先，监管逐渐趋严可有效降低信托业系统性风险，有效地保障行业的长期可持续发展。其次，新政出台还将有利于引导信托公司积极转变发展模式，从粗放式发展向内涵式发展转变。再次，新政提出分类监管思路，这将加速行业竞争，信托业将真正步入优胜劣汰时代。最后，在新政引导下信托创新转型值得期待，新政明确了信托产品登记制度、信托受益权质押、设立子公司专业化经营等，这为信托公司业务创新扫除了制度障碍。

《证券时报》记者：行业步入转型发展期，你对于未来5年信托业的前景预期如何？

杨金龙：我认为，信托行业发展前景仍然广阔，未来的发展空间值得期待。首先，信托行业在过去几年中积累了较为丰富的资产管理行业经营经验，无论是在人才队伍，还是在风险控制方面相对于其他资产管理机构均具有较强的先发优势；其次，随着我国经济改革的不断深入，未来存在巨大的投资融资市场空间，信托行业以其独特的制度灵活性在服务实体经济发展方面具有独特优势；最后，随着我国居民财富的不断积累和增长，信托财富管理前景将更加广阔。信托产品以其稳健的高额收益受到高净值客户的青睐，在近期资本市场调整中，公司的信托产品出现了"秒杀"和"脱销"的状况，信托理财已深入人心。

多层次资本市场给信托业带来重大机遇

《证券时报》记者：2014年对于业内不少信托公司并不是个丰收年，公司是否受到行业景气度下滑的影响？未来的发展侧重点包括哪些？

杨金龙：2014年以来，整个行业发展进入一个调整时期。对于中建投信托而言，虽然在经营过程中遭遇了一定挑战，但各项经营数据还是实现了稳健增长。从具体的经营数据来看，上半年公司实现营业收入7.2亿元、净利润3.85亿元，同比均增长50%以上，其中实现信托业务收入7.75亿元，同比增长近70%。

未来中建投信托将进一步提升公司综合金融服务能力。从财富管理端看，公司将不断丰富产品体系，从单一的信托产品销售向综合财富管理转变；从资产管理端来看，未来公司业务将从融资性业务为主向融资性业务与投资性业务并重的方向转变，在传统的房地产与市政基础设施之外，积极拓展新的业务领域，着力拓展并购重组、"新三板"、新能源、资产证券化等新的业务领域。

《证券时报》记者：2015年上半年，资本市场的火爆为不少信托公司打开业务突破口，也为一些公司带来不菲利润，但中建投信托似乎对证券投资领域并不感兴趣。2014年年报显示，相关信托资产分布比例不足1%。能谈谈其中的主要原因以及你对证券投资信托业务的认识吗？

杨金龙：对于证券投资业务，我们还是要放眼多层次的资本市场。对于单一证券的二级市场投资，政策不确定性及市场波动对业务发展的影响较大，2015年

6月以来资本市场的大幅调整也在一定程度上印证了上述问题。

但随着我国金融市场改革的不断深入，多层次资本市场将给信托行业带来重大发展机遇。中建投信托从 2013 年开始，即将资本市场相关业务列为重要发展方向，在行业内率先推出了"新三板"投资信托计划，截至目前已成立 8 个产品，也是行业内"新三板"业务开展最多的信托公司；此外，公司近两年来大力拓展并购重组业务，先后成立了多个并购重组信托计划及并购重组基金。从目前的业务储备及发展规划来看，公司未来将在资本市场相关业务方面有更大作为。

集合信托引入第三方评级

《证券时报》记者：公司从 2014 年开始展现出较为突出的创新意识。公司对信托业务的创新理念是怎样的？主要进行过哪些创新实践，是如何规避其中的风险的？

杨金龙：近几年来，公司上下逐步确立了创新是公司实现长期可持续发展的动力的理念。2015 年以来，公司率先在行业内推出了"新三板"投资系列产品，推出了行业首单碳排放投资信托计划；公司积极拓展新的业务发展领域，推出了光伏清洁能源系列产品，当前存续规模超过 50 亿元；公司积极支持上市公司并购重组业务，先后成立多只并购类信托计划，合计规模近 30 亿元；此外，公司先后成立了三期土地信托计划，并在业务模式上相对于业内既有产品不断实现创新。

在业务创新的同时，公司高度重视风险控制。公司是全行业唯一一家对所有集合资金信托计划引入第三方外部评级的信托公司。

作者：杨卓卿　文章来源：《证券时报》

专访中信信托副董事长路京生：在创新中不放弃传统业务

2015-12-8

在经济下行期与行业拐点双重环境叠加的背景下，告别了中高速发展的信托业何去何从?各家信托公司又将如何打好转型突围这张牌?

带着这些问题，《第一财经日报》专访中信信托副董事长路京生，他阐述了公司的业务发展思路。他表示，中信信托不放弃传统业务，同时探索土地信托、消费信托、家族信托等新业务模式。

不放弃传统业务　探索新业务模式突围

信托业协会数据显示，第三季度信托业资产规模15.62万亿元，季度环比下降1.58%，首现五年负增长，同时，第三季度信托业利润156.85亿元，季度环比大幅下降24个百分点。

"多种因素造成这一现象。"路京生分析，金融行业本身反映了实体经济状况，经济下行好的资产在压缩，对融资方而言，企业融资渠道在拓宽，信托业务被基金子公司、券商、第三方财富分流，且信托公司之间的横向竞争更加白热化，压低了信托公司的本身利润。

事实上，自"99号文"、"127号文"规范通道类业务的监管政策出台以来，传统以通道类业务规模扩张的模式难以为继，信托公司纷纷探索新的业务发力点。

"不会放弃传统业务，比如通道业务、房地产业务，因为我们对这些业务熟悉，风险可控，同时，创新土地流转、家族信托、'互联网+消费信托'等模式，将迎来大发展，但成熟的模式还没有形成，还处在磨合中，新的模式需要探索和实践。"路京生说。

在传统业务方面，中信信托对融资方的合作选择，仍以地方政府融资平台和优质房地产企业为主，对于风险较低的优质融资项目适度降低融资成本，让渡项目利润，争取可长期合作的客户资源。

一方面是监管趋严，信托通道类业务受到限制，另一方面是基金子公司、券商抢滩这一市场，带来通道费率逐步降低。

为什么不放弃传统业务？对此，路京生表示："经济下行期间，这些业务还有空间。我们有个部门专门做通道类业务，每年为公司盈利过千万元。通道类业务属于事务管理类业务，不是不能做，而是必须有量的积累，我们对这类业务不限制，毕竟是信托传统项目，模式相对成熟，放弃了可惜，能够使公司盈利最大化的项目我们就会做。"

与此同时，信政合作模式也在升级。中信信托相关负责人表示，随着政府融资渠道和金融工具的增多，信托公司传统的信政合作项目业务呈现下降趋势，但依旧有很多业务拓宽空间，比如中信信托顺势推出PPP业务，信政合作方式更加多样。以前通过政府融资平台的信托业务主要是债权融资，现在可以运用金融工具发债、平台融资，双方合作方式随之拓展为"股权+债权"融资，实现股债双赢。

在探索新的业务领域方面，土地流转信托一直是中信信托在不断创新的业务模式。中信信托继2013年10月全国第一单土地流转信托落地，土地流转信托逐渐升级，2014年11月中信信托与黑龙江省兰西县人民政府、黑龙江省农业科学院、哈尔滨谷物交易所就共建中信·兰西土地信托化综合改革试验区签订战略合作协议，涉及流转土地300万亩。

"土地流转本身简单的流转，不会带来丰厚的利润，要深耕产业链服务农业企业和农民所带来的价值，只有把规模做大，才能引起足够的重视，真正地发挥效益。"路京生表示。盈利的模式还需要进一步探索和深化，政策松动很多东西都在慢慢放开，土地流转要累积到一定程度，以此提升信托公司在这一业务领域的话语权和盈利回报。

与此同时，作为消费信托的探路人，中信信托于2013年率先推出全国第一单消费信托产品，2014年又发售了多款。在产品方面，中信信托推出业内首款消费信托产品"中信·消费信托嘉丽泽国际健康度假产品系列信托项目"、首单互联网消费信托"百发有戏"，还在移动互联网平台上推出"一千零一夜"、"海洋旅游包"等产品。在平台建设方面，2014年11月，中信信托对外公布了其消费信托平台"中信宝"，覆盖养老、旅游、家电、酒店等多个领域。

深耕财富管理　掘金权益类投资

2015年以来，人民银行进行了5次降准和降息，社会融资成本正处于下行通道。一方面，这减了轻企业负担，降低了融资门槛，信用风险降低，整体而言有利于实体经济和金融行业健康发展；另一方面，信托产品收益率也随之下降。

以中信信托为例，据介绍，该公司信托产品收益率下降幅度和速度低于融资成本下降幅度和速度，信托手续费率整体下行。整体上，信托产品根据项目融资成本定价，市场流动性宽松，产品(资产)稀缺，产品发售压力可控。

山不转水转。中信信托认为，信托凭借制度优势，通过家族信托、专户理财等方式，引入保险等机构资金，吸纳低成本资金来源，鼓励开展事务管理类信托项目，优化风险收益配比。

具体规划上，2011年起中信信托构建财富管理市场体系，2013年力推财富管理品牌"信惠财富"。目前，在北京、广州、上海、杭州、深圳五地设立了财富管理中心，直销比例近50%。财富管理从单纯提供信托产品，逐步发展至私人定制、全方位金融服务。在产品体系上，推出了专户全权委托、家族信托、家族办公室等。

对此，路京生表示，家族信托是信托回归本源的业务，站在客户角度信托公司能够提供有优势的服务。一方面，从投行资金端解决了信托长期低成本的问题，回归本源解决资金成本；另一方面，相较于银行、资产管理公司，信托公司发力家族信托本身具有制度和产品优势，信托公司做的产品包括不动产、权益类股权，服务领域和标的领域更加广泛。

"现在需要将家族信托规模做上去，家族信托目前尚处于起步阶段，想象空间在于财富的代际传承。"路京生表示。当前家族企业面临着"富二代"接班的问题，"创一代"具有通过家族信托实现家族传承的强烈诉求，信托公司需要挖掘这些客户市场。

2015年经历了资产市场的剧烈波动，信托公司的配资业务也经受了监管政策的洗礼。中信信托表示，经济下行趋势下，资产价值在走低的时候，凸显了权益类投资的机会，相当的优质资产蕴含了很大的机会。同时，权益类投资信托项目难点在于产品设计、投资退出路径和信托产品投资者选择，资产端的权益性投资属性(浮动投资收益)应与资金端权益性投资属性相匹配。

作者：张菲菲　文章来源：一财网

信 ⑤ 机构风采

　　我国信托业现有信托公司68家，由于股权构成的不同、资本金以及控股股东对信托业务发展战略定位的差异，信托行业机构之间竞争力分层明显，同时，部分业务模式又各具特点，其中不乏创新之处。

　　本章以充分展示机构风采为目的，其中既有中信、平安的金融控制集团的信托巨舰，又有外贸信托这样经营稳健、实力强劲的老牌信托公司，还有以农业项目产业化为抓手的中粮信托等。

业务探索

外贸信托3000万元试水环保PE 多家公司"不约而同"

2015-4-24

诸多迹象表明，节能环保产业正成为越来越多的信托公司的转型突破点。

2014年以来，多家信托公司将投资触角由传统的房地产、基建领域向节能环保相关产业延伸，推出了专注清洁能源、碳排放等细分领域的信托投资计划。《证券日报》记者获悉，外贸信托近日首期出资3000万元，参与了北京市大气污染防治基金，以股权的形式投资节能环保企业。

政策扶持和资金注入，节能环保产业从未像当下一样引起机构的共鸣，而环保产业底子薄弱的特点，又使大量资金徘徊不前。以外贸信托此笔投资为"镜"，或可洞见机构对环保产业机遇和风险的考量。

"潜伏"大气污染防治基金

《证券日报》近日获悉，外贸信托以自有资金3000万元，以增资入伙的方式参与了由上市公司国电清新与多家企业共同出资成立的北京市大气污染防治基金——北京清新诚和创业投资中心（有限合伙）（以下简称清新诚和），基金规模为2.83亿元。外贸信托是该基金成员中唯一一家金融机构。

外贸信托投资发展部副总经理黄健对《证券日报》记者透露，外贸信托在2013年末时便已成立专注节能环保领域的投资团队，经过了一年多的项目考察和调研，目前选择了清新诚和大气基金作为在该领域的第一个投资项目。

黄健解释了外贸信托在2013年成立专注于在当时算不上热门的节能环保产业的团队的原因：一是公司管理层意识到环保产业的发展空间巨大，正在得到越来越多的政策关注；二是环保产业与中化集团其他板块的业务相关，有一定的协同效应；三是从履行企业社会责任的角度讲，外贸信托一直致力于为国家节能环保事业作出贡献。

外贸信托控股股东为中化集团，中化集团主业包含能源、农业、化工、地产、金融五个板块。其中，石油与化工产业的发展无疑与环境保护有很深的契合度，这也使中化集团较为重视环保相关产业的发展。外贸信托从金融投资的领域切入环保，既可以利用集团的产业优势，如果有所突破，也可反哺集团内部环保产业的发展。

事实上，这并非信托公司切入环保产业的"独家"思路。无论是与光伏产业合作成立集合信托投资分布式电站运维的信托公司，如英大信托、国联信托等，还是拟成立产业基金投资节能环保的百瑞信托和华澳信托等，其股东中均能寻到与环保密切相关的能源产业背景，如英大信托隶属国家电网，百瑞信托股东为中电投集团。

西南财经大学信托与理财研究所研究员付巍伟对《证券日报》记者表示："如果信托公司股东是能源相关产业的公司，借助股东方的运营经验，则信托公司作为受托人更有可能起到减轻投融双方信息不对称和提前识别项目风险的作用。"

信托投资环保产业也映照了当下信托公司转型的现实思路，即逐渐摆脱"赚快钱"，对行业由"浅"入"深"地挖掘价值。北京一位信托公司中层对记者表示，无论是融资类的房地产信托，还是基建信托，借鉴的都是银行贷款的模式。而今后想要赚钱，则要求信托公司必须对产业的研究"沉下去"，结合自身长项，挖掘潜在价值。

为何是清新诚和

"环保产业前途光明，但是道路确实曲折。"黄健对本报记者表示，从2013年末至今，其团队考察了四五十个项目。但是截至目前仅用自有资金投资了清新诚和一项PE基金项目。

其主要问题在于，环保产业目前普遍底子薄，企业散而小，盈利能力和管理能力还有待提高等，这对刚刚进入环保产业时间不长的信托公司来讲，投资项目的筛选能力和管理能力都提出了较高的要求。

"比如说，节能环保产业的参与者更多的是民营企业，很多公司管理有待规范。有些企业虽然在细分领域有一定名气，但是财务指标上还有不确定性，如盈利性更多依赖政府补贴、自身造血能力尚未完全建立等，从被调研企业的基本面来讲，对接公司的风控标准还有差距。"黄健表示。

"从目前来看，参与清新诚和对我们来说是比较合适的方式。多方合作能够使我们的触角更广，结合各家所长，也能减小错误发生的可能。"

据《证券日报》记者了解，清新诚和全部投资于节能环保领域，并重点投资于大气污染治理行业。其中，投资于北京市相关项目不低于可投资规模的70%，投资于中早期的技术型和服务型企业的资金不低于基金可投资规模的60%。

鉴于北京市以及全国各地近年来频发的雾霾，2014年以来无论是国家，还是北京市均对大气污染防治推出了一系列政策并加大资金投入，而这无疑是清新诚和能够吸引到机构自有资金的重要因素。

根据国电清新的公告，清新诚和成立于2015年1月19日，其LP除国电清新外，还包括有国家发展改革委、财政部背景的盈富泰克创业投资有限公司和有北京市发展改革委、财政局背景的北京市工程咨询公司。而合伙基金的GP，则由专注节能环保领域股权投资的北京青域诚和创业投资管理有限公司担任。

市场仍待培育

付巍伟对记者表示，环保产业是中国未来经济增长的朝阳行业，是中国经济实现可持续增长和产业升级的必由之路。据国家权威部门预计，环保产业未来的投资空间在数万亿元，蕴含着极大的投资机遇。在当前中国经济下行压力增大情况下，提前布局环保产业是信托业积极寻找新的业务增长点的可贵尝试。

信托公司以自有资金股权投资节能环保意义重大，但要真正在节能环保产业巨大的市场中立足，核心仍是引导信托资金进入。

据记者了解，目前有几家信托公司已开始研究以PE的方式实现信托资金对节能环保产业的投资。

黄健也表示，投资清新诚和，除了因为对合伙企业的管理人和其他投资人非常认可以外，更希望借基金撬动更多的投资机会，如利用信托可采用的多种金融工具，满足被投资企业更多金融需求，与合伙企业出资机构探索更多的环保产业投资机会等。"希望在未来的某个时候能够过渡到通过信托的方式发行股权类产品。"

有信托业内人士对《证券日报》记者分析，目前节能环保类的信托 PE 要大范围开展，市场仍需培育。其一，信托 PE 业务本身前景广阔，但是相应的客户群还需培养；其二，节能环保产业具有一定的公益属性，一般不会具有很强的盈利属性，对投资人质素、投资理念要求较高；其三，还需要信托公司将品牌和产品做扎实。

作者：徐天晓　吕江涛　文章来源：《证券日报》

中信信托推居家护理养老信托　"理财养老"一站式服务

2015-5-12

日前，中信信托及旗下中颐信（北京）健康管理有限公司与北京慈爱嘉养老服务有限公司合作推出中信仁信居家护理养老信托产品。

据了解，中信仁信居家护理养老信托产品以居家护理养老消费为核心，以财富保值增值为辅助，为老年人甄选优质服务提供商，保证服务质量，保障客户合法权益。其资金的使用更加安全，为老年人进行更加稳健的资金管理和投资架构设计，保证老年人有更多的理财收益可以用于养老消费，部分解决了养老支付问题，从而为老年人提供"理财养老"的一站式服务。

该养老信托首期合作产品分为尊享 A 类和尊享 B 类两种，信托产品期限均为 3 年。尊享 A 类产品客户交付 50 万元，3 年后到期全额返还，信托生效后，客户可以享受到慈爱嘉提供的超值专项居家护理服务。尊享 B 类产品客户需交付 100 万元，3 年后到期全额返还，信托生效后，客户可以享受慈爱嘉提供的超值一站式居家护理服务。

中信信托副总经理李峰表示，信托与养老的结合其实就是将养老服务消费与金融理财相结合，为老人提供高品质、性价比高的理财养老产品，一定程度上用市场化手段解决养老支付问题。通过购买该养老信托产品，客户可以获得相应的服务权益，包括健康评估及方案制订、个性化护理服务、居家照护服务以及可选项服务等。此外，项目的募集资金在存续期内将投向低风险的投资产品中，确保资金安全。

作者：常艳军　文章来源：中国经济网

打造私募大超市　平安信托首推"私募赢+"

2015-5-16

　　A股走牛和私募备案制实施，让国内私募业迎来爆发式增长良机。昨日，平安信托正式推出"私募赢+"，集交易、数据、资讯、服务等为一体，打造开放式的私募大平台，囊括各大派系的私募大超市。

　　截至目前，国内注册私募管理人超过1万家，其中证券私募机构3500家，管理资产规模达6500亿元。而"私募赢+"平台的搭建将全方面解决投融资双方的难题。一方面，"私募赢+"通过完善的服务吸引不同风格、不同投资策略、不同风险偏好的私募齐聚"私募赢+"平台，并为其中的优秀者提供充分展现实力的舞台；另一方面，通过成熟的评价体系精选阳光私募机构，搭建强大的私募平台，为不同类型的投资者提供优化选择。

　　随着2014年备案制的实施，私募纷纷"去通道化"，发行成本进一步降低，这也使得私募最大的通道信托业面临考验。据统计，2013年国内80%产品通过信托通道发行，而2014年备案制实施当年通过信托通道发行的数量剧减到30%，50%则是通过私募管理人自己的平台发行。平安信托副总经理顾攀介绍，参照"互联网+"，平安"私募赢+"将重点打造"+"的附加值。平安信托将利用大数据，提供定制化服务等，为私募带来更多的附加优势。

　　目前国内大多私募公司人员配备少，迫切需要一套简单、便捷、分账户管理的交易平台。而平安信托此次推出的"私募赢+"平台，将为私募打造投资生态系统。在系统运营端，平安信托为私募提供了一系列完善的产品设计方案，使得人力配置较为简单的私募机构能够更专注于提升业绩。平安信托搭建的"私募赢+"支持平台Pops，为私募公司提供前台交易、中台风控、后台估值核算一体化IT服务，其高端稳定和准确快捷的估值清算服务也确保了私募机构无后顾之忧。

作者：徐维强　文章来源：《上海证券报》

不可复制的中粮模式：
信托务农"阳谋"，产业化项目工厂孵化术

2015-7-10

如果说大部分信托公司如今的展业模式其本趋同，中粮信托则在其中存在较多的差异之处。

从生猪养殖到肉牛指数，从土地流转到红酒销售，其他机构罕有涉及的农产业链相关业务在中粮的项目库中占据了重要席位。2014年，在其落地的项目中，有27个涉及这一领域，规模达47.53亿元。

然而，这一以"务农"为重点的业务模式，对于其他信托公司而言却并不可复制，作为中粮集团旗下金融平台的主要端口，中粮信托农事项目不论是在业务资源，还是风控体系架构上，都高度依存集团"血脉"。这是产业化信托公司的典型一例。

"养殖信托"模式业已成熟

翻阅中粮信托项目列表可以看到，其"务农"业务已开始向全产业链渗透，就上游的农产品养殖及种植环节而言，早在2011年，业内首个挂钩生猪养殖的信托计划便出自其手。

从表面上来看，这是一笔单一资金信托业务，资金来源方对接银行理财，募

集资金用于认购合作方繁殖和饲养的20公斤左右的仔猪，期限1年。

其基本交易结构为，信托公司募集资金用于认购20公斤左右的仔猪，并委托养殖专业机构代为管理，4个月后生猪（100公斤左右）出栏，即按公允市场价格销售，变现后收回的资金作为信托收益。

养殖过程中产生的正常管理成本（如厂房租用、饲料采购、疫病防疫、养殖保险及人工费用）均列入信托费用，由信托财产承担，委托养殖管理费为2%+浮动。

整个项目运作过程中，作为投资管理人代为管理、监护和养殖仔猪的，是中粮信托的兄弟公司——中粮肉食（中粮肉食投资有限公司）。

借由这种项目模式，中粮肉食将外部资金集中于最易标准化投资的后期育肥和成品猪出栏环节，能够减轻公司的资金压力。

而中粮信托方面曾表示这种模式还可进一步延伸为由农户或私人养殖企业修建猪舍养猪，信托提供购买和养殖生猪所需的资金，中粮肉食输出管理和技术的"公司+基地+农户+金融"模式。

据了解，第一期的生猪养殖信托成立规模1500万元，8500头仔猪，并未设预期收益而以浮动收益代之，可以算是真正意义上的商品投资类产品。

而最终销售完成后形成的利润，在投资者、信托公司和管理公司之间切分后，前端投资者收益为6%。

很快，在生猪养殖项目上的尝试经验又被中粮信托复制到了家禽饲养领域，2012年，"中粮·肉鸡养殖投资信托"成立，规模2000万元，期限6个月，每两个月为一个养殖周期，累计养殖规模240万元。

而这还不是中粮信托在农业养殖领域试水的全部，2015年再度推出的"肉牛指数投资1号集合资金信托计划"则开始尝试更加颠覆的交易结构。

事实上，这一挂钩肉牛养殖的信托项目本质与框架与之前的"生猪"和"肉鸡"系列并没有实质性的差异，都是信托资金用以畜牧养殖，借助第三方专业机构（该项目中为通辽余粮畜业开发有限公司）负责生产管理，并以其最终销售价格挂钩产品收益。

但此番的运作中，中粮信托引入了"肉牛指数"概念，使这一浮动收益产品的"回报"植入了可量化标准。

这种"可量化"通过三个"挂钩"来实现打通和平衡，一是第三方管理机构需无条件包销出栏肉牛，包销总价（也可视为还款来源）与肉牛指数回报率挂钩；二是投资者预期收益率与肉牛指数回报率挂钩，肉牛指数回报率为8.0%～11.0%时，投资人预期收益率为对应的肉牛指数回报率减去0.5%的相关费用；三是肉牛指数回报率与肉牛指数挂钩，并设置了详细的挂钩方式。

所谓肉牛指数是指农业部每周公布的全国牛肉每公斤平均价格的同期算术平均值。根据以上三个挂钩方式的具体合同设置，可推算肉牛指数处于各档不同水平时对应的投资者预期收益率。其中一个参考项，是基准肉牛指数为60元时，对应基准肉牛指数回报率为9.5%，此时投资者回报率则为9%。

而根据中粮方面按照农业部公布的历史数据测算，自2013年9月18日至今，肉牛指数均保持在60元以上，换言之，投资者预期收益率至少超过9%/年。

至于具体的风控措施则包括两点：一是余粮畜业承诺无条件按照包销总价包销育肥牛，自然人为余粮畜业的包销义务提供信托受益权质押担保，该信托受益权的委托金额为4000万元；二是余粮畜业法定代表人承担个人连带责任担保。

携龙江银行试水土地流转

而在农产业上游部分的种植领域，中粮信托也早在包含中信信托在内的多家机构扎堆进驻前三年便开始试水的土地流转，也就是后来广为业内所知的"五里明模式"。

尽管在这一模式中，并非由信托公司单方面主导，但其与中粮集团旗下其他金融和产业板块的合作，也是为土地流转信托领域颇具特色的重要一例。

所谓"五里明"模式，其实是通过土地经营权流转，以土地经营权信托化的方式，实现资产抵押的合法化，最终实现从银行端口获得融资。

主要参与方涵盖了中粮集团旗下几大重要产融平台：龙江银行、中粮信托、中粮集团生化能源（肇东）有限公司。

在整个项目运作架构中，信托利用自身制度平台扮演了关键的转化角色，通过流转将土地经营权转化为信托受益权，而此后龙江银行即以该受益权为质押，向玉米合作社发放贷款，金额1000万元。

整个交易过程可以概括为以下几步：

第一，五里明镇政府将其下属的3个玉米种植合作社的土地承包经营权以及一处农户所有的鱼塘承包经营权委托给中粮信托，设立自益型财产权信托。

第二，合作社将信托收益权质押给龙江银行获得贷款。

第三，中粮信托将土地经营权出租给合作社。

第四，玉米种植合作社与中粮公司签订购销协议，中粮公司承诺高于市场价收购合作社生产出来的农产品。

第五，合作社将生产出来的玉米卖给中粮公司，中粮公司将玉米的销售款交付给龙江银行委托其进行结算划款。

第六，龙江银行通过龙头企业的资金账户划拨，扣除贷款本息，将剩余的资金转至合作社账户。

而在此过程中，信托扮演的更多为"通道角色"，收取3‰的信托报酬。受益人和承租人实为同一委托人，流转过程并没有实质的资金流，信托公司也未承担资产管理职责，仅作为制度平台将经营权转化为信托受益权，此外，合作社的贷款由龙江银行发放，信托并未募集资金，未来资金监管和贷款违约风险也由龙江银行承担。

这种模式的优势之处在于：一方面，通过财产权信托模式，将土地经营权转化为信托受益权，解决了土地经营权质押的合规性问题，构建了专业合作社从银行获得贷款的基础；另一方面，合作社种植的玉米是接受中粮集团成员企业的订单生产，锁定了稳定可控的销售收入，规避了由于农产品价格波动造成的市场风险，为该笔贷款增加了还款保障。除此之外，中粮公司委托龙江银行结算划款，贷款发放后，龙江银行将对玉米合作社的贷款资金使用进行监控，并将合作社贷款本息从粮食收购款中代扣，确保信贷资金的封闭运行。

显然，这一业务模式对于其他信托公司而言难以复制，整个运作框架的基础是整合了中粮集团平台旗下的产业和金融资源，构建了土地经营权流转—融资—农产品销售的完整链条，其中任何一环缺乏协同，都难以形成风控闭环。

除此之外，中粮信托还推出了多单土地流转信托项目，如"中粮·东升农民玉米种植专业合作社农村土地承包经营权信托"、"中粮·胜平农民玉米种植合作社农村土地承包经营权信托"等。

供应链融资项目常态化

而在下游的农产品流通环节，中粮信托也已经形成了一个常态化的产品体系，专司食品经销商供应链融资，截至发稿前已成立至第十期。

项目基本模式为中粮旗下食品营销公司向中粮信托推荐与自己保持长期合作关系的核心经销商，由中粮信托评审后对符合条件者发放贷款用以货源采购。

而在整个运作过程中，用以采购的信托资金并非直接打给供货商而是汇至中粮食品营销公司账户，中粮食品营销公司对未交付产品有监管义务，按月为中粮信托提供经销商当月订货数据，便于贷后管理和监控，并在经销商违约的情况下承诺对其停止供货。

其主要增信方式还包括，中国投资担保有限公司提供担保，经销商需在贷款发放之前提前确定贷款额度并缴纳保证金给中投保，同时提供实际控制人个人连带责任反担保。

此类项目的第一次实施始于5年前，与如今批量运行的版本略有不同。起初中粮信托在供应链业务上的尝试为单一信托，于2010年9月17日成立，期限一年半，金额1100万元。

这是中粮信托以中粮食品营销公司华北销售大区天津区为试点，为其"福临门"小包装油的核心经销商设计的自偿性贸易融资方案，即根据企业真实贸易背景和上下游客户资信实力，以单笔或额度授信方式，提供短期金融产品和封闭贷款，以企业销售收入或贸易所产生的确定的未来现金流作为直接还款来源。

而后来，类似模式的供应链融资业务在中粮信托批量开展，经销商范围也从中粮食品小包装油经销商进一步扩大至中粮国际的大米经销商等。

除此之外，已有多家信托公司试水的酒类信托在中粮信托也被多次落地运作，其探路起点始于2011年，成立53度"国窖1573"特定资产投资单一资金信托计划。

交易结构为，由汉口银行同步发行两个投资型理财产品，根据信托结束时分配方式的不同分为以实物进行分配的信托（实物信托）及以现金或实物进行分配的信托（现金信托）。

其本质可视为一款嵌入实物分配选择权的理财产品，投资者可根据自身喜好，选择直接消费所购酒产品，或到期赎回资金。

而在这种对接银行理财的酒类信托模式后，中粮信托继续推出了挂钩标的为酒类的集合信托，信托资金全部用于投资特定资产——歌德盈香中国陈年白酒珍藏套装，并做结构化设计，发行总规模4000万元。其中优先级受益人最高收益率为9%/年，同时享有提取标的特定资产单位（实物行权）的权利。一般级受益人以其交付的信托资金为限保障优先级受益人的信托资金和信托收益，不可实物行权。

难以复制的中粮产品线

中粮信托深度介入全产业链开发出系列农业金融产品线，由前述项目运作模式不难看出，绝大多数业务对于其他信托公司而言都具有不可复制性。

在农业金融领域的大举发力自然与中粮信托的"血统"密不可分。公司2014年年报显示，中粮信托现有股东3家，分别是中粮集团有限公司持股76.0095%，蒙特利尔银行持股19.99%，中粮财务有限责任公司持股4.0005%。尽管行业同质化传统信托业务依旧占据大比例，但中粮信托的业务路径还是表现出较为明显依托股东的"产业化"特点。

一方面，作为中粮集团整体农业金融战略的核心运营平台，中粮集团产业链上的各种融资需求都可以借中粮信托进行对接，也可借其完成诸多资本运作；另一方面，对于中粮信托来说，也可以依托中粮体系寻找投资机会。更加重要的是，中粮集团下辖全面的产业板块以及包含龙江银行在内的金融平台，在项目运作过程中，其集团平台内部的产融联动、银信联动都能为中粮信托的农业项目提供充分的资源调度和风控协同，这一切都是其以此为发力点的基础优势。

而其他信托公司若要大规模开展农业项目，则不得不面对单体项目难以盈利以及风控经验缺失等多重难题。

鉴于此，中粮信托自始一直将其展业愿景定位于依靠中粮集团的农业食品全产业链优势以及BMO的海外资源，形成以资产证券化、农业金融、投资基金类以及跨境财富管理类产品为核心竞争力的信托公司。

在2014年年报中，中粮信托也提出了其短期经营策略，即产品逐步向标准化、差异化、久期化和多元方向过渡。在此方针下，稳固事务管理类业务，扩大政府融资平台业务和资产证券化业务规模，大力发展农业及产业链金融，使其形成中粮信托差异化财富管理产品。

而在组织架构上，中粮信托也是业内唯一一家专门设立了农业金融总部的信托公司。并拥有子公司中粮农业产业基金管理有限责任公司，持股比例为50.20%，负责管理中粮集团主导发起的中粮农业产业基金，成立伊始抛出的预期是5年内总规模达到60亿元。

作者：冀欣　文章来源：《21世纪经济报道》

中信信托试水国内首单信托式PPP　持股项目公司60%

2015-7-17

长久的酝酿期后，由信托公司主导的首单PPP项目终于完成落地。

据了解，由中信信托操刀的唐山世界园艺博览会PPP项目投资集合资金信托计划日前也已成立，总规模6.08亿元，期限长达15年。

而在业内人士看来，尽管首单业务的推出颇具示范意义，但该模式若要在信托公司中大规模开展，目前还不具备十分成熟的条件。

首单落地唐山

据了解，标的2016年唐山世界园艺博览会（以下简称世园会）基础设施及配套项目是国内采用政府和社会资本合作（PPP）模式建设和举办的最高级别专业性国际博览会。特许经营期15年，其中会展期6个月（2016年4~10月）。总投资额约33.63亿元，以中信信托为平台引入社会资本6.08亿元。

上述信托计划的基本交易结构为：中信信托作为委托人募集资金成立唐山世园会PPP项目投资集合资金信托计划，并与唐山市政府出资机构共同设立项目公司，信托方面持股60%，而唐山市政府方面则持股40%。

该项目公司持有唐山2016世园会园区资产及特许经营权，并将进一步引进外部机构资金，完成建设并实现收益按股权分配后的资金即作为信托计划投资人收益。另据了解，该信托计划预期社会资本投资回报率为8%。

按照相关规划，经唐山市人民政府批准，政府与社会资本共同组建项目公司，对项目融资、建设、运营维护管理和资产管理全过程负责，政府依据相关法律法规在融资、建设、运营过程中给予相关支持和财政补贴。

中信信托相关负责人认为，由于世园会PPP项目是带有公益性质的准经营性项目，政府支付一定的财政补贴弥补可行性缺口以实现社会资本的合理回报，符合PPP相关政策的操作模式。

中信信托方面表示，参与该项目主要基于三方面考虑：一是认可唐山市目前在河北省乃至全国的经济地位以及"京津冀一体化"背景下的发展机遇；二是唐山市政府为该项目实施给予了大力支持，政策配套和执行推动效率很高；三是通过世园会PPP项目，中信信托将与唐山市进一步建立长期合作关系。

另据了解，未来唐山市拟以"园艺博览会项目"为切入点，借助中信集团的综合资源，后续与中信信托就唐山市供水、供热、垃圾处理等PPP项目开展一系列深度合作。

信托批量化参与PPP仍待时日

所谓PPP模式，指政府和社会资本在基础设施及公共服务领域建立的一种长期"全过程"合作伙伴关系，根据基础设施建设的需要，由政府部门通过公开透明规范的采购方式选择资金实力、产业资源以及管理运营等方面具有优势的社会资本作为合作伙伴，双方通过一揽子合约合理分工，共同负责在项目整个生命周期内的建设、融资、运营、管理及退出。

从理论上而言，产业资本和金融资本在参与PPP项目时各具优势，尤其是信托公司，既可以凭借丰富的股权投资经验优化PPP项目的识别、准备、实施过程和项目的后期经营管理，又可以利用其在金融市场"多面手"的角色为项目公司提供更为完善的金融解决方案。信托公司在发挥自身资本优势的同时，还可以采取第三方委托管理、共同投资等方式与专业运营机构等产业资本合作参与PPP项目实施。

业内人士认为，信托参与PPP可期的利好颇多：其一，能够延续信政合作业务，拓宽政府投资渠道，推动融资平台业务转型；其二，可以合法"绑定"政府信用，直接控制优质资产及长期稳定的现金流；其三，建立竞争优势，发掘潜在机会，探索业务创新。除此之外，还可以降低募资成本，助推打破刚性兑付。

然而长时间以来，尽管也已有五矿信托等机构深度参与该业务模式的设计研发，甚至已有框架协议达成，但落地项目始终寥寥。究其原因，中信信托相关负责人表示：首先，PPP项目要求社会资本在相应领域具备一定的资产运营能力，对于信托公司来讲需要一个积累的过程。其次，PPP相关政策还在陆续出台和完善，各地在实际操作中对政策的解读和把握存在差异，特别是对于地方政府合同义务的确认和社会资本权利的保障还有待进一步落实。

其同时表示，若希望推动信托公司积极参与PPP项目，需要尽快完善PPP操作层面的制度和法规，明确政府权利义务边界，特别是针对政府违约的惩罚措施，使社会资本能够依法采取相应的救济措施。另外，PPP项目周期较长，为了落实地方政府的财政补贴义务，需要推进涉及地方政府财政预算体制改革，特别是跨年度、中长期预算规划的建立。

作者：冀欣 文章来源：《21世纪经济报道》

信　文章索引

文 章 索 引